HANS KELSEN (1881–1973)

Ein Jurist von Weltruf

Mit Prof. Hans Kelsen (1881–1973), dem Begründer der Reinen Rechtslehre, stand einer der bedeutendsten Juristen des 20. Jahrhunderts als Geburtshelfer an der Wiege des B-VG.

1881 in Prag geboren, wuchs Kelsen in Wien auf, wo er 1905 zum Dr. iur. promovierte. 1911 habilitierte er sich für Staatsrecht und Rechtsphilosophie. 1918 wurde er außerordentlicher, 1919 ordentlicher Professor an der rechtswissenschaftlichen Fakultät der Universität Wien, wo er mit seinen Schülern die „Wiener Rechtstheoretische Schule" bildete. Als verfassungsrechtlicher Konsulent der Staatskanzlei war er maßgeblich an der Entstehung des Bundes-Verfassungsgesetzes von 1920 beteiligt. Daneben gehörte er von 1919 bis 1930 dem Verfassungsgerichtshof als Mitglied an. Kelsen selbst hat die Einrichtung der Verfassungsgerichtsbarkeit als sein „persönlichstes Werk" betrachtet. Als Verfassungsrichter wurde er wegen politisch stark umstrittener Entscheidungen persönlich heftig attackiert. Nicht zuletzt wegen dieser Anfeindungen lehnte es Kelsen 1930 ab, in den mit der B-VG-Novelle 1929 „ent-/umpolitisierten" Verfassungsgerichtshof wieder einzuziehen, und verließ in Folge Österreich. Er nahm in Köln eine Professur für Völkerrecht an, später war er aufgrund des Nationalsozialismus gezwungen, nach Genf und Prag zu wechseln. 1940 gelang ihm die Emigration in die USA, wo er anfänglich in Harvard, dann in Berkeley lehrte. 1973 verstarb er in Kalifornien.

INHALT

Bundes-Verfassungsgesetz

GRUSSWORT

ALEXANDER VAN DER BELLEN
Bundespräsident

Mit der österreichischen Bundesverfassung verfügen wir über eine Art Landkarte, einen Kompass, der uns auch in schwierigen Zeiten daran erinnert, worauf es in unser aller Leben und Zusammenleben letztlich ankommt. Sie bildet die „Magna Charta" unseres Landes:

Unsere Bundesverfassung legt Demokratie und Rechtsstaat als tragende Säulen unseres Gemeinwesens fest, sie schreibt die Gewaltenteilung fest, und sie ist die Basis unserer bundesstaatlichen Ordnung. Sie regelt, wer im Staat wofür verantwortlich ist. Mit ihr ist eine effektive Kontrolle durch unabhängige Gerichte festgelegt. Sie garantiert die Gleichheit und Freiheit des Einzelnen.
Die Verfassung beinhaltet auch Regeln für das politische Geschehen. Sie fördert dadurch den Interessenausgleich zwischen den sozialen Gruppen: zwischen den Generationen und Geschlechtern, zwischen Mehrheiten und Minderheiten, zwischen Staat und Bürgerinnen und Bürgern, zwischen Ökonomie und Ökologie, zwischen dem öffentlichen und dem privaten Bereich – um hier nur einige Schwerpunkte hervorzuheben.
Wir können auf die Bundesverfassung zu Recht stolz sein, und ich habe sie vor allem während der innenpolitischen Turbulenzen im Mai 2019 sehr zu schätzen gelernt. Sie hat mir den Weg zu einer Lösung vorgezeichnet.
Jede Verfassung ist auf Papier geschrieben. Mit Leben erfüllt wird sie erst durch unsere tägliche Praxis – indem wir sie leben. Und so brauchen wir auch ein feines Sensorium für alles, was die Grundlagen unseres Zusammenlebens gefährden könnte.
Eine ernste Gefahr für jede rechtsstaatliche Demokratie liegt in der Entfremdung zwischen den Bürgerinnen und Bürgern und den staatlichen Institutionen. Dieser Gefahr kann dadurch begegnet werden, dass wir erklären und vorleben, wie sehr etwa die festgeschriebenen Grund- und Freiheitsrechte jeder und jedem Einzelnen von uns dienen. Wer möchte schon Folter ausgesetzt sein? Wer möchte schon willkürlich eingesperrt werden?
Ja, wir müssen auch geduldig erklären, dass demokratische Willensbildung nur über den Austausch gegensätzlicher Argumente erfolgen kann, und dass zivilisierter Streit um das Wohl unseres Landes dazugehört. Wer nur eine Meinung zulässt, befindet sich schon längst in einer Diktatur.

Die Schöpfer unserer Bundesverfassung hatten das erklärte Ziel, sie möglichst knapp und klar zu halten, auf das Wesentliche zu beschränken. Diese Übersichtlichkeit ist nach dem Zweiten Weltkrieg nach und nach verloren gegangen.
Die zentrale Funktion unserer Verfassung ist jedoch nach wie vor klar festgeschrieben. Sie bildet die rechtliche Grundlage von Demokratie und Rechtsstaatlichkeit in unserem Land. Sie schützt die Bürgerinnen und Bürger vor jeglicher Willkür, sie garantiert uns, dass wir alle in Würde und Freiheit leben können, und sie dient unserem friedlichen Zusammenleben.

FOTOS: Jork Weismann (1); Bundespressedienst/Wenzel (1); OGH/Peter Berger (1); Weiß (1)

VORWORT

RUDOLF THIENEL
Verwaltungsgerichtshof

ELISABETH LOVREK
Oberster Gerichtshof

CHRISTOPH GRABENWARTER
Verfassungsgerichtshof

Die Bundesverfassung ist die rechtliche Grundordnung der Republik Österreich. Eine Verfassung regelt die grundsätzlichen Fragen des Zusammenlebens der Menschen im Staatsverband. Zu diesen typisch verfassungsrechtlichen Fragen gehören insbesondere der Aufbau, die Organisation und die Ziele des Staates, die Grundsätze für die Ausübung der Staatsfunktionen, das Verhältnis von Staat und Gesellschaft sowie die Stellung des Einzelnen gegenüber dem Staat.
Österreich hat bis heute keine geschlossene Verfassungsurkunde. Die österreichische Bundesverfassung ergibt sich aus mehreren Verfassungsgesetzen, die ausdrücklich als Teil der Verfassung bezeichnet sind und die in ihrer Gesamtheit die österreichische Bundesverfassung verkörpern. Das bei Weitem wichtigste dieser Regelwerke bildet das Bundes-Verfassungsgesetz. Es enthält Bestimmungen über die Grundprinzipien der Verfassung (Demokratie, Rechtsstaat, Bundesstaat, Republik), über die Staatsfunktionen (Gesetzgebung, Verwaltung, Gerichtsbarkeit) sowie über die Bestellung, die Zuständigkeiten und die Arbeitsweise der mit diesen Funktionen betrauten staatlichen Organe: der gesetzgebenden Körperschaften (Nationalrat, Bundesrat, Landtage), der obersten Organe der Verwaltung (Bundespräsident, Bundesminister, Bundesregierung, Landesregierungen) sowie der Organe der Gerichtsbarkeit (ordentliche Gerichte, Verwaltungsgerichtsbarkeit, Verfassungsgerichtsbarkeit).
Das Bundes-Verfassungsgesetz enthält da und dort auch Grundrechte; hervorzuheben sind der allgemeine Gleichheitsgrundsatz sowie das Wahlrecht zum Nationalrat, zum Bundespräsidenten, zu den Landtagen, zu den Gemeindevertretungen und zum Europäischen Parlament. Grundrechte finden sich daneben in der Europäischen Menschenrechtskonvention (EMRK) und in einigen besonderen Verfassungsgesetzen wie insbesondere im Staatsgrundgesetz über die allgemeinen Rechte der Staatsbürger. Sie alle werden von den Gerichten tagtäglich zur Anwendung gebracht und können von den Bürgerinnen und Bürgern beim Verfassungsgerichtshof geltend gemacht werden.
Beide – das Bundes-Verfassungsgesetz und die wichtigsten Grundrechte – werden in diesem Magazin in einer durchaus ungewohnten Weise dargestellt. Grafische Elemente werden kombiniert mit Karten unseres Landes. Ein Anhang mit wesentlichen Informationen zu Demokratie und Rechtsstaatlichkeit in der Republik Österreich und zu ihren Institutionen ist auf den letzten Seiten angefügt.
Am 1. Oktober 2020 jährt sich zum 100. Mal jener Tag, an dem die Konstituierende Nationalversammlung – die erste durch allgemeine Wahlen gebildete Volksvertretung der Republik Österreich – das Bundes-Verfassungsgesetz in seiner Stammfassung verabschiedet hat. Dieses besondere Jubiläum bildet den Anlass für die vorliegende Publikation. Sie soll dazu beitragen, der geltenden Bundesverfassung jene öffentliche Aufmerksamkeit zuteil werden zu lassen, die ihr als rechtliches Fundament unseres Staates gebührt.

Bundes-Verfassungs-gesetz (B-VG)

Allgemeine Bestimmungen. Europäische Union

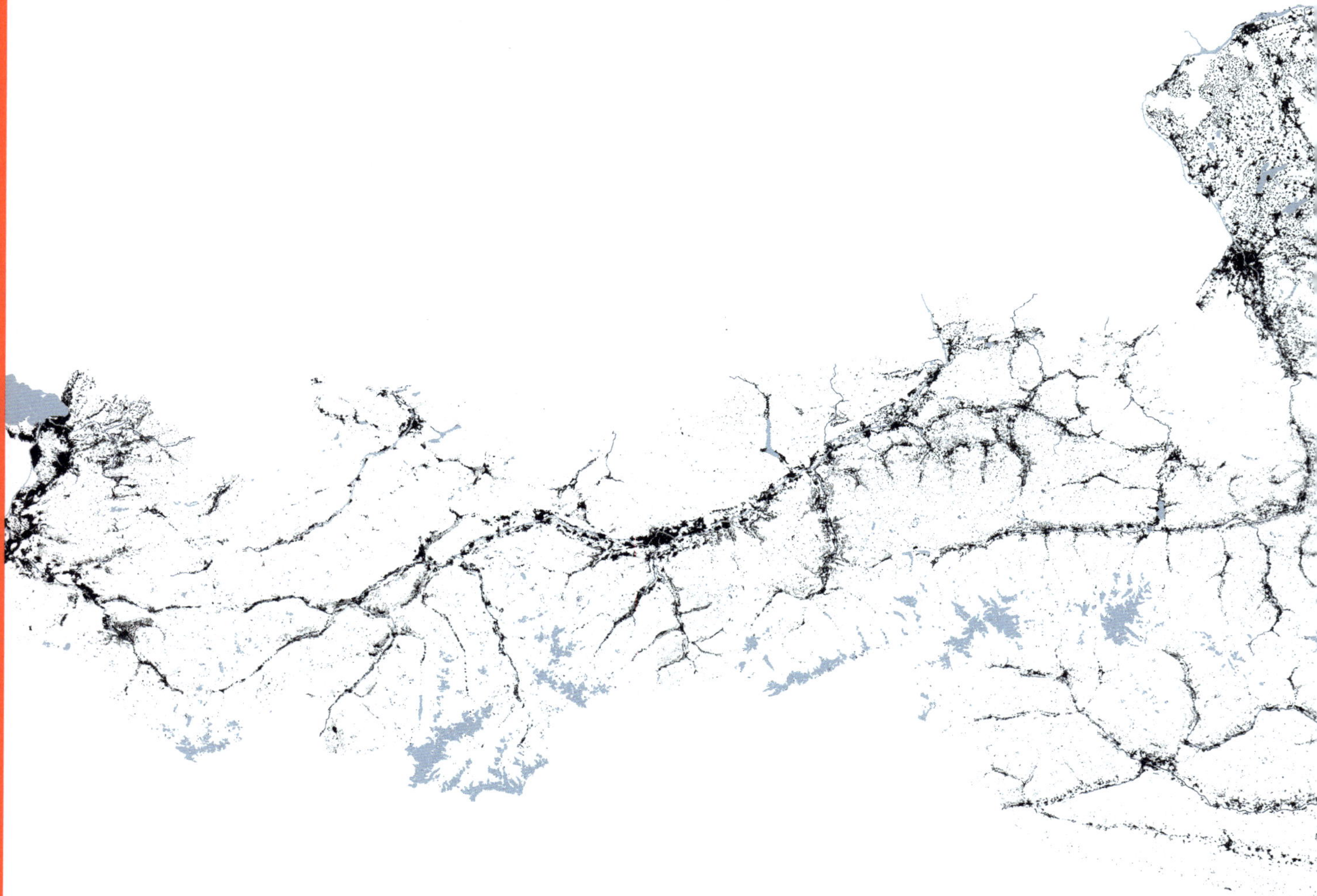

KARTE: schwarzplan.eu

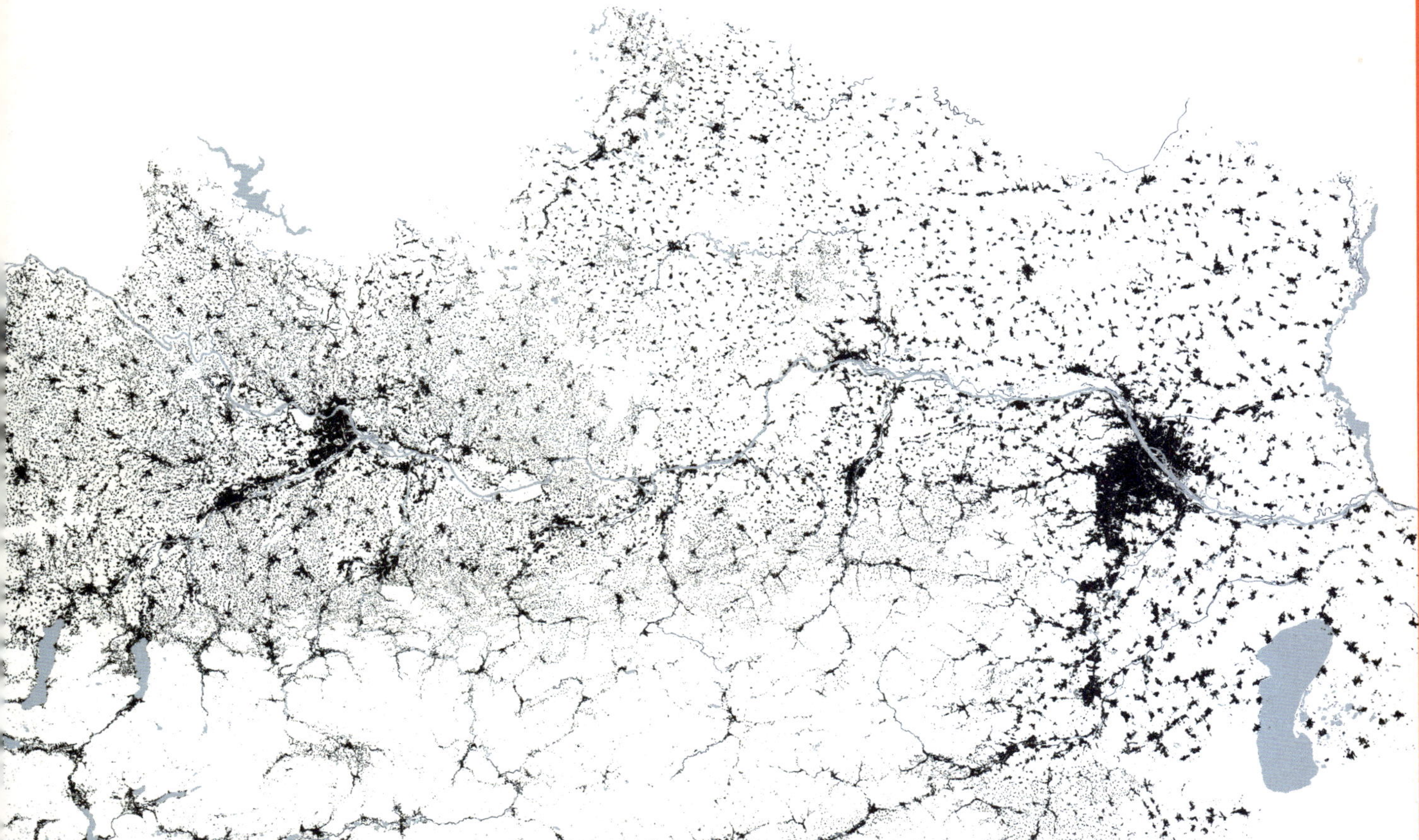

A.
Allgemeine Bestimmungen

ARTIKEL 1.

Öster
eine demo
Republik.
geht vom

[BGBl. Nr. 1/1930 (WV) idF BGBl. I Nr. 57/2019. Die ursprüngliche Fassung des B-VG hatte den Gesetzestitel: „Gesetz vom 1. Oktober 1920, womit die Republik Österreich als Bundesstaat eingerichtet wird (Bundes-Verfassungsgesetz)“, BGBl. Nr. 1/1920. Nach der Novelle 1929 wurde sie als „Bundes-Verfassungsgesetz in der Fassung von 1929“ mit BGBl. Nr. 1/1930 wiederverlautbart. Der aktuelle Titel lautet gem. BGBl. Nr. 1013/1994 „Bundes-Verfassungsgesetz (B-VG)“.]

reich ist
kratische
Ihr Recht
Volk aus.

ARTIKEL 2.

(1) Österreich ist ein Bundesstaat.

(2) Der Bundesstaat wird gebildet aus den selbständigen Ländern: BURGENLAND, KÄRNTEN, NIEDERÖSTERREICH, OBERÖSTERREICH, SALZBURG, STEIERMARK, TIROL, VORARLBERG, WIEN.

(3) Änderungen im Bestand der Länder oder eine Einschränkung der in diesem Absatz und in Art. 3 vorgesehenen Mitwirkung der Länder bedürfen auch verfassungsgesetzlicher Regelungen der Länder.

ARTIKEL 3.

(1) Das Bundesgebiet umfasst die Gebiete der Bundesländer.
(2) Staatsverträge, mit denen die Bundesgrenzen geändert werden, dürfen nur mit Zustimmung der betroffenen Länder abgeschlossen werden.
(3) Grenzänderungen innerhalb des Bundesgebietes bedürfen übereinstimmender Gesetze des Bundes und der betroffenen Länder. Für Grenzbereinigungen innerhalb des Bundesgebietes genügen übereinstimmende Gesetze der betroffenen Länder.
(4) Sofern es sich nicht um Grenzbereinigungen handelt, bedürfen Beschlüsse des Nationalrates über Grenzänderungen gemäß Abs. 2 und 3 der Anwesenheit von mindestens der Hälfte der Mitglieder und einer Mehrheit von zwei Dritteln der abgegebenen Stimmen.

ARTIKEL 4.

(1) Das Bundesgebiet bildet ein einheitliches Währungs-, Wirtschafts- und Zollgebiet.

(2) Innerhalb des Bundes dürfen Zwischenzolllinien oder sonstige Verkehrsbeschränkungen nicht errichtet werden.

ARTIKEL 5.

(1) BUNDESHAUPTSTADT und Sitz der obersten Organe des Bundes ist WIEN.

(2) Für die Dauer außergewöhnlicher Verhältnisse kann der Bundespräsident auf Antrag der Bundesregierung den Sitz oberster Organe des Bundes in einen anderen Ort des Bundesgebietes verlegen.

ARTIKEL 6.

(1) Für die Republik Österreich besteht eine einheitliche Staats-bürgerschaft.

(2) Jene Staatsbürger, die in einem Land den Hauptwohnsitz haben, sind dessen Landesbürger; die Landesgesetze können jedoch vorsehen, dass auch Staatsbürger, die in einem Land einen Wohnsitz, nicht aber den Hauptwohnsitz haben, dessen Landesbürger sind.
(3) Der Hauptwohnsitz einer Person ist dort begründet, wo sie sich in der erweislichen oder aus den Umständen hervorgehenden Absicht niedergelassen hat, hier den Mittelpunkt ihrer Lebensbeziehungen zu schaffen; trifft diese sachliche Voraussetzung bei einer Gesamtbetrachtung der beruflichen, wirtschaftlichen und gesellschaftlichen Lebensbeziehungen einer Person auf mehrere Wohnsitze zu, so hat sie jenen als Hauptwohnsitz zu bezeichnen, zu dem sie das überwiegende Naheverhältnis hat.
(4) In den Angelegenheiten der Durchführung der Wahl des Bundespräsidenten, von Wahlen zu den allgemeinen Vertretungskörpern und zum Europäischen Parlament, der Wahl des Bürgermeisters durch die zur Wahl des Gemeinderates Berechtigten, in den Angelegenheiten der Durchführung von Volksbegehren, Volksabstimmungen und Volksbefragungen auf Grund der Bundesverfassung oder einer Landesverfassung sowie in den Angelegenheiten der unmittelbaren Mitwirkung der zum Gemeinderat Wahlberechtigten an der Besorgung der Angelegenheiten des eigenen Wirkungsbereiches der Gemeinde gelten für die Dauer einer Festnahme oder Anhaltung im Sinne des Bundesverfassungsgesetzes über den Schutz der persönlichen Freiheit, BGBl. Nr. 684/1988, die letzten, außerhalb des Ortes einer Festnahme oder Anhaltung gelegenen Wohnsitze und der letzte, außerhalb des Ortes einer Festnahme oder Anhaltung gelegene Hauptwohnsitz vor der Festnahme oder Anhaltung als Wohnsitze beziehungsweise Hauptwohnsitz der festgenommenen oder angehaltenen Person.

ARTIKEL 7.

(1) Alle Staats-bürger sind vor dem Gesetz gleich.

Vorrechte der GEBURT, des GESCHLECHTES, des STANDES, der KLASSE und des BEKENNTNISSES sind ausgeschlossen. Niemand darf wegen seiner BEHINDERUNG benachteiligt werden.

Die Republik (Bund, Länder und Gemeinden) bekennt sich dazu, die Gleichbehandlung von behinderten und nichtbehinderten Menschen in allen Bereichen des täglichen Lebens zu gewährleisten.

(2) **Bund, Länder und Gemeinden bekennen sich zur tatsächlichen GLEICHSTELLUNG VON MANN UND FRAU.**

Maßnahmen zur Förderung der faktischen Gleichstellung von Frauen und Männern insbesondere durch Beseitigung tatsächlich bestehender Ungleichheiten sind zulässig.

(3) Amtsbezeichnungen können in der Form verwendet werden, die das Geschlecht des Amtsinhabers oder der Amtsinhaberin zum Ausdruck bringt. Gleiches gilt für Titel, akademische Grade und Berufsbezeichnungen.

(4) Den öffentlich Bediensteten, einschließlich der Angehörigen des Bundesheeres, ist die ungeschmälerte Ausübung ihrer politischen Rechte gewährleistet.

ARTIKEL 8.

(1) Die deutsche Sprache ist, unbeschadet der den sprachlichen Minderheiten bundesgesetzlich eingeräumten Rechte, die Staatssprache der Republik.

(2) **Die Republik (Bund, Länder und Gemeinden) bekennt sich zu ihrer gewachsenen sprachlichen und KULTURELLEN VIELFALT, die in den autochthonen Volksgruppen zum Ausdruck kommt.**

Sprache und Kultur, Bestand und Erhaltung dieser Volksgruppen sind zu achten, zu sichern und zu fördern.

(3) Die Österreichische Gebärdensprache ist als eigenständige Sprache anerkannt. Das Nähere bestimmen die Gesetze.

ARTIKEL 8a.

(1) **Die Farben der Republik Österreich sind**

ROT-
WEISS-
ROT.

Die Flagge besteht aus drei gleichbreiten waagrechten Streifen, von denen der mittlere weiß, der obere und der untere rot sind.

(2) Das **Wappen der Republik Österreich** (Bundeswappen) besteht aus einem freischwebenden, einköpfigen, schwarzen, golden gewaffneten und rot bezungten Adler, dessen Brust mit einem roten, von einem silbernen Querbalken durchzogenen Schild belegt ist. Der Adler trägt auf seinem Haupt eine goldene Mauerkrone mit drei sichtbaren Zinnen. Die beiden Fänge umschließt eine gesprengte Eisenkette. Er trägt im rechten Fang eine goldene Sichel mit einwärts gekehrter Schneide, im linken Fang einen goldenen Hammer.

(3) Nähere Bestimmungen, insbesondere über den Schutz der Farben und des Wappens sowie über das Siegel der Republik werden durch Bundesgesetz getroffen.

ARTIKEL 9.

(1) **Die allgemein anerkannten Regeln des Völkerrechtes gelten als Bestandteile des Bundesrechtes.**
(2) Durch Gesetz oder durch einen gemäß Art. 50 Abs. 1 genehmigten Staatsvertrag können einzelne Hoheitsrechte auf andere Staaten oder zwischenstaatliche Einrichtungen übertragen werden. In gleicher Weise können die Tätigkeit von Organen anderer Staaten oder zwischenstaatlicher Einrichtungen im Inland und die Tätigkeit österreichischer Organe im Ausland geregelt sowie die Übertragung einzelner Hoheitsrechte anderer Staaten oder zwischenstaatlicher Einrichtungen auf österreichische Organe vorgesehen werden. Dabei kann auch vorgesehen werden, dass österreichische Organe der Weisungsbefugnis der Organe anderer Staaten oder zwischenstaatlicher Einrichtungen oder diese der Weisungsbefugnis österreichischer Organe unterstellt werden.

ARTIKEL 9a.

(1) Österreich bekennt sich zur umfassenden Landesverteidigung. Ihre Aufgabe ist es, die Unabhängigkeit nach außen sowie die Unverletzlichkeit und Einheit des Bundesgebietes zu bewahren, insbesondere zur Aufrechterhaltung und Verteidigung

der immerwährenden Neutralität.

Hiebei sind auch die verfassungsmäßigen Einrichtungen und ihre Handlungsfähigkeit sowie die demokratischen Freiheiten der Einwohner vor gewaltsamen Angriffen von außen zu schützen und zu verteidigen.

(2) Zur umfassenden Landesverteidigung gehören die militärische, die geistige, die zivile und die wirtschaftliche Landesverteidigung.

(3) Jeder männliche Staatsbürger ist wehrpflichtig. Staatsbürgerinnen können freiwillig Dienst im Bundesheer als Soldatinnen leisten und haben das Recht, diesen Dienst zu beenden.

(4) Wer die Erfüllung der

Wehrpflicht aus Gewissensgründen verweigert und hievon befreit wird,

hat die Pflicht, einen Ersatzdienst (Zivildienst) zu leisten.

ARTIKEL 10.

(1) **Bundessache ist die Gesetzgebung und die Vollziehung in folgenden Angelegenheiten:**

1. **Bundesverfassung**, insbesondere Wahlen zum Nationalrat, und Volksbegehren, Volksabstimmungen und Volksbefragungen auf Grund der Bundesverfassung; Verfassungsgerichtsbarkeit; Verwaltungsgerichtsbarkeit mit Ausnahme der Organisation der Verwaltungsgerichte der Länder;

1a. **Wahlen zum Europäischen Parlament; Europäische Bürgerinitiativen;**

2. **äußere Angelegenheiten** mit Einschluss der politischen und wirtschaftlichen Vertretung gegenüber dem Ausland, insbesondere Abschluss von Staatsverträgen, unbeschadet der Zuständigkeit der Länder nach Art. 16 Abs. 1; Grenzvermarkung; Waren- und Viehverkehr mit dem Ausland; Zollwesen;

3. **Regelung und Überwachung des Eintrittes in das Bundesgebiet und des Austrittes aus ihm;** Ein- und Auswanderungswesen einschließlich des Aufenthaltsrechtes aus berücksichtigungswürdigen Gründen; Passwesen; Aufenthaltsverbot, Ausweisung und Abschiebung; Asyl; Auslieferung;

4. **Bundesfinanzen,** insbesondere öffentliche Abgaben, die ausschließlich oder teilweise für den Bund einzuheben sind; Monopolwesen;

5. **Geld-, Kredit-, Börse- und Bankwesen; Maß- und Gewichts-, Normen- und Punzierungswesen;**

6. **Zivilrechtswesen** einschließlich des wirtschaftlichen Assoziationswesens, jedoch mit Ausschluss von Regelungen, die den Grundstücksverkehr für Ausländer und den Verkehr mit bebauten oder zur Bebauung bestimmten Grundstücken verwaltungsbehördlichen Beschränkungen unterwerfen, einschließlich des Rechtserwerbes von Todes wegen durch Personen, die nicht zum Kreis der gesetzlichen Erben gehören; Privatstiftungswesen; Strafrechtswesen mit Ausschluss des Verwaltungsstrafrechtes und des Verwaltungsstrafverfahrens in Angelegenheiten, die in den selbständigen Wirkungsbereich der Länder fallen; Justizpflege; Einrichtungen zum Schutz der Gesellschaft gegen verbrecherische oder sonstige gefährliche Personen; Urheberrecht; Pressewesen; Enteignung, soweit sie nicht Angelegenheiten betrifft, die in den selbständigen Wirkungsbereich der Länder fallen; Angelegenheiten der Notare, der Rechtsanwälte und verwandter Berufe; außergerichtliche Vermittlung von Streitigkeiten in den Angelegenheiten des Zivilrechtswesens und des Strafrechtswesens;

7. **Aufrechterhaltung der öffentlichen Ruhe,** Ordnung und Sicherheit einschließlich der ersten allgemeinen Hilfeleistung, jedoch mit Ausnahme der örtlichen Sicherheitspolizei; Vereins- und Versammlungsrecht; Personenstandsangelegenheiten einschließlich des Matrikenwesens und der Namensänderung; Fremdenpolizei und Meldewesen; Waffen-, Munitions- und Sprengmittelwesen, Schießwesen;

8. **Angelegenheiten des Gewerbes und der Industrie;** öffentliche Agentien und Privatgeschäftsvermittlungen; Bekämpfung des unlauteren Wettbewerbes; Kartellrecht; Patentwesen sowie Schutz von Mustern, Marken und anderen Warenbezeichnungen; Angelegenheiten der Patentanwälte; Ingenieur- und Ziviltechnikerwesen; Kammern für Handel, Gewerbe und Industrie; Einrichtung beruflicher Vertretungen, soweit sie sich auf das ganze Bundesgebiet erstrecken, mit Ausnahme solcher auf land- und forstwirtschaftlichem Gebiet;

9. **Verkehrswesen** bezüglich der Eisenbahnen und der Luftfahrt sowie der Schifffahrt, soweit diese nicht unter Art. 11 fällt; Kraftfahrwesen; Angelegenheiten der wegen ihrer Bedeutung für den Durchzugsverkehr durch Bundesgesetz als Bundesstraßen erklärten Straßenzüge außer der Straßenpolizei; Strom- und Schifffahrtspolizei, soweit sie nicht unter Art. 11 fällt; Post- und Fernmeldewesen; Umweltverträglichkeitsprüfung für Bundesstraßen und Eisenbahn-Hochleistungsstrecken, bei denen mit erheblichen Auswirkungen auf die Umwelt zu rechnen ist;

10. **Bergwesen; Forstwesen einschließlich des Triftwesens; Wasserrecht;** Regulierung und Instandhaltung der Gewässer zum Zweck der unschädlichen Ableitung der Hochfluten oder zum Zweck der Schifffahrt und Flößerei; Wildbachverbauung; Bau und Instandhaltung von Wasserstraßen; Normalisierung und Typisierung elektrischer Anlagen und Einrichtungen, Sicherheitsmaßnahmen auf diesem Gebiet; Starkstromwegerecht, soweit sich die Leitungsanlage auf zwei oder mehrere Länder erstreckt; Dampfkessel- und Kraftmaschinenwesen; Vermessungswesen;

11. **Arbeitsrecht,** soweit es nicht unter Art. 11 fällt, jedoch einschließlich des Arbeiterrechtes sowie des Arbeiter- und Angestelltenschutzes der Dienstnehmer in Sägen, Harzverarbeitungsstätten, Mühlen und Molkereien, die von land- und forstwirtschaftlichen Erwerbs- und Wirtschaftsgenossenschaften betrieben werden, sofern in diesen eine bundesgesetzlich zu bestimmende Anzahl von Dienstnehmern dauernd beschäftigt ist; für diese Dienstnehmer gelten die für die Dienstnehmer in gewerblichen Betrieben bestehenden Rechtsvorschriften; Sozial- und Vertragsversicherungswesen; Pflegegeldwesen; Sozialentschädigungsrecht; Ausbildungspflicht für Jugendliche; Kammern für Arbeiter und Angestellte, mit Ausnahme solcher auf land- und forstwirtschaftlichem Gebiet, jedoch auch für die Dienstnehmer in Sägen, Harzverarbeitungsstätten, Mühlen und Molkereien, die von land- und forstwirtschaftlichen Erwerbs- und Wirtschaftsgenossenschaften betrieben werden, sofern in diesen eine bundesgesetzlich zu bestimmende Anzahl von Dienstnehmern dauernd beschäftigt ist;

12. **Gesundheitswesen** mit Ausnahme des Leichen- und Bestattungswesens sowie des Gemeindesanitätsdienstes und Rettungswesens, hinsichtlich der Heil- und Pflegeanstalten, des Kurortewesens und der natürlichen Heilvorkommen jedoch nur die sanitäre Aufsicht; Maßnahmen zur Abwehr von gefährlichen Belastungen der Umwelt, die durch Überschreitung von Immissionsgrenzwerten entstehen; Luftreinhaltung, unbeschadet der Zuständigkeit der Länder für Heizungsanlagen; Abfallwirtschaft hinsichtlich gefährlicher Abfälle, hinsichtlich anderer Abfälle nur soweit ein Bedürfnis nach Erlassung einheitlicher Vorschriften vorhanden ist; Veterinärwesen; Ernährungswesen einschließlich der Nahrungsmittelkontrolle; Regelung des geschäftlichen Verkehrs mit Saat- und Pflanzgut, Futter-, Dünge- und Pflanzenschutzmitteln sowie mit Pflanzenschutzgeräten, einschließlich der Zulassung und bei Saat- und Pflanzgut auch der Anerkennung;

12a. **Universitäts- und Hochschulwesen** sowie das Erziehungswesen betreffend Studentenheime in diesen Angelegenheiten;

13. **wissenschaftlicher und fachtechnischer Archiv- und Bibliotheksdienst; Angelegenheiten der künstlerischen und wissenschaftlichen Sammlungen und Einrichtungen des Bundes;** Angelegenheiten der Bundestheater mit Ausnahme der Bauangelegenheiten; Denkmalschutz; Angelegenheiten des Kultus; Volkszählungswesen sowie – unter Wahrung der Rechte der Länder, im eigenen Land jegliche Statistik zu betreiben – sonstige Statistik, soweit sie nicht nur den Interessen eines einzelnen Landes dient; allgemeine Angelegenheiten des Schutzes personenbezogener Daten; Stiftungs- und Fondswesen, soweit es sich um Stiftungen und Fonds handelt, die nach ihren Zwecken über den Interessenbereich eines Landes hinausgehen und nicht schon bisher von den Ländern autonom verwaltet wurden;

14. **Organisation und Führung der Bundespolizei;** Regelung der Errichtung und der Organisierung sonstiger Wachkörper mit Ausnahme der Gemeindewachkörper; Regelung der Bewaffnung der Wachkörper und des Rechtes zum Waffengebrauch;

15. **militärische Angelegenheiten; Angelegenheiten des Zivildienstes;** Kriegsschadenangelegenheiten; Fürsorge für Kriegsgräber; aus Anlass eines Krieges oder im Gefolge eines solchen zur Sicherung der einheitlichen Führung der Wirtschaft notwendig erscheinende Maßnahmen, insbesondere auch hinsichtlich der Versorgung der Bevölkerung mit Bedarfsgegenständen;

16. **Einrichtung der Bundesbehörden** und sonstigen Bundesämter; Dienstrecht und Personalvertretungsrecht der Bundesbediensteten;

17. **Bevölkerungspolitik.**

[Anm.: Z. 18 aufgehoben]

(2) **In Bundesgesetzen über das bäuerliche Anerbenrecht** sowie in den nach Abs. 1 Z 10 ergehenden Bundesgesetzen kann die Landesgesetzgebung ermächtigt werden, zu genau zu bezeichnenden einzelnen Bestimmungen Ausführungsbestimmungen zu erlassen. Für diese Landesgesetze sind die Bestimmungen des Art. 15 Abs. 6 sinngemäß anzuwenden. Die Vollziehung der in solchen Fällen ergehenden Ausführungsgesetze steht dem Bund zu, doch bedürfen die Durchführungsverordnungen, soweit sie sich auf die Ausführungsbestimmungen des Landesgesetzes beziehen, des vorherigen Einvernehmens mit der betreffenden Landesregierung.

(3) Bevor der Bund Staatsverträge, die Durchführungsmaßnahmen im Sinne des Art. 16 erforderlich machen oder die den selbständigen Wirkungsbereich der Länder in anderer Weise berühren, abschließt, hat er den Ländern Gelegenheit zur Stellungnahme zu geben. Liegt dem Bund eine einheitliche Stellungnahme der Länder vor, so ist der Bund beim Abschluss des Staatsvertrages an diese Stellungnahme gebunden. Der Bund darf davon nur aus zwingenden außenpolitischen Gründen abweichen; er hat diese Gründe den Ländern unverzüglich mitzuteilen.

[Anm.: Abs. 4–6 aufgehoben]

ARTIKEL 11.

(1) **Bundessache ist die Gesetzgebung, Landessache die Vollziehung in folgenden Angelegenheiten:**

1. **Staatsbürgerschaft;**
2. **berufliche Vertretungen,** soweit sie nicht unter Art. 10 fallen, jedoch mit Ausnahme jener auf land- und forstwirtschaftlichem Gebiet sowie auf dem Gebiet des Berg- und Schiführerwesens und des in den selbständigen Wirkungsbereich der Länder fallenden Sportunterrichtswesens;
3. **Volkswohnungswesen** mit Ausnahme der Förderung des Wohnbaus und der Wohnhaussanierung;
4. **Straßenpolizei;**
5. **Assanierung;**
6. **Binnenschifffahrt** hinsichtlich der Schifffahrtskonzessionen, Schifffahrtsanlagen und Zwangsrechte an solchen Anlagen, soweit sie sich nicht auf die Donau, den Bodensee, den Neusiedlersee und auf Grenzstrecken sonstiger Grenzgewässer bezieht; Strom- und Schifffahrtspolizei auf Binnengewässern mit Ausnahme der Donau, des Bodensees, des Neusiedlersees und der Grenzstrecken sonstiger Grenzgewässer;
7. **Umweltverträglichkeitsprüfung** für Vorhaben, bei denen mit erheblichen Auswirkungen auf die Umwelt zu rechnen ist; soweit ein Bedürfnis nach Erlassung einheitlicher Vorschriften als vorhanden erachtet wird, Genehmigung solcher Vorhaben;
8. **Tierschutz,** soweit er nicht nach anderen Bestimmungen in Gesetzgebung Bundessache ist, jedoch

mit Ausnahme der Ausübung der Jagd oder der Fischerei;

9. **Arbeiterrecht** sowie Arbeiter- und Angestelltenschutz, soweit es sich um land- und forstwirtschaftliche Arbeiter und Angestellte handelt.

(2) Soweit ein Bedürfnis nach Erlassung einheitlicher Vorschriften als vorhanden erachtet wird, werden das Verwaltungsverfahren, die allgemeinen Bestimmungen des Verwaltungsstrafrechtes, das Verwaltungsstrafverfahren und die Verwaltungsvollstreckung auch in den Angelegenheiten, in denen die Gesetzgebung den Ländern zusteht, durch Bundesgesetz geregelt; abweichende Regelungen können in den die einzelnen Gebiete der Verwaltung regelnden Bundes- oder Landesgesetzen nur dann getroffen werden, wenn sie zur Regelung des Gegenstandes erforderlich sind.

(3) Die Durchführungsverordnungen zu den nach den Abs. 1 und 2 ergehenden Bundesgesetzen sind, soweit in diesen Gesetzen nicht anderes bestimmt ist, vom Bund zu erlassen. Die Art der Kundmachung von Durchführungsverordnungen, zu deren Erlassung die Länder in den Angelegenheiten des Abs. 1 Z 4 und 6 bundesgesetzlich ermächtigt werden, kann durch Bundesgesetz geregelt werden.

(4) Die Handhabung der gemäß Abs. 2 ergehenden Gesetze und der hiezu erlassenen Durchführungsverordnungen steht dem Bund oder den Ländern zu, je nachdem, ob die den Gegenstand des Verfahrens bildende Angelegenheit der Vollziehung nach Bundes- oder Landessache ist.

(5) Soweit ein Bedürfnis nach Erlassung einheitlicher Vorschriften vorhanden ist, können durch Bundesgesetz einheitliche Emissionsgrenzwerte für Luftschadstoffe festgelegt werden. Diese dürfen in den die einzelnen Gebiete der Verwaltung regelnden Bundes- und Landesvorschriften nicht überschritten werden.

(6) Soweit ein Bedürfnis nach Erlassung einheitlicher Vorschriften als vorhanden erachtet wird, werden auch das Bürgerbeteiligungsverfahren für bundesgesetzlich zu bestimmende Vorhaben, die Beteiligung an den einem Bürgerbeteiligungsverfahren nachfolgenden Verwaltungsverfahren und die Berücksichtigung der Ergebnisse des Bürgerbeteiligungsverfahrens bei der Erteilung der für die betroffenen Vorhaben erforderlichen Genehmigungen sowie die Genehmigung der in Art. 10 Abs. 1 Z 9 genannten Vorhaben durch Bundesgesetz geregelt. Für die Vollziehung dieser Vorschriften gilt Abs. 4.

(7) In den in Abs. 1 Z 7 und 8 genannten Angelegenheiten stehen der Bundesregierung und den einzelnen Bundesministern gegenüber der Landesregierung die folgenden Befugnisse zu:

1. die Befugnis, durch Bundesorgane in die Akten der Landesbehörden Einsicht zu nehmen;
2. die Befugnis, die Übermittlung von Berichten über die Vollziehung der vom Bund erlassenen Gesetze und Verordnungen zu verlangen;
3. die Befugnis, alle für die Vorbereitung der Erlassung von Gesetzen und Verordnungen durch den Bund notwendigen Auskünfte über die Vollziehung zu verlangen;
4. die Befugnis, in bestimmten Fällen Auskünfte und die Vorlage von Akten zu verlangen, soweit dies zur Ausübung anderer Befugnisse notwendig ist.

[Anm.: Abs. 8 aufgehoben]

ARTIKEL 12.

(1) **Bundessache ist die Gesetzgebung über die Grundsätze, Landessache die Erlassung von Ausführungsgesetzen und die Vollziehung in folgenden Angelegenheiten:**

1. **Armenwesen;** Mutterschafts-, Säuglings- und Jugendfürsorge; Heil- und Pflegeanstalten;
2. **Elektrizitätswesen,** soweit es nicht unter Art. 10 fällt.

(2) Grundsatzgesetze und Grundsatzbestimmungen in Bundesgesetzen sind als solche ausdrücklich zu bezeichnen.

ARTIKEL 13.

(1) Die Zuständigkeiten des Bundes und der Länder auf dem Gebiet des Abgabenwesens werden durch ein eigenes Bundesverfassungsgesetz („Finanz-Verfassungsgesetz") geregelt.

(2) **Bund, Länder und Gemeinden haben bei ihrer Haushaltsführung die Sicherstellung des gesamtwirtschaftlichen Gleichgewichtes und nachhaltig geordnete Haushalte anzustreben. Sie haben ihre Haushaltsführung in Hinblick auf diese Ziele zu koordinieren.**

(3) Bund, Länder und Gemeinden haben bei der Haushaltsführung die tatsächliche Gleichstellung von Frauen und Männern anzustreben.

ARTIKEL 14.

(1) **Bundessache ist die Gesetzgebung und die Vollziehung auf dem Gebiet des Schulwesens sowie auf dem Gebiet des Erziehungswesens in den Angelegenheiten der Schülerheime,** soweit in den folgenden Absätzen nicht anderes bestimmt ist. Zum Schul- und Erziehungswesen im Sinne dieses Artikels zählen nicht die im Art. 14a geregelten Angelegenheiten.

(2) Bundessache ist die Gesetzgebung, Landessache die Vollziehung in den Angelegenheiten des Dienstrechtes und des Personalvertretungsrechtes der Lehrer für öffentliche Pflichtschulen, soweit im Abs. 4 lit. a nicht anderes bestimmt ist. In diesen Bundesgesetzen kann die Landesgesetzgebung ermächtigt werden, zu genau zu bezeichnenden einzelnen Bestimmungen Ausführungsbestimmungen zu erlassen; hiebei finden die Bestimmungen des Art. 15 Abs. 6 sinngemäß Anwendung. Durchführungsverordnungen zu diesen Bundesgesetzen sind, soweit darin nicht anderes bestimmt ist, vom Bund zu erlassen.

(3) Bundessache ist die Gesetzgebung über die Grundsätze, Landessache die Erlassung von Ausführungsgesetzen und die Vollziehung in folgenden Angelegenheiten:

a) äußere Organisation (Aufbau, Organisationsformen, Errichtung, Erhaltung, Auflassung, Sprengel, Klassenschülerzahlen und Unterrichtszeit) der öffentlichen Pflichtschulen;
b) äußere Organisation der öffentlichen Schülerheime, die ausschließlich oder vorwiegend für Schüler von Pflichtschulen bestimmt sind;
c) fachliche Anstellungserfordernisse für die von den Ländern, Gemeinden oder von Gemeindeverbänden anzustellenden Kindergärtnerinnen und Erzieher an Horten und an Schülerheimen, die ausschließlich oder vorwiegend für Schüler von Pflichtschulen bestimmt sind.

(4) **Landessache ist die Gesetzgebung und die Vollziehung in folgenden Angelegenheiten:**

a) Behördenzuständigkeit zur Ausübung der Diensthoheit über die Lehrer für öffentliche Pflichtschulen auf Grund der gemäß Abs. 2 ergehenden Gesetze;
b) Kindergartenwesen und Hortwesen.

(5) Abweichend von den Bestimmungen der Abs. 2 bis 4 ist Bundessache die Gesetzgebung und die Vollziehung in folgenden Angelegenheiten:

a) Öffentliche Praxisschulen, Übungskindergärten, Übungshorte und Übungsschülerheime, die einer öffentlichen Schule zum Zweck lehrplanmäßig vorgesehener Übungen eingegliedert sind;
b) öffentliche Schülerheime, die ausschließlich oder vorwiegend für Schüler der in lit. a genannten Praxisschulen bestimmt sind;
c) Dienstrecht und Personalvertretungsrecht der Lehrer, Erzieher und Kindergärtnerinnen für die in lit. a und b genannten öffentlichen Einrichtungen.

(5a) **DEMOKRATIE, HUMANITÄT, SOLIDARITÄT, FRIEDE und GERECHTIGKEIT sowie OFFENHEIT und TOLERANZ gegenüber den Menschen sind Grundwerte der Schule,**

auf deren Grundlage sie der gesamten Bevölkerung, unabhängig von Herkunft, sozialer Lage und finanziellem Hintergrund, unter steter Sicherung und Weiterentwicklung bestmöglicher Qualität ein höchstmögliches Bildungsniveau sichert. Im partnerschaftlichen Zusammenwirken von Schülern, Eltern und Lehrern ist Kindern und Jugendlichen die bestmögliche geistige, seelische und körperliche Entwicklung zu ermöglichen, damit sie zu gesunden, selbstbewussten, glücklichen, leistungsorientierten, pflichttreuen, musischen und kreativen Menschen werden, die befähigt sind, an den sozialen, religiösen und moralischen Werten orientiert Verantwortung für sich selbst, Mitmenschen, Umwelt und nachfolgende Generationen zu übernehmen. Jeder Jugendliche soll seiner Entwicklung und seinem Bildungsweg entsprechend zu selbständigem Urteil und sozialem Verständnis geführt werden, dem politischen, religiösen und weltanschaulichen Denken anderer aufgeschlossen sein sowie befähigt werden, am Kultur- und Wirtschaftsleben Österreichs, Europas und der Welt teilzunehmen und in Freiheits- und Friedensliebe an den gemeinsamen Aufgaben der Menschheit mitzuwirken.

(6) Schulen sind Einrichtungen, in denen Schüler gemeinsam nach einem umfassenden, festen Lehrplan unterrichtet werden und im Zusammenhang mit der Vermittlung von allgemeinen oder allgemeinen und beruflichen Kenntnissen und Fertigkeiten ein umfassendes erzieherisches Ziel angestrebt wird. Öffentliche Schulen sind jene Schulen, die vom gesetzlichen Schulerhalter errichtet und erhalten werden. Gesetzlicher Schulerhalter ist der Bund, soweit die Gesetzgebung und Vollziehung in den Angelegenheiten der Errichtung, Erhaltung und Auflassung von öffentlichen Schulen Bundessache ist. Gesetzlicher Schulerhalter ist das Land oder nach Maßgabe der landesgesetzlichen Vorschriften die Gemeinde oder ein Gemeindeverband, soweit die Gesetzgebung oder Ausführungsgesetzgebung und die Vollziehung in den Angelegenheiten der Errichtung, Erhaltung und Auflassung von öffentlichen Schulen Landessache ist. Öffentliche Schulen sind allgemein ohne Unterschied der Geburt, des Geschlechtes, der Rasse, des Standes, der Klasse, der Sprache und des Bekenntnisses, im Übrigen im Rahmen der gesetzlichen Voraussetzungen zugänglich. Das Gleiche gilt sinngemäß für Kindergärten, Horte und Schülerheime.

(6a) Die Gesetzgebung hat ein differenziertes Schulsystem vorzusehen, das zumindest nach Bildungsinhalten in allgemeinbildende und berufsbildende Schulen und nach Bildungshöhe in Primar- und Sekundarschulbereiche gegliedert ist, wobei bei den Sekundarschulen eine weitere angemessene Differenzierung vorzusehen ist.

(7) Schulen, die nicht öffentlich sind, sind Privatschulen; diesen ist nach Maßgabe der gesetzlichen Bestimmungen das Öffentlichkeitsrecht zu verleihen.

(7a) Die Schulpflicht beträgt zumindest neun Jahre und es besteht auch Berufsschulpflicht.

(8) Dem Bund steht die Befugnis zu, sich in den Angelegenheiten, die nach Abs. 2 und 3 in die Vollziehung der Länder fallen, von der Einhaltung der auf Grund dieser Absätze erlassenen Gesetze und Verordnungen Kenntnis zu verschaffen, zu welchem Zweck er auch Organe in die Schulen und Schülerheime entsenden kann. Werden Mängel wahrgenommen, so kann dem Landeshauptmann durch Weisung (Art. 20 Abs. 1) die Abstellung der Mängel innerhalb einer angemessenen Frist aufgetragen werden. Der Landeshauptmann hat für die Abstellung der Mängel nach Maßgabe der gesetzlichen Vorschriften Sorge zu tragen und ist verpflichtet, um die Durchführung solcher Weisungen zu bewirken, auch die ihm in seiner Eigenschaft als Organ des selbständigen Wirkungsbereiches des Landes zu Gebote stehenden Mittel anzuwenden.

(9) Auf dem Gebiet des Dienstrechtes der Lehrer, Erzieher und Kindergärtnerinnen gelten für die Verteilung der Zuständigkeiten zur Gesetzgebung und Vollziehung hinsichtlich der Dienstverhältnisse zum Bund, zu den Ländern, zu den Gemeinden und zu den Gemeindeverbänden, soweit in den vorhergehenden Absätzen nicht anderes bestimmt ist, die diesbezüglichen allgemeinen Regelungen der Art. 10 und 21. Gleiches gilt für das Personalvertretungsrecht der Lehrer, Erzieher und Kindergärtnerinnen.

(10) In den Angelegenheiten der Schulgeldfreiheit sowie des Verhältnisses der Schule und Kirchen (Religionsgesellschaften) einschließlich des Religionsunterrichtes in der Schule, soweit es sich nicht um Angelegenheiten der Universitäten und Hochschulen handelt, können Bundesgesetze vom Nationalrat nur in Anwesenheit von mindestens der Hälfte der Mitglieder und mit einer Mehrheit von zwei Dritteln der abgegebenen Stimmen beschlossen werden. Das Gleiche gilt, wenn die Grundsätze des Abs. 6a verlassen werden sollen und für die Genehmigung der in vorstehenden Angelegenheiten abgeschlossenen Staatsverträge der im Art. 50 bezeichneten Art.

[Anm.: Abs. 11 aufgehoben]

ARTIKEL 14a.

(1) **Auf dem Gebiet des land- und forstwirtschaftlichen Schulwesens sowie auf dem Gebiet des land- und forstwirtschaftlichen Erziehungswesens in den Angelegenheiten der Schülerheime, ferner in den Angelegenheiten des Dienstrechtes und des Personalvertretungsrechtes der Lehrer und Erzieher an den unter diesen Artikel fallenden Schulen und Schülerheimen sind Gesetzgebung und Vollziehung Landessache,** soweit in den folgenden Absätzen nicht anderes bestimmt ist.

(2) Bundessache ist die Gesetzgebung und Vollziehung in folgenden Angelegenheiten:

a) höhere land- und forstwirtschaftliche Lehranstalten sowie Anstalten für die Ausbildung und Fortbildung der Lehrer an land- und forstwirtschaftlichen Schulen;
b) Fachschulen für die Ausbildung von Forstpersonal;
c) öffentliche land- und forstwirtschaftliche Fachschulen, die zur Gewährleistung von lehrplanmäßig vorgesehenen Übungen mit einer der unter den lit. a und b genannten öffentlichen Schulen oder mit einer land- und forstwirtschaftlichen Versuchsanstalt des Bundes organisatorisch verbunden sind;
d) Schülerheime, die ausschließlich oder vorwiegend für Schüler der unter den lit. a bis c genannten Schulen bestimmt sind;
e) Dienstrecht und Personalvertretungsrecht der Lehrer und Erzieher für die unter den lit. a bis d genannten Einrichtungen;
f) Subventionen zum Personalaufwand der konfessionellen land- und forstwirtschaftlichen Schulen;
g) land- und forstwirtschaftliche Versuchsanstalten des Bundes, die mit einer vom Bund erhaltenen land- und forstwirtschaftlichen Schule zur Gewährleistung von lehrplanmäßig vorgesehenen Übungen an dieser Schule organisatorisch verbunden sind.

(3) Soweit es sich nicht um die im Abs. 2 genannten Angelegenheiten handelt, ist Bundessache die Gesetzgebung, Landessache die Vollziehung in den Angelegenheiten

a) des Religionsunterrichtes;

b) des Dienstrechtes und des Personalvertretungsrechtes der Lehrer für öffentliche land- und forstwirtschaftliche Berufs- und Fachschulen und der Erzieher für öffentliche Schülerheime, die ausschließlich oder vorwiegend für Schüler dieser Schulen bestimmt sind, ausgenommen jedoch die Angelegenheiten der Behördenzuständigkeit zur Ausübung der Diensthoheit über diese Lehrer und Erzieher.

In den auf Grund der Bestimmungen unter lit. b ergehenden Bundesgesetzen kann die Landesgesetzgebung ermächtigt werden, zu genau zu bezeichnenden einzelnen Bestimmungen Ausführungsbestimmungen zu erlassen; hiebei finden die Bestimmungen des Art. 15 Abs. 6 sinngemäß Anwendung. Durchführungsverordnungen zu diesen Bundesgesetzen sind, soweit darin nicht anderes bestimmt ist, vom Bund zu erlassen.

(4) Bundessache ist die Gesetzgebung über die Grundsätze, Landessache die Erlassung von Ausführungsgesetzen und die Vollziehung

a) hinsichtlich der land- und forstwirtschaftlichen Berufsschulen: in den Angelegenheiten der Festlegung sowohl des Bildungszieles als auch von Pflichtgegenständen und der Unentgeltlichkeit des Unterrichtes sowie in den Angelegenheiten der Schulpflicht und des Übertrittes von der Schule eines Landes in die Schule eines anderen Landes;

b) hinsichtlich der land- und forstwirtschaftlichen Fachschulen: in den Angelegenheiten der Festlegung der Aufnahmevoraussetzungen, des Bildungszieles, der Organisationsformen, des Unterrichtsausmaßes und der Pflichtgegenstände, der Unentgeltlichkeit des Unterrichtes und des Übertrittes von der Schule eines Landes in die Schule eines anderen Landes;

c) in den Angelegenheiten des Öffentlichkeitsrechtes der privaten land- und forstwirtschaftlichen Berufs- und Fachschulen mit Ausnahme der unter Abs. 2 lit. b fallenden Schulen;

d) hinsichtlich der Organisation und des Wirkungskreises von Beiräten, die in den Angelegenheiten des Abs. 1 an der Vollziehung der Länder mitwirken.

(5) Die Errichtung der im Abs. 2 unter den lit. c und g bezeichneten land- und forstwirtschaftlichen Fachschulen und Versuchsanstalten ist nur zulässig, wenn die Landesregierung des Landes, in dem die Fachschule beziehungsweise Versuchsanstalt ihren Sitz haben soll, der Errichtung zugestimmt hat. Diese Zustimmung ist nicht erforderlich, wenn es sich um die Errichtung einer land- und forstwirtschaftlichen Fachschule handelt, die mit einer Anstalt für die Ausbildung und Fortbildung der Lehrer an land- und forstwirtschaftlichen Schulen zur Gewährleistung von lehrplanmäßig vorgesehenen Übungen organisatorisch verbunden werden soll.

(6) Dem Bund steht die Befugnis zu, in den Angelegenheiten, die nach Abs. 3 und 4 in die Vollziehung der Länder fallen, die Einhaltung der von ihm erlassenen Vorschriften wahrzunehmen.

(7) Die Bestimmungen des Art. 14 Abs. 5a, 6, 6a, 7, 7a und 9 gelten sinngemäß auch für die im ersten Satz des Abs. 1 bezeichneten Gebiete.

(8) Art. 14 Abs. 10 gilt sinngemäß.

ARTIKEL 14b.

(1) Bundessache ist die Gesetzgebung in den Angelegenheiten des öffentlichen Auftragswesens, soweit diese nicht unter Abs. 3 fallen.

(2) Die Vollziehung in den Angelegenheiten des Abs. 1 ist

1. Bundessache hinsichtlich

a) der Vergabe von Aufträgen durch den Bund;

b) der Vergabe von Aufträgen durch Stiftungen, Fonds und Anstalten im Sinne des Art. 126b Abs. 1;

c) der Vergabe von Aufträgen durch Unternehmungen im Sinne des Art. 126b Abs. 2, wenn die finanzielle Beteiligung oder der durch andere finanzielle oder sonstige wirtschaftliche oder organisatorische Maßnahmen vermittelte Einfluss des Bundes mindestens gleich groß ist wie die finanzielle Beteiligung oder der Einfluss der Länder;

d) der Vergabe von Aufträgen durch bundesgesetzlich eingerichtete Selbstverwaltungskörperschaften;

e) der Vergabe von Aufträgen durch in lit. a bis d und Z 2 lit. a bis d nicht genannte Rechtsträger,

aa) die vom Bund finanziert werden, wenn der Finanzierungsanteil des Bundes mindestens gleich groß ist wie der der Länder;

bb) die hinsichtlich ihrer Leitung der Aufsicht des Bundes unterliegen, soweit die Vergabe nicht unter sublit. aa oder Z 2 lit. e sublit. aa fällt;

cc) deren Verwaltungs-, Leitungs- oder Aufsichtsorgane aus Mitgliedern bestehen, die vom Bund ernannt worden sind, wenn der Bund mindestens gleich viele Mitglieder ernannt hat wie die Länder, soweit die Vergabe nicht unter sublit. aa oder bb oder Z 2 lit. e sublit. aa oder bb fällt;

f) der gemeinsamen Vergabe von Aufträgen durch den Bund und die Länder, wenn der Anteil des Bundes am geschätzten Gesamtauftragswert mindestens gleich groß ist wie die Summe der Anteile der Länder;

g) der Vergabe von Aufträgen durch in lit. a bis f und Z 2 nicht genannte Rechtsträger;

2. Landessache hinsichtlich

a) der Vergabe von Aufträgen durch das Land, die Gemeinden und die Gemeindeverbände;

b) der Vergabe von Aufträgen durch Stiftungen, Fonds und Anstalten im Sinne des Art. 127 Abs. 1 und des Art. 127a Abs. 1 und 8;

c) der Vergabe von Aufträgen durch Unternehmungen im Sinne des Art. 126b Abs. 2, soweit sie nicht unter Z 1 lit. c fällt, sowie der Vergabe von Aufträgen durch

Unternehmungen im Sinne des Art. 127 Abs. 3 und des Art. 127a Abs. 3 und 8;
d) der Vergabe von Aufträgen durch landesgesetzlich eingerichtete Selbstverwaltungskörperschaften;
e) der Vergabe von Aufträgen durch in Z 1 lit. a bis d und lit. a bis d nicht genannte Rechtsträger,
aa) die vom Land allein oder gemeinsam mit dem Bund oder anderen Ländern finanziert werden, soweit die Vergabe nicht unter Z 1 lit. e sublit. aa fällt;
bb) die hinsichtlich ihrer Leitung der Aufsicht des Landes unterliegen, soweit die Vergabe nicht unter Z 1 lit. e sublit. aa oder bb oder sublit. aa fällt;
cc) deren Verwaltungs-, Leitungs- oder Aufsichtsorgane aus Mitgliedern bestehen, die vom Land ernannt worden sind, soweit die Vergabe nicht unter Z 1 lit. e sublit. aa bis cc oder sublit. aa oder bb fällt;
f) der gemeinsamen Vergabe von Aufträgen durch den Bund und die Länder, soweit diese nicht unter Z 1 lit. f fällt, sowie der gemeinsamen Vergabe von Aufträgen durch mehrere Länder.

Gemeinden gelten unabhängig von der Zahl ihrer Einwohner als Rechtsträger, die im Sinne der Z 1 lit. b und c und der Z 2 lit. b und c der Zuständigkeit des Rechnungshofes unterliegen. Im Rahmen der Z 1 lit. b, c, e und f werden Auftraggeber im Sinne der Z 1 dem Bund und Auftraggeber im Sinne der Z 2 dem jeweiligen Land zugerechnet. Sind nach Z 2 lit. c, e oder f mehrere Länder beteiligt, so richtet sich die Zuständigkeit zur Vollziehung nach dem Überwiegen des Merkmals, das nach der entsprechenden Litera (Sublitera) der Z 1 für die Abgrenzung der Vollziehungszuständigkeit des Bundes von jener der Länder maßgebend ist oder wäre, dann nach dem Sitz des Auftraggebers, dann nach dem Schwerpunkt der Unternehmenstätigkeit des Auftraggebers, dann nach dem Sitz (Hauptwohnsitz) der vergebenden Stelle, kann jedoch auch danach die Zuständigkeit nicht bestimmt werden, so ist dasjenige beteiligte Land zuständig, das im Zeitpunkt der Einleitung des Vergabeverfahrens zum Vorsitz im Bundesrat berufen ist oder zuletzt war.

(3) Landessache ist die Gesetzgebung und die Vollziehung in den Angelegenheiten der Nachprüfung im Rahmen der Vergabe von Aufträgen durch Auftraggeber im Sinne des Abs. 2 Z 2.

(4) Der Bund hat den Ländern Gelegenheit zu geben, an der Vorbereitung von Gesetzesvorhaben in Angelegenheiten des Abs. 1 mitzuwirken. Nach Abs. 1 ergehende Bundesgesetze, die Angelegenheiten regeln, die in Vollziehung Landessache sind, dürfen nur mit Zustimmung der Länder kundgemacht werden.

(5) Die Durchführungsverordnungen zu den nach Abs. 1 ergehenden Bundesgesetzen sind, soweit in diesen Gesetzen nicht anderes bestimmt ist, vom Bund zu erlassen. Abs. 4 und Art. 42a sind auf solche Verordnungen sinngemäß anzuwenden.

[Anm.: Abs. 6 aufgehoben]

ARTIKEL 15.

(1) Soweit eine Angelegenheit nicht ausdrücklich durch die Bundesverfassung der Gesetzgebung oder auch der Vollziehung des Bundes übertragen ist, verbleibt sie im selbständigen Wirkungsbereich der Länder.

(2) In den Angelegenheiten der örtlichen Sicherheitspolizei, das ist des Teiles der Sicherheitspolizei, der im ausschließlichen oder überwiegenden Interesse der in der Gemeinde verkörperten örtlichen Gemeinschaft gelegen und geeignet ist, durch die Gemeinschaft innerhalb ihrer örtlichen Grenzen besorgt zu werden, wie die Wahrung des öffentlichen Anstandes und die Abwehr ungebührlicherweise hervorgerufenen störenden Lärmes, steht dem Bund die Befugnis zu, die Führung dieser Angelegenheiten durch die Gemeinde zu beaufsichtigen und wahrgenommene Mängel durch Weisungen an den Landeshauptmann (Art. 103) abzustellen. Zu diesem Zweck können auch Inspektionsorgane des Bundes in die Gemeinde entsendet werden; hievon ist in jedem einzelnen Fall der Landeshauptmann zu verständigen.
(3) Die landesgesetzlichen Bestimmungen in den Angelegenheiten des Theater- und Kinowesens sowie der öffentlichen Schaustellungen, Darbietungen und Belustigungen haben für das Gebiet einer Gemeinde, in dem die Landespolizeidirektion zugleich Sicherheitsbehörde erster Instanz ist, der Landespolizeidirektion wenigstens die Überwachung der Veranstaltungen, soweit sie sich nicht auf betriebstechnische, bau- und feuerpolizeiliche Rücksichten erstreckt, und die Mitwirkung in erster Instanz bei Verleihung von Berechtigungen, die in solchen Gesetzen vorgesehen werden, zu übertragen.
(4) Inwieweit in den Angelegenheiten der Straßenpolizei mit Ausnahme der örtlichen Straßenpolizei (Art. 118 Abs. 3 Z 4) und der Strom- und Schifffahrtspolizei auf Binnengewässern mit Ausnahme der Donau, des Bodensees, des Neusiedlersees und der Grenzstrecken sonstiger Grenzgewässer für das Gebiet einer Gemeinde, in dem die Landespolizeidirektion zugleich Sicherheitsbehörde erster Instanz ist, der Landespolizeidirektion die Vollziehung übertragen wird, wird durch übereinstimmende Gesetze des Bundes und des betreffenden Landes geregelt.
[Anm.: Abs. 5 aufgehoben]
(6) Soweit dem Bund bloß die Gesetzgebung über die Grundsätze vorbehalten ist, obliegt innerhalb des bundesgesetzlich festgelegten Rahmens die nähere Ausführung der Landesgesetzgebung. Das Bundesgesetz kann für die Erlassung der Ausführungsgesetze eine Frist bestimmen, die ohne Zustimmung des Bundesrates nicht kürzer als sechs Monate und nicht länger als ein Jahr sein darf. Wird diese Frist von einem Land nicht eingehalten, so geht die Zuständigkeit zur Erlassung des Ausführungsgesetzes für dieses Land auf den Bund über. Sobald das Land das Ausführungsgesetz erlassen hat, tritt das Ausführungsgesetz des Bundes außer Kraft. Sind vom Bund keine Grundsätze aufgestellt, so kann die Landesgesetzgebung solche Angelegenheiten frei regeln. Sobald der Bund Grundsätze aufgestellt hat, sind die landesgesetzlichen Bestimmungen binnen der bundesgesetzlich zu bestimmenden Frist dem Grundsatzgesetz anzupassen.
(7) Die Kundmachung der im Landesgesetzblatt zu verlautbarenden Rechtsvorschriften (Art. 97 Abs. 1) sowie der Rechtsvorschriften der Gemeinden, der Gemeindeverbände und der sonstigen im Bereich der Vollziehung der Länder eingerichteten Behörden kann im Rahmen des Rechtsinformationssystems des Bundes erfolgen.
(8) In den Angelegenheiten, die nach Art. 11 und 12 der Bundesgesetzgebung vorbehalten sind, steht dem Bund das Recht zu, die Einhaltung der von ihm erlassenen Vorschriften wahrzunehmen.
(9) Die Länder sind im Bereich ihrer Gesetzgebung befugt, die zur Regelung des Gegenstandes erforderlichen Bestimmungen auch auf dem Gebiet des Straf- und Zivilrechtes zu treffen.
(10) In Landesgesetzen, durch die die bestehende Organisation der Behörden der allgemeinen staatlichen Verwaltung in den Ländern geändert oder neu geregelt wird, kann eine sprengelübergreifende Zusammenarbeit von Bezirksverwaltungsbehörden einschließlich der Organe der Städte mit eigenem Statut (Art. 116 Abs. 3), insbesondere auch die Übertragung behördlicher Zuständigkeiten, vorgesehen werden.
(11) Die Sprengel der politischen Bezirke sind durch Verordnung der Landesregierung festzulegen.

ARTIKEL 15a.

(1) Bund und Länder können untereinander Vereinbarungen über Angelegenheiten ihres jeweiligen Wirkungsbereiches schließen. Der Abschluss solcher Vereinbarungen namens des Bundes obliegt je nach dem Gegenstand der Bundesregierung oder den Bundesministern. Vereinbarungen, die auch die Organe der Bundesgesetzgebung binden sollen, dürfen nur von der Bundesregierung mit Genehmigung des Nationalrates abgeschlossen werden, wobei Art. 50 Abs. 3 auf solche Beschlüsse des Nationalrates sinngemäß anzuwenden ist; sie sind im Bundesgesetzblatt kundzumachen.
(2) Vereinbarungen der Länder untereinander können nur über Angelegenheiten ihres selbständigen Wirkungsbereiches getroffen werden und sind der Bundesregierung unverzüglich zur Kenntnis zu bringen.
(3) Die Grundsätze des völkerrechtlichen Vertragsrechtes sind auf Vereinbarungen im Sinne des Abs. 1 anzuwenden. Das Gleiche gilt auch für Vereinbarungen im Sinne des Abs. 2, soweit nicht durch übereinstimmende Verfassungsgesetze der betreffenden Länder anderes bestimmt ist.

ARTIKEL 16.

(1) **Die Länder können in Angelegenheiten, die in ihren selbständigen Wirkungsbereich fallen, Staatsverträge mit an Österreich angrenzenden Staaten oder deren Teilstaaten abschließen.**

(2) Der Landeshauptmann hat die Bundesregierung vor der Aufnahme von Verhandlungen über einen solchen Staatsvertrag zu unterrichten. Vor dessen Abschluss ist vom Landeshauptmann die Zustimmung der Bundesregierung einzuholen. Die Zustimmung gilt als erteilt, wenn die Bundesregierung nicht binnen acht Wochen von dem Tage, an dem das Ersuchen um Zustimmung beim Bundeskanzleramt eingelangt ist, dem Landeshauptmann mitgeteilt hat, dass die Zustimmung verweigert wird. Die Bevollmächtigung zur Aufnahme von Verhandlungen und der Abschluss des Staatsvertrages obliegen dem Bundespräsidenten auf Vorschlag der Landesregierung und mit Gegenzeichnung des Landeshauptmannes.

(3) Auf Verlangen der Bundesregierung sind Staatsverträge nach Abs. 1 vom Land zu kündigen. Kommt ein Land dieser Verpflichtung nicht rechtzeitig nach, so geht die Zuständigkeit dazu auf den Bund über.

(4) Die Länder sind verpflichtet, Maßnahmen zu treffen, die in ihrem selbständigen Wirkungsbereich zur Durchführung von Staatsverträgen erforderlich werden; kommt ein Land dieser Verpflichtung nicht rechtzeitig nach, so geht die Zuständigkeit zu solchen Maßnahmen, insbesondere zur Erlassung der notwendigen Gesetze, auf den Bund über. Eine gemäß dieser Bestimmung vom Bund getroffene Maßnahme, insbesondere ein solcherart erlassenes Gesetz oder eine solcherart erlassene Verordnung, tritt außer Kraft, sobald das Land die erforderlichen Maßnahmen getroffen hat.

(5) Ebenso hat der Bund bei Durchführung von Staatsverträgen das Überwachungsrecht auch in solchen Angelegenheiten, die zum selbständigen Wirkungsbereich der Länder gehören. Hiebei stehen dem Bund die gleichen Rechte gegenüber den Ländern zu wie bei den Angelegenheiten der mittelbaren Bundesverwaltung (Art. 102).

[Anm.: Abs. 6 aufgehoben]

ARTIKEL 17.

Durch die Bestimmungen der Art. 10 bis 15 über die Zuständigkeit in Gesetzgebung und Vollziehung wird die Stellung des Bundes und der Länder als Träger von Privatrechten in keiner Weise berührt.

ARTIKEL 18.

(1) **Die gesamte staatliche Verwaltung darf nur auf Grund der Gesetze ausgeübt werden.**

(2) Jede Verwaltungsbehörde kann auf Grund der Gesetze innerhalb ihres Wirkungsbereiches Verordnungen erlassen.

(3) Wenn die sofortige Erlassung von Maßnahmen, die verfassungsgemäß einer Beschlussfassung des Nationalrates bedürfen, zur Abwehr eines offenkundigen, nicht wieder gutzumachenden Schadens für die Allgemeinheit zu einer Zeit notwendig wird, in der der Nationalrat nicht versammelt ist, nicht rechtzeitig zusammentreten kann oder in seiner Tätigkeit durch höhere Gewalt behindert ist, kann der Bundespräsident auf Vorschlag der Bundesregierung unter seiner und deren Verantwortlichkeit diese Maßnahmen durch vorläufige gesetzändernde Verordnungen treffen. Die Bundesregierung hat ihren Vorschlag im Einvernehmen mit dem vom Hauptausschuss des Nationalrates einzusetzenden ständigen Unterausschuss (Art. 55 Abs. 3) zu erstatten. Eine solche Verordnung bedarf der Gegenzeichnung der Bundesregierung.

(4) Jede nach Abs. 3 erlassene Verordnung ist von der Bundesregierung unverzüglich dem Nationalrat vorzulegen, den der Bundespräsident, falls der Nationalrat in diesem Zeitpunkt keine Tagung hat, während der Tagung aber der Präsident des Nationalrates für einen der der Vorlage folgenden acht Tage einzuberufen hat. Binnen vier Wochen nach der Vorlage hat der Nationalrat entweder an Stelle der Verordnung ein entsprechendes Bundesgesetz zu beschließen oder durch Beschluss das Verlangen zu stellen, dass die Verordnung von der Bundesregierung sofort außer Kraft gesetzt wird. Im letzterwähnten Fall muss die Bundesregierung diesem Verlangen sofort entsprechen. Zum Zweck der rechtzeitigen Beschlussfassung des Nationalrates hat der Präsident die Vorlage spätestens am vorletzten Tag der

vierwöchigen Frist zur Abstimmung zu stellen; die näheren Bestimmungen trifft das Bundesgesetz über die Geschäftsordnung des Nationalrates. Wird die Verordnung nach den vorhergehenden Bestimmungen von der Bundesregierung aufgehoben, treten mit dem Tag des Inkrafttretens der Aufhebung die gesetzlichen Bestimmungen wieder in Kraft, die durch die Verordnung aufgehoben worden waren.
(5) Die im Abs. 3 bezeichneten Verordnungen dürfen nicht eine Abänderung bundesverfassungsgesetzlicher Bestimmungen bedeuten und weder eine dauernde finanzielle Belastung des Bundes, noch eine finanzielle Belastung der Länder oder Gemeinden, noch finanzielle Verpflichtungen der Staatsbürger, noch eine Veräußerung von Bundesvermögen, noch Maßnahmen in den im Art. 10 Abs. 1 Z 11 bezeichneten Angelegenheiten, noch endlich solche auf dem Gebiet des Koalitionsrechtes oder des Mieterschutzes zum Gegenstand haben.

ARTIKEL 19.

(1) Die obersten Organe der Vollziehung sind der Bundespräsident, die Bundesminister und Staatssekretäre sowie die Mitglieder der Landesregierungen.
(2) Durch Bundesgesetz kann die Zulässigkeit der Betätigung der im Abs. 1 bezeichneten Organe und von sonstigen öffentlichen Funktionären in der Privatwirtschaft beschränkt werden.

ARTIKEL 20.

(1) Unter der Leitung der obersten Organe des Bundes und der Länder führen nach den Bestimmungen der Gesetze **auf Zeit gewählte Organe,** ernannte berufsmäßige Organe oder vertraglich bestellte Organe die Verwaltung. Sie sind den ihnen vorgesetzten Organen für ihre amtliche Tätigkeit **verantwortlich** und, soweit in Gesetzen gemäß Abs. 2 nicht anderes bestimmt ist, an deren Weisungen gebunden. Das nachgeordnete Organ kann die Befolgung einer Weisung ablehnen, wenn die Weisung entweder von einem unzuständigen Organ erteilt wurde oder die Befolgung gegen strafgesetzliche Vorschriften verstoßen würde.
(2) Durch Gesetz können Organe

1. zur sachverständigen Prüfung,
2. zur Kontrolle der Gesetzmäßigkeit der Verwaltung,
3. mit Schieds-, Vermittlungs- und Interessenvertretungsaufgaben,
4. zur Sicherung des Wettbewerbs und zur Durchführung der Wirtschaftsaufsicht,
5. zur Aufsicht und Regulierung elektronischer Medien und zur Förderung der Medien,
6. zur Durchführung einzelner Angelegenheiten des Dienst- und Disziplinarrechts,
7. zur Durchführung und Leitung von Wahlen, oder,
8. soweit dies nach Maßgabe des Rechts der Europäischen Union geboten ist,

von der Bindung an Weisungen der ihnen vorgesetzten Organe freigestellt werden. Durch Landesverfassungsgesetz können weitere Kategorien weisungsfreier Organe geschaffen werden. Durch Gesetz ist ein der Aufgabe des weisungsfreien Organs angemessenes Aufsichtsrecht der obersten Organe vorzusehen, zumindest das Recht, sich über alle Gegenstände der Geschäftsführung der weisungsfreien Organe zu unterrichten, und – soweit es sich nicht um Organe gemäß den Z 2, 5 und 8 handelt – das Recht, weisungsfreie Organe aus wichtigem Grund abzuberufen.
(3) Alle mit Aufgaben der Bundes-, Landes- und Gemeindeverwaltung betrauten Organe sowie die Organe anderer Körperschaften des öffentlichen Rechts sind, soweit gesetzlich nicht anderes bestimmt ist, zur Verschwiegenheit über alle ihnen ausschließlich aus ihrer amtlichen Tätigkeit bekannt gewordenen Tatsachen verpflichtet, deren Geheimhaltung im Interesse der Aufrechterhaltung der öffentlichen Ruhe, Ordnung und Sicherheit, der umfassenden Landesverteidigung, der auswärtigen Beziehungen, im wirtschaftlichen Interesse einer Körperschaft des öffentlichen Rechts, zur Vorbereitung einer Entscheidung oder im überwiegenden Interesse der Parteien geboten ist (Amtsverschwiegenheit). Die Amtsverschwiegenheit besteht für die von einem allgemeinen Vertretungskörper bestellten Funktionäre nicht gegenüber diesem Vertretungskörper, wenn er derartige Auskünfte ausdrücklich verlangt.
(4) **Alle mit Aufgaben der Bundes-, Landes- und Gemeindeverwaltung betrauten Organe sowie die Organe anderer Körperschaften des öffentlichen Rechts haben über Angelegenheiten ihres Wirkungsbereiches Auskünfte zu erteilen, soweit eine gesetzliche Verschwiegenheitspflicht dem nicht entgegensteht;** berufliche Vertretungen sind nur gegenüber den ihnen jeweils Zugehörigen auskunftspflichtig und dies insoweit, als dadurch die ordnungsgemäße Erfüllung ihrer gesetzlichen Aufgaben nicht verhindert wird. Die näheren Regelungen sind hinsichtlich der Organe des Bundes sowie der durch die Bundesgesetzgebung zu regelnden Selbstverwaltung in Gesetzgebung und Vollziehung Bundessache, hinsichtlich der Organe der Länder und Gemeinden sowie der durch die Landesgesetzgebung zu regelnden Selbstverwaltung in der Grundsatzgesetzgebung Bundessache, in der Ausführungsgesetzgebung und in der Vollziehung Landessache.

ARTIKEL 21.

(1) Den Ländern obliegt die Gesetzgebung und Vollziehung in den Angelegenheiten des Dienstrechtes einschließlich des Dienstvertragsrechtes und des Personalvertretungsrechtes der Bediensteten der Länder, der Gemeinden und der Gemeindeverbände, soweit für alle diese Angelegenheiten in Abs. 2, in Art. 14 Abs. 2, Abs. 3 lit. c und Abs. 5 lit. c und in Art. 14a Abs. 2

lit. e und Abs. 3 lit. b nicht anderes bestimmt ist. Über Streitigkeiten aus vertraglichen Dienstverhältnissen entscheiden die ordentlichen Gerichte.

(2) Den Ländern obliegt die Gesetzgebung und Vollziehung in den Angelegenheiten des Arbeitnehmerschutzes der Bediensteten (Abs. 1) und der Personalvertretung der Bediensteten der Länder, soweit die Bediensteten nicht in Betrieben tätig sind. Soweit nach dem ersten Satz nicht die Zuständigkeit der Länder gegeben ist, fallen die genannten Angelegenheiten in die Zuständigkeit des Bundes.

(3) Soweit in diesem Gesetz nicht anderes bestimmt ist, wird die Diensthoheit gegenüber den Bediensteten des Bundes von den obersten Organen des Bundes ausgeübt. Die Diensthoheit gegenüber den Bediensteten der Länder wird von den obersten Organen der Länder ausgeübt; soweit dieses Gesetz entsprechende Ausnahmen hinsichtlich der Bediensteten des Bundes vorsieht, kann durch Landesverfassungsgesetz bestimmt werden, dass die Diensthoheit gegenüber den Bediensteten des Landes von gleichartigen Organen ausgeübt wird.

(4) Die Möglichkeit des Wechsels zwischen dem Dienst beim Bund, bei den Ländern, bei den Gemeinden und bei den Gemeindeverbänden bleibt den öffentlich Bediensteten jederzeit gewahrt. Gesetzliche Bestimmungen, wonach die Anrechnung von Dienstzeiten davon abhängig unterschiedlich erfolgt, ob sie beim Bund, bei einem Land, bei einer Gemeinde oder bei einem Gemeindeverband zurückgelegt worden sind, sind unzulässig. Um eine gleichwertige Entwicklung des Dienstrechtes, des Personalvertretungsrechtes und des Arbeitnehmerschutzes bei Bund, Ländern und Gemeinden zu ermöglichen, haben Bund und Länder einander über Vorhaben in diesen Angelegenheiten zu informieren.

(5) Durch Gesetz kann vorgesehen werden, dass

1. Beamte zur Ausübung bestimmter Leitungsfunktionen oder in den Fällen, in denen dies auf Grund der Natur des Dienstes erforderlich ist, befristet ernannt werden;
2. nach Ablauf der Befristung oder bei Änderung der Organisation der Behörden oder der dienstrechtlichen Gliederungen durch Gesetz keine Ernennung erforderlich ist;
3. es, soweit die Zuständigkeit zur Ernennung gemäß Art. 66 Abs. 1 übertragen ist, in den Fällen einer Versetzung oder einer Änderung der Verwendung keiner Ernennung bedarf.

(6) In den Fällen des Abs. 5 besteht kein Anspruch auf eine gleichwertige Verwendung.

ARTIKEL 22.

Alle Organe des Bundes, der Länder, der Gemeinden und der Gemeindeverbände sowie der sonstigen Selbstverwaltungskörper sind im Rahmen ihres gesetzmäßigen Wirkungsbereiches zur wechselseitigen Hilfeleistung verpflichtet.

ARTIKEL 23.

(1) Der Bund, die Länder, die Gemeinden und die sonstigen Körperschaften und Anstalten des öffentlichen Rechts haften für den Schaden, den die als ihre Organe handelnden Personen in Vollziehung der Gesetze durch ein rechtswidriges Verhalten wem immer schuldhaft zugefügt haben.

(2) Personen, die als Organe eines im Abs. 1 bezeichneten Rechtsträgers handeln, sind ihm, soweit ihnen Vorsatz oder grobe Fahrlässigkeit zur Last fällt, für den Schaden haftbar, für den der Rechtsträger dem Geschädigten Ersatz geleistet hat.

(3) Personen, die als Organe eines im Abs. 1 bezeichneten Rechtsträgers handeln, haften für den Schaden, den sie in Vollziehung der Gesetze dem Rechtsträger durch ein rechtswidriges Verhalten unmittelbar zugefügt haben.

(4) Die näheren Bestimmungen zu den Abs. 1 bis 3 werden durch Bundesgesetz getroffen.

(5) Ein Bundesgesetz kann auch bestimmen, inwieweit auf dem Gebiet des Post- und Fernmeldewesens von den in den Abs. 1 bis 3 festgelegten Grundsätzen abweichende Sonderbestimmungen gelten.

B.
Europäische Union

ARTIKEL 23a.

(1) Die Mitglieder des Europäischen Parlaments werden in Österreich auf Grund des gleichen, unmittelbaren, persönlichen, freien und geheimen Wahlrechtes der Männer und Frauen, die am Wahltag das 16. Lebensjahr vollendet haben und am Stichtag der Wahl entweder die österreichische Staatsbürgerschaft besitzen und nicht nach Maßgabe des Rechts der Europäischen Union vom Wahlrecht ausgeschlossen sind oder die Staatsangehörigkeit eines anderen Mitgliedstaates der Europäischen Union besitzen und nach Maßgabe des Rechts der Europäischen Union wahlberechtigt sind, nach den Grundsätzen der Verhältniswahl gewählt.

(2) Das Bundesgebiet bildet für die Wahlen zum Europäischen Parlament einen einheitlichen Wahlkörper.

(3) Wählbar sind die in Österreich zum Europäischen Parlament Wahlberechtigten, die am Wahltag das 18. Lebensjahr vollendet haben.

(4) Art. 26 Abs. 5 bis 7 ist sinngemäß anzuwenden.

[Anm.: Abs. 5 und 6 aufgehoben]

ARTIKEL 23b.

(1) Öffentlich Bediensteten ist, wenn sie sich um ein Mandat im Europäischen Parlament bewerben, die für die Bewerbung um das Mandat erforderliche freie Zeit

zu gewähren. Öffentlich Bedienstete, die zu Mitgliedern des Europäischen Parlaments gewählt wurden, sind für die Dauer der Mandatsausübung unter Entfall der Dienstbezüge außer Dienst zu stellen. Das Nähere wird durch Gesetz geregelt.

(2) Universitätslehrer können eine Tätigkeit in Forschung und Lehre und die Prüfungstätigkeit auch während der Zugehörigkeit zum Europäischen Parlament fortsetzen. Die Dienstbezüge für diese Tätigkeit sind entsprechend den tatsächlich erbrachten Leistungen zu bemessen, dürfen aber 25% der Bezüge eines Universitätslehrers nicht übersteigen.

(3) Insoweit dieses Bundesverfassungsgesetz die Unvereinbarkeit von Funktionen mit der Zugehörigkeit oder mit der ehemaligen Zugehörigkeit zum Nationalrat vorsieht, sind diese Funktionen auch mit der Zugehörigkeit oder mit der ehemaligen Zugehörigkeit zum Europäischen Parlament unvereinbar.

ARTIKEL 23c.

(1) **Die Erstellung der österreichischen Vorschläge für die Ernennung von Mitgliedern der Europäischen Kommission, von Mitgliedern des Gerichtshofes der Europäischen Union, von Mitgliedern des Rechnungshofes, von Mitgliedern des Wirtschafts- und Sozialausschusses, von Mitgliedern des Ausschusses der Regionen und deren Stellvertretern und von Mitgliedern des Verwaltungsrates der Europäischen Investitionsbank obliegt der Bundesregierung.**

(2) Vor der Erstellung der Vorschläge für die Ernennung von Mitgliedern der Europäischen Kommission, des Gerichtshofes der Europäischen Union, des Rechnungshofes und des Verwaltungsrates der Europäischen Investitionsbank hat die Bundesregierung dem Nationalrat und dem Bundespräsidenten mitzuteilen, wen sie vorzuschlagen beabsichtigt. Die Bundesregierung hat über die Vorschläge das Einvernehmen mit dem Hauptausschuss des Nationalrates herzustellen.

(3) Vor der Erstellung der Vorschläge für die Ernennung von Mitgliedern des Wirtschafts- und Sozialausschusses hat die Bundesregierung Vorschläge der gesetzlichen und sonstigen beruflichen Vertretungen der verschiedenen Gruppen des wirtschaftlichen und sozialen Lebens einzuholen.

(4) Die Vorschläge für die Ernennung von Mitgliedern des Ausschusses der Regionen und deren Stellvertretern hat die Bundesregierung auf Grund von Vorschlägen der Länder sowie des Österreichischen Gemeindebundes und des Österreichischen Städtebundes zu erstellen. Jedes Land hat ein Mitglied und dessen Stellvertreter vorzuschlagen; die sonstigen Mitglieder und deren Stellvertreter sind vom Österreichischen Gemeindebund und vom Österreichischen Städtebund gemeinsam vorzuschlagen.

(5) Die Bundesregierung hat dem Nationalrat mitzuteilen, wen sie nach Abs. 3 und 4 vorgeschlagen hat, und dem Bundesrat mitzuteilen, wen sie nach Abs. 2, 3 und 4 vorgeschlagen hat.

ARTIKEL 23d.

(1) Der Bund hat die Länder unverzüglich über alle Vorhaben im Rahmen der Europäischen Union, die den selbständigen Wirkungsbereich der Länder berühren oder sonst für sie von Interesse sein könnten, zu unterrichten und ihnen Gelegenheit zur Stellungnahme zu geben. Solche Stellungnahmen sind an das Bundeskanzleramt zu richten. Gleiches gilt für die Gemeinden, soweit der eigene Wirkungsbereich oder sonstige wichtige Interessen der Gemeinden berührt werden. Die Vertretung der Gemeinden obliegt in diesen Angelegenheiten dem Österreichischen Städtebund und dem Österreichischen Gemeindebund (Art. 115 Abs. 3).

(2) **Haben die Länder eine einheitliche Stellungnahme zu einem Vorhaben erstattet, das Angelegenheiten betrifft, in denen die Gesetzgebung Landessache ist, so darf der Bund bei Verhandlungen und Abstimmungen in der Europäischen Union nur aus zwingenden integrations- und außenpolitischen Gründen von dieser Stellungnahme abweichen. Der Bund hat den Ländern diese Gründe unverzüglich mitzuteilen.**

(3) Betrifft ein Vorhaben auch Angelegenheiten, in denen die Gesetzgebung Landessache ist, so kann die Bundesregierung die Befugnis, an den Tagungen des Rates teilzunehmen und in diesem Rahmen zu diesem Vorhaben die Verhandlungen zu führen und die Stimme abzugeben, einem von den Ländern namhaft gemachten Mitglied einer Landesregierung übertragen. Die Wahrnehmung dieser Befugnis durch den Vertreter der Länder erfolgt unter Beteiligung des zuständigen Bundesministers und in Abstimmung mit diesem; Abs. 2 gilt auch für ihn. Der Vertreter der Länder ist dabei in Angelegenheiten der Bundesgesetzgebung dem Nationalrat, in Angelegenheiten der Landesgesetzgebung den Landtagen gemäß Art. 142 verantwortlich.

(4) Die näheren Bestimmungen zu den Abs. 1 bis 3 sind in einer Vereinbarung zwischen dem Bund und den Ländern (Art. 15a Abs. 1) festzulegen.

(5) Die Länder sind verpflichtet, Maßnahmen zu treffen, die in ihrem selbständigen Wirkungsbereich zur Durchführung von Rechtsakten im Rahmen der Europäischen Union erforderlich werden; kommt ein Land dieser Verpflichtung nicht rechtzeitig nach und wird dies vom Gerichtshof der Europäischen Union gegenüber Österreich festgestellt, so geht die Zuständigkeit zu solchen Maßnahmen, insbesondere zur Erlassung der notwendigen Gesetze, auf den Bund über. Eine gemäß dieser Bestimmung vom Bund getroffene Maßnahme, insbesondere ein solcherart erlassenes Gesetz oder eine solcherart erlassene Verordnung, tritt außer Kraft, sobald das Land die erforderlichen Maßnahmen getroffen hat.

ARTIKEL 23e.

(1) Der zuständige Bundesminister hat den Nationalrat und den Bundesrat unverzüglich über alle Vorhaben im Rahmen der Europäischen Union zu unterrichten und ihnen Gelegenheit zur Stellungnahme zu geben.

(2) Der zuständige Bundesminister hat den Nationalrat und den Bundesrat über einen bevorstehenden Beschluss des Europäischen Rates oder des Rates betreffend

1. den Übergang von der Einstimmigkeit zur qualifizierten Mehrheit oder
2. den Übergang von einem besonderen Gesetzgebungsverfahren zum ordentlichen Gesetzgebungsverfahren

ausdrücklich und so rechtzeitig zu unterrichten, dass dem Nationalrat und dem Bundesrat die Wahrnehmung der Zuständigkeiten nach diesem Artikel ermöglicht wird.

(3) Hat der Nationalrat eine Stellungnahme zu einem Vorhaben erstattet, das auf die Erlassung eines verbindlichen Rechtsaktes gerichtet ist, der sich auf die Erlassung von Bundesgesetzen auf dem im Rechtsakt geregelten Gebiet auswirken würde, so darf der zuständige Bundesminister bei Verhandlungen und Abstimmungen in der Europäischen Union nur aus zwingenden integrations- und außenpolitischen Gründen von dieser Stellungnahme abweichen. Beabsichtigt der zuständige Bundesminister, von der Stellungnahme des Nationalrates abzuweichen, so hat er den Nationalrat neuerlich zu befassen. Ist das Vorhaben auf die Erlassung eines verbindlichen Rechtsaktes gerichtet, der entweder die Erlassung bundesverfassungsgesetzlicher Bestimmungen erfordern würde oder Regelungen enthält, die nur durch solche Bestimmungen getroffen werden könnten, so ist eine Abweichung jedenfalls nur zulässig, wenn ihr der Nationalrat innerhalb angemessener Frist nicht widerspricht. Der zuständige Bundesminister hat dem Nationalrat nach der Abstimmung in der Europäischen Union unverzüglich Bericht zu erstatten und ihm gegebenenfalls die Gründe mitzuteilen, aus denen er von der Stellungnahme abgewichen ist.

(4) Hat der Bundesrat eine Stellungnahme zu einem Vorhaben erstattet, das auf die Erlassung eines verbindlichen Rechtsaktes gerichtet ist, der entweder die Erlassung bundesverfassungsgesetzlicher Bestimmungen erfordern würde, durch die die Zuständigkeit der Länder in Gesetzgebung oder Vollziehung gemäß Art. 44 Abs. 2 eingeschränkt wird, oder Regelungen enthält, die nur durch solche Bestimmungen getroffen werden könnten, so darf der zuständige Bundesminister bei Verhandlungen und Abstimmungen in der Europäischen Union nur aus zwingenden integrations- und außenpolitischen Gründen von dieser Stellungnahme abweichen. Eine Abweichung ist jedenfalls nur zulässig, wenn ihr der Bundesrat innerhalb angemessener Frist nicht widerspricht. Der zuständige Bundesminister hat dem Bundesrat nach der Abstimmung in der Europäischen Union unverzüglich Bericht zu erstatten und ihm gegebenenfalls die Gründe mitzuteilen, aus denen er von der Stellungnahme abgewichen ist.

ARTIKEL 23f.

(1) **Der Nationalrat und der Bundesrat üben die** im Vertrag über die Europäische Union, im Vertrag über die Arbeitsweise der Europäischen Union und in den diesen Verträgen beigegebenen Protokollen in der jeweils geltenden Fassung vorgesehenen **Zuständigkeiten der nationalen Parlamente aus.**

(2) Jeder Bundesminister berichtet dem Nationalrat und dem Bundesrat zu Beginn jedes Jahres über die in diesem Jahr zu erwartenden Vorhaben des Rates und der Europäischen Kommission sowie über die voraussichtliche österreichische Position zu diesen Vorhaben.

(3) Weitere Unterrichtungsverpflichtungen sind durch Bundesgesetz vorzusehen.

(4) Der Nationalrat und der Bundesrat können ihren Wünschen über Vorhaben der Europäischen Union in Mitteilungen an die Organe der Europäischen Union Ausdruck geben.

ARTIKEL 23g.

(1) Der Nationalrat und der Bundesrat können zu einem Entwurf eines Gesetzgebungsakts im Rahmen der Europäischen Union in einer begründeten Stellungnahme darlegen, weshalb der Entwurf nicht mit dem **Subsidiaritätsprinzip** vereinbar ist.

(2) Der Nationalrat und der Bundesrat können vom zuständigen Bundesminister eine Äußerung zur Vereinbarkeit von Entwürfen gemäß Abs. 1 mit dem Subsidiaritätsprinzip verlangen, die im Regelfall innerhalb von zwei Wochen nach Einlangen des Verlangens vorzulegen ist.

(3) Der Bundesrat hat die Landtage unverzüglich über alle Entwürfe gemäß Abs. 1 zu unterrichten und ihnen Gelegenheit zur Stellungnahme zu geben. Bei Beschlussfassung einer begründeten Stellungnahme gemäß Abs. 1 hat der Bundesrat die Stellungnahmen der Landtage zu erwägen und die Landtage über solche Beschlüsse zu unterrichten.

ARTIKEL 23h.

(1) Der Nationalrat und der Bundesrat können beschließen, dass gegen einen Gesetzgebungsakt im Rahmen der Europäischen Union beim Gerichtshof der Europäischen Union Klage wegen Verstoßes gegen das Subsidiaritätsprinzip erhoben wird.

(2) Das Bundeskanzleramt übermittelt die Klage im Namen des Nationalrates oder des Bundesrates unverzüglich an den Gerichtshof der Europäischen Union.

ARTIKEL 23i.

(1) Das österreichische Mitglied im Europäischen Rat darf einer Initiative gemäß Art. 48 Abs. 7 des Vertrags über die Europäische Union in der Fassung des Vertrags von Lissabon nur dann zustimmen, wenn es der Nationalrat mit Zustimmung des Bundesrates auf Grund ei-

nes Vorschlages der Bundesregierung dazu ermächtigt hat. Diese Beschlüsse des Nationalrates und des Bundesrates bedürfen jeweils der Anwesenheit von mindestens der Hälfte der Mitglieder und einer Mehrheit von zwei Dritteln der abgegebenen Stimmen.

(2) Soweit nach dem Recht der Europäischen Union für die nationalen Parlamente die Möglichkeit der Ablehnung einer Initiative oder eines Vorschlages betreffend

1. den Übergang von der Einstimmigkeit zur qualifizierten Mehrheit oder
2. den Übergang von einem besonderen Gesetzgebungsverfahren zum ordentlichen Gesetzgebungsverfahren

vorgesehen ist, kann der Nationalrat mit Zustimmung des Bundesrates diese Initiative oder diesen Vorschlag innerhalb der nach dem Recht der Europäischen Union vorgesehenen Fristen ablehnen.

(3) Beschlüsse des Rates, durch die neue Kategorien von Eigenmitteln der Europäischen Union eingeführt werden, bedürfen der Genehmigung des Nationalrates und der Zustimmung des Bundesrates; Art. 50 Abs. 4 zweiter Satz ist sinngemäß anzuwenden. Andere Beschlüsse des Rates, mit denen Bestimmungen über das System der Eigenmittel der Europäischen Union festgelegt werden, bedürfen der Genehmigung des Nationalrates. Art. 23e Abs. 2 gilt sinngemäß.

(4) Auf andere Beschlüsse des Europäischen Rates oder des Rates, die nach dem Recht der Europäischen Union erst nach Zustimmung der Mitgliedstaaten im Einklang mit ihren jeweiligen verfassungsrechtlichen Vorschriften in Kraft treten, ist Art. 50 Abs. 4 sinngemäß anzuwenden.

(5) Beschlüsse des Nationalrates und des Bundesrates nach diesem Artikel sind vom Bundeskanzler im Bundesgesetzblatt kundzumachen.

ARTIKEL 23j.

(1) **Österreich wirkt an der Gemeinsamen Außen- und Sicherheitspolitik der Europäischen Union** auf Grund des Titels V Kapitel 1 und 2 des Vertrags über die Europäische Union in der Fassung des Vertrags von Lissabon **mit,** der in Art. 3 Abs. 5 und in Art. 21 Abs. 1 insbesondere die Wahrung beziehungsweise **Achtung der Grundsätze der Charta der Vereinten Nationen** vorsieht. Dies schließt die Mitwirkung an Aufgaben gemäß Art. 43 Abs. 1 dieses Vertrags sowie an Maßnahmen ein, mit denen die Wirtschafts- und Finanzbeziehungen zu einem oder mehreren Drittländern ausgesetzt, eingeschränkt oder vollständig eingestellt werden. Auf Beschlüsse des Europäischen Rates über eine gemeinsame Verteidigung ist Art. 50 Abs. 4 sinngemäß anzuwenden.

(2) Für Beschlüsse im Rahmen der Gemeinsamen Außen- und Sicherheitspolitik der Europäischen Union auf Grund des Titels V Kapitel 2 des Vertrags über die Europäische Union in der Fassung des Vertrags von Lissabon gilt Art. 23e Abs. 3 sinngemäß.

(3) Bei Beschlüssen über die Einleitung einer Mission außerhalb der Europäischen Union, die Aufgaben der militärischen Beratung und Unterstützung, Aufgaben der Konfliktverhütung und der Erhaltung des Friedens oder Kampfeinsätze im Rahmen der Krisenbewältigung einschließlich Frieden schaffender Maßnahmen und Operationen zur Stabilisierung der Lage nach Konflikten umfasst, sowie bei Beschlüssen gemäß Art. 42 Abs. 2 des Vertrags über die Europäische Union in der Fassung des Vertrags von Lissabon betreffend die schrittweise Festlegung einer gemeinsamen Verteidigungspolitik ist das Stimmrecht im Einvernehmen zwischen dem Bundeskanzler und dem für auswärtige Angelegenheiten zuständigen Bundesminister auszuüben.

(4) Eine Zustimmung zu Maßnahmen gemäß Abs. 3 darf, wenn der zu fassende Beschluss eine Verpflichtung Österreichs zur Entsendung von Einheiten oder einzelnen Personen bewirken würde, nur unter dem Vorbehalt gegeben werden, dass es diesbezüglich noch der Durchführung des für die Entsendung von Einheiten oder einzelnen Personen in das Ausland verfassungsrechtlich vorgesehenen Verfahrens bedarf.

ARTIKEL 23k.

(1) Nähere Bestimmungen zu den Art. 23e, 23f Abs. 1, 2 und 4 sowie 23g bis 23j treffen das Bundesgesetz über die Geschäftsordnung des Nationalrates und die Geschäftsordnung des Bundesrates.

(2) Die Zuständigkeiten des Nationalrates nach den Art. 23e, 23f Abs. 4, 23g und 23j Abs. 2 obliegen dessen Hauptausschuss. Das Bundesgesetz über die Geschäftsordnung des Nationalrates kann vorsehen, dass der Hauptausschuss einen ständigen Unterausschuss wählt, für den Art. 55 Abs. 3 sinngemäß gilt. Der Hauptausschuss kann diesem ständigen Unterausschuss Zuständigkeiten nach dem ersten Satz übertragen. Eine solche Übertragung kann jederzeit ganz oder teilweise widerrufen werden. Durch das Bundesgesetz über die Geschäftsordnung des Nationalrates können Zuständigkeiten des Hauptausschusses nach dem ersten Satz dem Nationalrat oder dem ständigen Unterausschuss des Hauptausschusses gemäß dem zweiten Satz übertragen werden.

(3) Zuständigkeiten des Bundesrates nach den Art. 23e, 23f Abs.4 und 23g können durch die Geschäftsordnung des Bundesrates einem von diesem zu wählenden Ausschuss übertragen werden.

Gesetzgebung des Bundes

KARTE: schwarzplan.eu

A.
Nationalrat

ARTIKEL 24.

Die Gesetzgebung des Bundes übt der Nationalrat gemeinsam mit dem Bundesrat aus.

ARTIKEL 25.

(1) **Der Sitz des Nationalrates ist die Bundeshauptstadt Wien.**
(2) Für die Dauer außerordentlicher Verhältnisse kann der Bundespräsident auf Antrag der Bundesregierung den Nationalrat in einen anderen Ort des Bundesgebietes berufen.

ARTIKEL 26.

(1) Der Nationalrat wird vom Bundesvolk auf Grund des GLEICHEN, UNMITTELBAREN, PERSÖNLICHEN, FREIEN und GEHEIMEN Wahlrechtes der Männer und Frauen, die am Wahltag das 16. Lebensjahr vollendet haben, nach den Grundsätzen der Verhältniswahl gewählt.

(2) Das Bundesgebiet wird in räumlich geschlossene Wahlkreise geteilt, deren Grenzen die Landesgrenzen nicht schneiden dürfen; diese Wahlkreise sind in räumlich geschlossene Regionalwahlkreise zu untergliedern. Die Zahl der Abgeordneten wird auf die Wahlberechtigten der Wahlkreise (Wahlkörper) im Verhältnis der Zahl der Staatsbürger, die nach dem Ergebnis der letzten Volkszählung im jeweiligen Wahlkreis den Hauptwohnsitz hatten, vermehrt um die Zahl der Staatsbürger, die am Zähltag im Bundesgebiet zwar nicht den Hauptwohnsitz hatten, aber in einer Gemeinde des jeweiligen Wahlkreises in der Wählerevidenz eingetragen waren, verteilt; in gleicher Weise wird die Zahl der einem Wahlkreis zugeordneten Abgeordneten auf die Regionalwahlkreise verteilt. Die Wahlordnung zum Nationalrat hat ein abschließendes Ermittlungsverfahren im gesamten Bundesgebiet vorzusehen, durch das sowohl ein Ausgleich der den wahlwerbenden Parteien in den Wahlkreisen zugeteilten als auch eine Aufteilung der noch nicht zugeteilten Mandate nach den Grundsätzen der Verhältniswahl erfolgt. Eine Gliederung der Wählerschaft in andere Wahlkörper ist nicht zulässig.

(3) **Der Wahltag muss ein Sonntag oder ein gesetzlicher Feiertag sein.** Treten Umstände ein, die den Anfang, die Fortsetzung oder die Beendigung der Wahlhandlung verhindern, so kann die Wahlbehörde die

Wahlhandlung auf den nächsten Tag verlängern oder verschieben.
(4) **Wählbar sind die zum Nationalrat Wahlberechtigten, die am Stichtag die österreichische Staatsbürgerschaft besitzen und am Wahltag das 18. Lebensjahr vollendet haben.**
(5) Ein Ausschluss vom Wahlrecht oder von der Wählbarkeit kann, auch in jeweils unterschiedlichem Umfang, nur durch Bundesgesetz als Folge rechtskräftiger gerichtlicher Verurteilung vorgesehen werden.
(6) Wahlberechtigte, die voraussichtlich am Wahltag verhindert sein werden, ihre Stimme vor der Wahlbehörde abzugeben, etwa wegen Ortsabwesenheit, aus gesundheitlichen Gründen oder wegen Aufenthalts im Ausland, können ihr Wahlrecht auf Antrag unter Angabe des Grundes durch Briefwahl ausüben. Die Identität des Antragstellers ist glaubhaft zu machen. Der Wahlberechtigte hat durch Unterschrift an Eides statt zu erklären, dass die Stimmabgabe persönlich und geheim erfolgt ist.
(7) Die näheren Bestimmungen über das Wahlverfahren werden durch Bundesgesetz getroffen.

ARTIKEL 26a.

(1) **Die Durchführung und Leitung der Wahlen zum Europäischen Parlament, der Wahlen zum Nationalrat, der Wahl des Bundespräsidenten, von Volksabstimmungen und Volksbefragungen, die Mitwirkung bei der Überprüfung von Volksbegehren sowie die Mitwirkung bei der Durchführung von Europäischen Bürgerinitiativen obliegt Wahlbehörden, die vor jeder Wahl zum Nationalrat neu gebildet werden.** Diesen haben als stimmberechtigte Beisitzer Vertreter der wahlwerbenden Parteien anzugehören, der Bundeswahlbehörde auch Richter des Dienst- oder Ruhestandes; die Zahl der Beisitzer ist in der Wahlordnung zum Nationalrat festzusetzen. Die nichtrichterlichen Beisitzer werden auf Grund von Vorschlägen der wahlwerbenden Parteien entsprechend ihrer bei der letzten Wahl zum Nationalrat festgestellten Stärke berufen. Im zuletzt gewählten Nationalrat vertretene wahlwerbende Parteien, die danach keinen Anspruch auf Berufung von Beisitzern hätten, sind jedoch berechtigt, einen Beisitzer für die Bundeswahlbehörde vorzuschlagen.
(2) Die Führung der Wählerevidenz und die Anlegung der entsprechenden Verzeichnisse bei einer Wahl zum Europäischen Parlament, einer Wahl zum Nationalrat, einer Wahl des Bundespräsidenten, einer Volksabstimmung und einer Volksbefragung obliegt der Gemeinde im übertragenen Wirkungsbereich. Die Speicherung der Daten der Wählerevidenzen erfolgt in einem zentralen Wählerregister, in dem auch Wählerevidenzen aufgrund der Landesgesetzgebung gespeichert werden können; die Länder und Gemeinden können diese Daten für solche Verzeichnisse in ihrem Zuständigkeitsbereich verwenden.

ARTIKEL 27.

(1) **Die Gesetzgebungsperiode des Nationalrates dauert fünf Jahre, vom Tag seines ersten Zusammentrittes an gerechnet, jedenfalls aber bis zu dem Tag, an dem der neue Nationalrat zusammentritt.**
(2) Der neugewählte Nationalrat ist vom Bundespräsidenten längstens innerhalb dreißig Tagen nach der Wahl einzuberufen. Diese ist von der Bundesregierung so anzuordnen, dass der neugewählte Nationalrat am Tag nach dem Ablauf des fünften Jahres der Gesetzgebungsperiode zusammentreten kann.

ARTIKEL 28.

(1) **Der Bundespräsident beruft den Nationalrat in jedem Jahr zu einer ordentlichen Tagung ein, die nicht vor dem 15. September beginnen und nicht länger als bis zum 15. Juli des folgenden Jahres währen soll.**
(2) Der Bundespräsident kann den Nationalrat auch zu außerordentlichen Tagungen einberufen. Wenn es die Bundesregierung oder mindestens ein Drittel der Mitglieder des Nationalrates oder der Bundesrat verlangt, ist der Bundespräsident verpflichtet, den Nationalrat zu einer außerordentlichen Tagung einzuberufen, und zwar so, dass der Nationalrat spätestens binnen zwei Wochen nach Eintreffen des Verlangens beim Bundespräsidenten zusammentritt; die Einberufung bedarf keiner Gegenzeichnung. Zur Einberufung einer außerordentlichen Tagung auf Antrag von Mitgliedern des Nationalrates oder auf Antrag des Bundesrates ist ein Vorschlag der Bundesregierung nicht erforderlich.
(3) Der Bundespräsident erklärt die Tagungen des Nationalrates auf Grund Beschlusses des Nationalrates für beendet.
(4) Bei Eröffnung einer neuen Tagung des Nationalrates innerhalb der gleichen Gesetzgebungsperiode werden die Arbeiten nach dem Stand fortgesetzt, in dem sie sich bei der Beendigung der letzten Tagung befunden haben. Bei Beendigung einer Tagung können einzelne Ausschüsse vom Nationalrat beauftragt werden, ihre Arbeiten fortzusetzen. Mit dem Beginn einer neuen Gesetzgebungsperiode gelten vom Nationalrat der vorangegangenen Gesetzgebungsperiode nicht erledigte Volksbegehren und an den Nationalrat gerichtete Bürgerinitiativen als Verhandlungsgegenstände des neu gewählten Nationalrates. Durch das Bundesgesetz über die Geschäftsordnung des Nationalrates kann dies auch für weitere Verhandlungsgegenstände des Nationalrates bestimmt werden.
(5) Innerhalb einer Tagung beruft der Präsident des Nationalrates die einzelnen Sitzungen ein. Wenn innerhalb einer Tagung die im Bundesgesetz über die Geschäftsordnung des Nationalrates festgesetzte Anzahl der Mitglieder des Nationalrates oder die Bundesregierung es verlangt, ist der Präsident verpflichtet, eine Sit-

zung einzuberufen. Nähere Bestimmungen trifft das Bundesgesetz über die Geschäftsordnung des Nationalrates, das auch eine Frist festzusetzen hat, innerhalb derer der Nationalrat zusammenzutreten hat.
(6) Für den Fall, dass die gewählten Präsidenten des Nationalrates an der Ausübung ihres Amtes verhindert oder deren Ämter erledigt sind, hat das Bundesgesetz über die Geschäftsordnung des Nationalrates Sonderbestimmungen über die Einberufung des Nationalrates zu treffen.

ARTIKEL 29.

(1) Der Bundespräsident kann den Nationalrat auflösen, er darf dies jedoch nur einmal aus dem gleichen Anlass verfügen. Die Neuwahl ist in diesem Fall von der Bundesregierung so anzuordnen, dass der neugewählte Nationalrat längstens am hundertsten Tag nach der Auflösung zusammentreten kann.
(2) Vor Ablauf der Gesetzgebungsperiode kann der Nationalrat durch einfaches Gesetz seine Auflösung beschließen.
(3) Nach einer gemäß Abs. 2 erfolgten Auflösung sowie nach Ablauf der Zeit, für die der Nationalrat gewählt ist, dauert die Gesetzgebungsperiode bis zum Tag, an dem der neugewählte Nationalrat zusammentritt.

ARTIKEL 30.

(1) Der Nationalrat wählt aus seiner Mitte den Präsidenten, den zweiten und dritten Präsidenten.
(2) Die Geschäfte des Nationalrates werden auf Grund eines besonderen Bundesgesetzes geführt. Das Bundesgesetz über die Geschäftsordnung des Nationalrates kann nur bei Anwesenheit von mindestens der Hälfte der Mitglieder und mit einer Mehrheit von zwei Dritteln der abgegebenen Stimmen beschlossen werden.
(3) Zur Unterstützung der parlamentarischen Aufgaben und zur Besorgung der Verwaltungsangelegenheiten im Bereich der Organe der Gesetzgebung des Bundes sowie gleichartiger Aufgaben und Verwaltungsangelegenheiten, die die in Österreich gewählten Mitglieder des Europäischen Parlaments betreffen, ist die Parlamentsdirektion berufen, die dem Präsidenten des Nationalrates untersteht. Für den Bereich des Bundesrates ist die innere Organisation der Parlamentsdirektion im Einvernehmen mit dem Vorsitzenden des Bundesrates zu regeln, dem bei Besorgung der auf Grund dieses Gesetzes dem Bundesrat übertragenen Aufgaben auch das Weisungsrecht zukommt.
(4) Dem Präsidenten des Nationalrates stehen insbesondere auch die Ernennung der Bediensteten der Parlamentsdirektion und alle übrigen Befugnisse in Personalangelegenheiten dieser Bediensteten zu.
(5) Der Präsident des Nationalrates kann den parlamentarischen Klubs zur Erfüllung parlamentarischer Aufgaben Bedienstete der Parlamentsdirektion zur Dienstleistung zuweisen.
(6) Bei der Vollziehung der nach diesem Artikel dem Präsidenten des Nationalrates zustehenden Verwaltungsangelegenheiten ist dieser oberstes Verwaltungsorgan und übt diese Befugnisse allein aus. Die Erlassung von Verordnungen steht dem Präsidenten des Nationalrates insoweit zu, als diese ausschließlich in diesem Artikel geregelte Verwaltungsangelegenheiten betreffen.

ARTIKEL 30a.

Der besondere Schutz und die Geheimhaltung von Informationen im Bereich des Nationalrates und des Bundesrates werden auf Grund eines besonderen Bundesgesetzes geregelt. Das Bundesgesetz über die Informationsordnung des Nationalrates und des Bundesrates kann vom Nationalrat nur in Anwesenheit von mindestens der Hälfte der Mitglieder und mit einer Mehrheit von zwei Dritteln der abgegebenen Stimmen beschlossen werden. Es bedarf überdies der in Anwesenheit von mindestens der Hälfte der Mitglieder und mit einer Mehrheit von zwei Dritteln der abgegebenen Stimmen zu erteilenden Zustimmung des Bundesrates.

ARTIKEL 30b.

(1) Zur Erlassung von Disziplinarerkenntnissen und zur Entscheidung über Suspendierungen hinsichtlich der Beamten der Parlamentsdirektion, des Rechnungshofes und der Volksanwaltschaft wird bei der Parlamentsdirektion eine Disziplinarkommission eingerichtet.
(2) Die Mitglieder der Disziplinarkommission und die Disziplinaranwälte sind vom Präsidenten des Nationalrates, vom Präsidenten des Rechnungshofes und vom Vorsitzenden der Volksanwaltschaft zu bestellen.
(3) Die näheren Bestimmungen über die Organisation und das Verfahren der Disziplinarkommission sowie die Stellung und Bestellung der Disziplinaranwälte werden durch Bundesgesetz getroffen.

ARTIKEL 31.

Zu einem Beschluss des Nationalrates ist, soweit in diesem Gesetz nicht anderes bestimmt oder im Bundesgesetz über die Geschäftsordnung des Nationalrates für einzelne Angelegenheiten nicht anderes festgelegt ist, die Anwesenheit von mindestens einem Drittel der Mitglieder und die unbedingte Mehrheit der abgegebenen Stimmen erforderlich.

ARTIKEL 32.

(1) Die Sitzungen des Nationalrates sind öffentlich.
(2) Die Öffentlichkeit wird ausgeschlossen, wenn es vom Vorsitzenden oder von der im Bundesgesetz über die Geschäftsordnung des Nationalrates festgesetzten Anzahl der Mitglieder verlangt und vom Nationalrat nach Entfernung der Zuhörer beschlossen wird.

ARTIKEL 33.

Wahrheitsgetreue Berichte über die Verhandlungen in den öffentlichen Sitzungen des Nationalrates und seiner Ausschüsse bleiben von jeder Verantwortung frei.

B.
Bundesrat

ARTIKEL 34.

(1) **Im Bundesrat sind die Länder im Verhältnis zur Bürgerzahl im Land gemäß den folgenden Bestimmungen vertreten.**
(2) Das Land mit der größten Bürgerzahl entsendet zwölf, jedes andere Land so viele Mitglieder, als dem Verhältnis seiner Bürgerzahl zur erstangeführten Bürgerzahl entspricht, wobei Reste über die Hälfte der Verhältniszahl als voll gelten. Jedem Land gebührt jedoch eine Vertretung von wenigstens drei Mitgliedern. Für jedes Mitglied wird ein Ersatzmitglied bestellt.
(3) Die Zahl der demnach von jedem Land zu entsendenden Mitglieder wird vom Bundespräsidenten nach jeder allgemeinen Volkszählung festgesetzt.

ARTIKEL 35.

(1) Die Mitglieder des Bundesrates und ihre Ersatzmitglieder werden von den Landtagen für die Dauer ihrer Gesetzgebungsperiode nach dem Grundsatz der Verhältniswahl gewählt, jedoch muss wenigstens ein Mandat der Partei zufallen, die die zweithöchste Anzahl von Sitzen im Landtag oder, wenn mehrere Parteien die gleiche Anzahl von Sitzen haben, die zweithöchste Zahl von Wählerstimmen bei der letzten Landtagswahl aufweist. Bei gleichen Ansprüchen mehrerer Parteien entscheidet das Los.
(2) Die Mitglieder des Bundesrates müssen nicht dem Landtag angehören, der sie entsendet; sie müssen jedoch zu diesem Landtag wählbar sein.
(3) Nach Ablauf der Gesetzgebungsperiode eines Landtages oder nach seiner Auflösung bleiben die von ihm entsendeten Mitglieder des Bundesrates so lange in Funktion, bis der neue Landtag die Wahl in den Bundesrat vorgenommen hat.
(4) Die Bestimmungen der Art. 34 und 35 können nur abgeändert werden, wenn im Bundesrat - abgesehen von der für seine Beschlussfassung überhaupt erforderlichen Stimmenmehrheit - die Mehrheit der Vertreter von wenigstens vier Ländern die Änderung angenommen hat.

ARTIKEL 36.

(1) **Im Vorsitz des Bundesrates wechseln die Länder halbjährlich in alphabetischer Reihenfolge.**
(2) Als Vorsitzender fungiert der an erster Stelle entsendete Vertreter des zum Vorsitz berufenen Landes, dessen Mandat auf jene Partei zu entfallen hat, die die höchste Anzahl von Sitzen im Landtag oder, wenn mehrere Parteien die gleiche Anzahl von Sitzen haben, die höchste Zahl von Wählerstimmen bei der letzten Landtagswahl aufweist; bei gleichen Ansprüchen mehrerer Parteien entscheidet das Los. Der Landtag kann jedoch beschließen, dass der Vorsitz von einem anderen Vertreter des Landes geführt werden soll, dessen Mandat im Bundesrat auf diese Partei entfällt; ein solcher Beschluss bedarf jedenfalls der Zustimmung der Mehrheit jener Mitglieder des Landtages, deren Mandate im Landtag auf diese Partei entfallen. Die Bestellung der Stellvertreter des Vorsitzenden wird durch die Geschäftsordnung des Bundesrates geregelt. Der Vorsitzende führt den Titel „Präsident des Bundesrates", seine Stellvertreter führen den Titel „Vizepräsident des Bundesrates".
(3) Der Bundesrat wird von seinem Vorsitzenden an den Sitz des Nationalrates einberufen. Der Vorsitzende ist verpflichtet, den Bundesrat sofort einzuberufen, wenn wenigstens ein Viertel seiner Mitglieder oder die Bundesregierung es verlangt.
(4) Die Landeshauptmänner sind berechtigt, an allen Verhandlungen des Bundesrates teilzunehmen. Sie haben nach den näheren Bestimmungen der Geschäftsordnung des Bundesrates das Recht, auf ihr Verlangen jedes Mal zu Angelegenheiten ihres Landes gehört zu werden.

ARTIKEL 37.

(1) Zu einem Beschluss des Bundesrates ist, soweit in diesem Gesetz nicht anders bestimmt ist oder in der Geschäftsordnung des Bundesrates für einzelne Angelegenheiten nicht anders festgelegt ist, die Anwesenheit von mindestens einem Drittel der Mitglieder und die unbedingte Mehrheit der abgegebenen Stimmen erforderlich.
(2) Der Bundesrat gibt sich seine Geschäftsordnung durch Beschluss. Dieser Beschluss kann nur bei Anwesenheit der Hälfte der Mitglieder mit einer Mehrheit von mindestens zwei Dritteln der abgegebenen Stimmen gefasst werden. In der Geschäftsordnung können auch über den inneren Bereich des Bundesrates hinauswirkende Bestimmungen getroffen werden, sofern dies für die Regelung der Geschäftsbehandlung im Bundesrat erforderlich ist. Der Geschäftsordnung kommt die Wirkung eines Bundesgesetzes zu; sie ist durch den Bundeskanzler im Bundesgesetzblatt kundzumachen.
(3) Die Sitzungen des Bundesrates sind öffentlich. Die Öffentlichkeit kann jedoch gemäß den Bestimmungen der Geschäftsordnung durch Beschluss aufgehoben werden. Die Bestimmungen des Art. 33 gelten auch für öffentliche Sitzungen des Bundesrates und seiner Ausschüsse.

C. Bundesversammlung

ARTIKEL 38.

Der Nationalrat und der Bundesrat treten als Bundesversammlung in gemeinsamer öffentlicher Sitzung zur Angelobung des Bundespräsidenten, ferner zur Beschlussfassung über eine Kriegserklärung am Sitz des Nationalrates zusammen.

ARTIKEL 39.

(1) Die Bundesversammlung wird – abgesehen von den Fällen des Art. 60 Abs. 6, des Art. 63 Abs. 2, des Art. 64 Abs. 4 und des Art. 68 Abs. 2 – vom Bundespräsidenten einberufen. Der Vorsitz wird abwechselnd vom Präsidenten des Nationalrates und vom Vorsitzenden des Bundesrates, das erste Mal von jenem, geführt.
(2) In der Bundesversammlung wird das Bundesgesetz über die Geschäftsordnung des Nationalrates sinngemäß angewendet.
(3) Die Bestimmungen des Art. 33 gelten auch für die Sitzungen der Bundesversammlung.

ARTIKEL 40.

(1) Die Beschlüsse der Bundesversammlung werden von ihrem Vorsitzenden beurkundet und vom Bundeskanzler gegengezeichnet.
(2) Die Beschlüsse der Bundesversammlung über eine Kriegserklärung sind vom Bundeskanzler amtlich kundzumachen.

D. Der Weg der Bundesgesetzgebung

ARTIKEL 41.

(1) Gesetzesvorschläge gelangen an den Nationalrat als Anträge seiner Mitglieder, des Bundesrates oder eines Drittels der Mitglieder des Bundesrates sowie als Vorlagen der Bundesregierung.

(2) Jedes von 100 000 Stimmberechtigten oder von je einem Sechstel der Stimmberechtigten dreier Länder unterstützte Volksbegehren ist von der Bundeswahlbehörde dem Nationalrat zur Behandlung vorzulegen. Stimmberechtigt ist, wer am letzten Tag des Eintragungszeitraums das Wahlrecht zum Nationalrat besitzt. Das Volksbegehren muss eine durch Bundesgesetz zu regelnde Angelegenheit betreffen und kann in Form eines Gesetzesantrages gestellt werden. Bundesgesetzlich kann eine elektronische Unterstützung eines Volksbegehrens durch die Stimmberechtigten vorgesehen werden, wobei zu gewährleisten ist, dass sie nur persönlich und nur einmal erfolgt.

(3) Die näheren Bestimmungen über das Verfahren für das Volksbegehren werden durch Bundesgesetz getroffen.

ARTIKEL 42.

(1) Jeder Gesetzesbeschluss des Nationalrates ist unverzüglich von dessen Präsidenten dem Bundesrat zu übermitteln.

(2) Ein Gesetzesbeschluss kann, soweit nicht verfassungsgesetzlich anderes bestimmt ist, nur dann beurkundet und kundgemacht werden, wenn der Bundesrat gegen diesen Beschluss keinen mit Gründen versehenen Einspruch erhoben hat.

(3) Dieser Einspruch muss dem Nationalrat binnen acht Wochen nach Einlangen des Gesetzesbeschlusses beim Bundesrat von dessen Vorsitzenden schriftlich übermittelt werden; er ist dem Bundeskanzler zur Kenntnis zu bringen.

(4) Wiederholt der Nationalrat seinen ursprünglichen Beschluss bei Anwesenheit von mindestens der Hälfte der Mitglieder, so ist dieser zu beurkunden und kundzumachen. Beschließt der Bundesrat, keinen Einspruch zu erheben, oder wird innerhalb der im Abs. 3 festgesetzten Frist kein mit Begründung versehener Einspruch erhoben, so ist der Gesetzesbeschluss zu beurkunden und kundzumachen.

(5) Insoweit Gesetzesbeschlüsse des Nationalrates die Geschäftsordnung des Nationalrates, die Auflösung des Nationalrates, ein Bundesgesetz, mit dem nähere Bestimmungen über die Erstellung des Bundesfinanzrahmengesetzes, des Bundesfinanzgesetzes und über die sonstige Haushaltsführung des Bundes getroffen werden, ein Bundesfinanzrahmengesetz, ein Bundesfinanzgesetz, eine vorläufige Vorsorge im Sinne von Art. 51a Abs. 4 oder eine Verfügung über Bundesvermögen, die Übernahme oder Umwandlung einer Haftung des Bundes, das Eingehen oder die Umwandlung einer Finanzschuld des Bundes oder die Genehmigung eines Bundesrechnungsabschlusses betreffen, steht dem Bundesrat keine Mitwirkung zu.

ARTIKEL 42a.

Insoweit ein Gesetzesbeschluss des Nationalrates der Zustimmung der Länder bedarf, ist er unmittelbar nach Beendigung des Verfahrens gemäß Art. 42 vom Bundeskanzler den Ämtern der Landesregierungen der beteiligten Länder bekanntzugeben. Die Zustimmung gilt als erteilt, wenn der Landeshauptmann nicht innerhalb von acht Wochen nach dem Tag, an dem der Gesetzesbeschluss beim Amt der Landesregierung eingelangt ist, dem Bundeskanzler mitgeteilt hat, dass die Zustimmung verweigert wird. Vor Ablauf dieser Frist darf die Kundmachung des Gesetzesbeschlusses nur erfolgen, wenn die Landeshauptmänner der beteiligten Länder die ausdrückliche Zustimmung des Landes mitgeteilt haben.

ARTIKEL 43.

Einer Volksabstimmung ist jeder Gesetzesbeschluss des Nationalrates nach Beendigung des Verfahrens gemäß Art. 42 beziehungsweise gemäß Art. 42a, jedoch vor seiner Beurkundung durch den Bundespräsidenten, zu unterziehen, wenn der Nationalrat es beschließt oder die Mehrheit der Mitglieder des Nationalrates es verlangt.

ARTIKEL 44.

(1) Verfassungsgesetze oder in einfachen Gesetzen enthaltene Verfassungsbestimmungen können vom Nationalrat nur in Anwesenheit von mindestens der Hälfte der Mitglieder und mit einer Mehrheit von zwei Dritteln der abgegebenen Stimmen beschlossen werden; sie sind als solche („Verfassungsgesetz", „Verfassungsbestimmung") ausdrücklich zu bezeichnen.

(2) Verfassungsgesetze oder in einfachen Gesetzen enthaltene Verfassungsbestimmungen, durch die die Zuständigkeit der Länder in Gesetzgebung oder Vollziehung eingeschränkt wird, bedürfen überdies der in Anwesenheit von mindestens der Hälfte der Mitglieder und mit einer Mehrheit von zwei Dritteln der abgegebenen Stimmen zu erteilenden Zustimmung des Bundesrates.

(3) Jede Gesamtänderung der Bundesverfassung, eine Teiländerung aber nur, wenn dies von einem Drittel der Mitglieder des Nationalrates oder des Bundesrates verlangt wird, ist nach Beendigung des Verfahrens gemäß Art. 42, jedoch vor der Beurkundung durch den Bundespräsidenten, einer Abstimmung des gesamten Bundesvolkes zu unterziehen.

ARTIKEL 45.

(1) In der Volksabstimmung entscheidet die unbedingte Mehrheit der gültig abgegebenen Stimmen.
(2) Das Ergebnis der Volksabstimmung ist amtlich zu verlautbaren.

ARTIKEL 46.

(1) Der Bundespräsident ordnet die Volksabstimmung an.
(2) Stimmberechtigt bei Volksabstimmungen ist, wer am Abstimmungstag das Wahlrecht zum Nationalrat besitzt.
(3) Die näheren Bestimmungen über das Verfahren für die Volksabstimmung werden durch Bundesgesetz getroffen. Art. 26 Abs. 6 ist sinngemäß anzuwenden.

ARTIKEL 47.

(1) Das verfassungsmäßige Zustandekommen der Bundesgesetze wird durch den Bundespräsidenten beurkundet.

(2) Die Vorlage zur Beurkundung erfolgt durch den Bundeskanzler.
(3) Die Beurkundung ist vom Bundeskanzler gegenzuzeichnen.

ARTIKEL 48.

Bundesgesetze und gemäß Art. 50 Abs. 1 genehmigte Staatsverträge werden mit Berufung auf den Beschluss des Nationalrates, Bundesgesetze, die auf einer Volksabstimmung beruhen, mit Berufung auf das Ergebnis der Volksabstimmung kundgemacht.

ARTIKEL 49.

(1) Die Bundesgesetze sind vom Bundeskanzler im Bundesgesetzblatt kundzumachen. Soweit nicht ausdrücklich anderes bestimmt ist, treten sie mit Ablauf des Tages ihrer Kundmachung in Kraft und gelten für das gesamte Bundesgebiet.
(2) Die Staatsverträge gemäß Art. 50 Abs. 1 sind vom Bundeskanzler im Bundesgesetzblatt kundzumachen. Ist ein Staatsvertrag gemäß Art. 50 Abs. 1 Z 1 in mehr als zwei Sprachen authentisch festgelegt worden, reicht es aus, wenn

1. zwei authentische Sprachfassungen und eine Übersetzung in die deutsche Sprache,
2. wenn jedoch die deutsche Sprachfassung authentisch ist, diese und eine weitere authentische Sprachfassung

kundgemacht werden. Anlässlich der Genehmigung eines Staatsvertrages gemäß Art. 50 Abs. 1 kann der Nationalrat beschließen, auf welche andere Weise als im Bundesgesetzblatt die Kundmachung des Staatsvertrages oder einzelner genau zu bezeichnender Teile desselben zu erfolgen hat; solche Beschlüsse des Nationalrates sind vom Bundeskanzler im Bundesgesetzblatt kundzumachen. Soweit nicht ausdrücklich anderes bestimmt ist, treten Staatsverträge gemäß Art. 50 Abs. 1 mit Ablauf des Tages ihrer Kundmachung – im Fall des dritten Satzes mit Ablauf des Tages der Kundmachung des Beschlusses des Nationalrates – in Kraft und gelten für das gesamte Bundesgebiet; dies gilt nicht für Staatsverträge, die durch Erlassung von Gesetzen zu erfüllen sind (Art. 50 Abs. 2 Z 4).
(3) Verlautbarungen im Bundesgesetzblatt und gemäß Abs. 2 zweiter Satz müssen allgemein zugänglich sein und in ihrer kundgemachten Form vollständig und auf Dauer ermittelt werden können.
(4) Die näheren Bestimmungen über die Kundmachung im Bundesgesetzblatt werden durch Bundesgesetz getroffen.

ARTIKEL 49a.

(1) Der Bundeskanzler ist gemeinsam mit den zuständigen Bundesministern ermächtigt, Bundesgesetze, mit Ausnahme dieses Gesetzes, und im Bundesgesetzblatt kundgemachte Staatsverträge in ihrer geltenden Fassung durch Kundmachung im Bundesgesetzblatt wiederzuverlautbaren.

(2) In der Kundmachung über die Wiederverlautbarung können

1. überholte terminologische Wendungen richtiggestellt und veraltete Schreibweisen der neuen Schreibweise angepasst werden;
2. Bezugnahmen auf andere Rechtsvorschriften, die dem Stand der Gesetzgebung nicht mehr entsprechen, sowie sonstige Unstimmigkeiten richtiggestellt werden;
3. Bestimmungen, die durch spätere Rechtsvorschriften aufgehoben oder sonst gegenstandslos geworden sind, als nicht mehr geltend festgestellt werden;
4. Kurztitel und Buchstabenabkürzungen der Titel festgesetzt werden;
5. die Bezeichnungen der Artikel, Paragraphen, Absätze und dergleichen bei Ausfall oder Einbau einzelner Bestimmungen entsprechend geändert und hiebei auch Bezugnahmen darauf innerhalb des Textes der Rechtsvorschrift entsprechend richtiggestellt werden;
6. Übergangsbestimmungen sowie noch anzuwendende frühere Fassungen des Bundesgesetzes (Staatsvertrages) unter Angabe ihres Geltungsbereiches zusammengefasst werden.

(3) Soweit nicht ausdrücklich anderes bestimmt ist, treten das wiederverlautbarte Bundesgesetz (der wiederverlautbarte Staatsvertrag) und die sonstigen in der Kundmachung enthaltenen Anordnungen mit Ablauf des Kundmachungstages in Kraft.

ARTIKEL 49b.

(1) Eine Volksbefragung über eine Angelegenheit von grundsätzlicher und gesamtösterreichischer Bedeutung, zu deren Regelung die Bundesgesetzgebung zuständig ist, hat stattzufinden, sofern der Nationalrat dies auf Grund eines Antrages seiner Mitglieder oder der Bundesregierung nach Vorberatung im Hauptausschuss beschließt. Wahlen sowie Angelegenheiten, über die ein Gericht oder eine Verwaltungsbehörde zu entscheiden hat, können nicht Gegenstand einer Volksbefragung sein.

(2) Ein Antrag gemäß Abs. 1 hat einen Vorschlag für die der Volksbefragung zugrunde zu legende Fragestellung zu enthalten. Diese hat entweder aus einer mit „ja“ oder „nein“ zu beantwortenden Frage oder aus zwei alternativen Lösungsvorschlägen zu bestehen.

(3) Volksbefragungen sind unter sinngemäßer Anwendung von Art. 45 und 46 durchzuführen. Stimmberechtigt bei Volksbefragungen ist, wer am Befragungstag das Wahlrecht zum Nationalrat besitzt. Die Bundeswahlbehörde hat das Ergebnis einer Volksbefragung dem Nationalrat sowie der Bundesregierung vorzulegen.

E.
Mitwirkung des Nationalrates und des Bundesrates an der Vollziehung des Bundes

ARTIKEL 50.

(1) **Der Abschluss von**

1. politischen **Staatsverträgen** und Staatsverträgen, die gesetzändernden oder gesetzesergänzenden Inhalt haben und nicht unter Art. 16 Abs. 1 fallen, sowie
2. Staatsverträgen, durch die die vertraglichen Grundlagen der Europäischen Union geändert werden,

bedarf der Genehmigung des Nationalrates.

(2) Für Staatsverträge gemäß Abs. 1 Z 1 gilt darüber hinaus Folgendes:

1. Sieht ein Staatsvertrag seine vereinfachte Änderung vor, so bedarf eine solche Änderung nicht der Genehmigung nach Abs. 1, sofern sich diese der Nationalrat nicht vorbehalten hat.
2. Insoweit ein Staatsvertrag Angelegenheiten des selbständigen Wirkungsbereiches der Länder regelt, bedarf er der Zustimmung des Bundesrates.
3. Ist ein Staatsvertrag in mehr als zwei Sprachen authentisch festgelegt worden, reicht es aus, wenn die Genehmigung nach Abs. 1
   a) auf der Grundlage von zwei authentischen Sprachfassungen und einer Übersetzung in die deutsche Sprache,
   b) wenn jedoch die deutsche Sprachfassung authentisch ist, auf der Grundlage dieser und einer weiteren authentischen Sprachfassung

   erfolgt.
4. Anlässlich der Genehmigung eines Staatsvertrages kann der Nationalrat beschließen, in welchem Umfang dieser Staatsvertrag durch Erlassung von Gesetzen zu erfüllen ist.

(3) Auf Beschlüsse des Nationalrates nach Abs. 1 Z 1 und Abs. 2 Z 4 ist Art. 42 Abs. 1 bis 4 sinngemäß anzuwenden.

(4) Staatsverträge gemäß Abs. 1 Z 2 dürfen unbeschadet des Art. 44 Abs. 3 nur mit Genehmigung des Nationalrates und mit Zustimmung des Bundesrates abgeschlossen werden. Diese Beschlüsse bedürfen jeweils der Anwesenheit von mindestens der Hälfte der Mitglieder und einer Mehrheit von zwei Dritteln der abgegebenen Stimmen.

(5) Der Nationalrat und der Bundesrat sind von der Aufnahme von Verhandlungen über einen Staatsvertrag gemäß Abs. 1 unverzüglich zu unterrichten.

ARTIKEL 50a.

Der Nationalrat wirkt in Angelegenheiten des Europäischen Stabilitätsmechanismus mit.

ARTIKEL 50b.

Ein österreichischer Vertreter im Europäischen Stabilitätsmechanismus darf

1. einem Vorschlag für einen Beschluss, einem Mitgliedstaat grundsätzlich Stabilitätshilfe zu gewähren,
2. einer Veränderung des genehmigten Stammkapitals und einer Anpassung des maximalen Darlehensvolumens des Europäischen Stabilitätsmechanismus sowie einem Abruf von genehmigtem nicht eingezahlten Stammkapital und
3. Änderungen der Finanzhilfeinstrumente nur zustimmen

oder sich bei der Beschlussfassung enthalten, wenn ihn der Nationalrat auf Grund eines Vorschlages der Bundesregierung dazu ermächtigt hat. In Fällen besonderer Dringlichkeit kann der zuständige Bundesminister den Nationalrat befassen. Ohne Ermächtigung des Nationalrates muss der österreichische Vertreter den Vorschlag für einen solchen Beschluss ablehnen.

ARTIKEL 50c.

(1) Der zuständige Bundesminister hat den Nationalrat unverzüglich in Angelegenheiten des Europäischen Stabilitätsmechanismus gemäß den Bestimmungen des Bundesgesetzes über die Geschäftsordnung des Nationalrates zu unterrichten. Durch das Bundesgesetz über die Geschäftsordnung des Nationalrates sind Stellungnahmerechte des Nationalrates vorzusehen.

(2) Hat der Nationalrat rechtzeitig eine Stellungnahme in Angelegenheiten des Europäischen Stabilitätsmechanismus erstattet, so hat der österreichische Vertreter im Europäischen Stabilitätsmechanismus diese bei Verhandlungen und Abstimmungen zu berücksichtigen. Der zuständige Bundesminister hat dem Nationalrat nach der Abstimmung unverzüglich Bericht zu erstatten und ihm gegebenenfalls die Gründe mitzuteilen, aus denen der österreichische Vertreter die Stellungnahme nicht berücksichtigt hat.

(3) Der zuständige Bundesminister berichtet dem Nationalrat regelmäßig über die im Rahmen des Europäischen Stabilitätsmechanismus getroffenen Maßnahmen.

ARTIKEL 50d.

(1) Das Nähere zu den Art. 50b und 50c Abs. 2 und 3 bestimmt das Bundesgesetz über die Geschäftsordnung des Nationalrates.

(2) Durch das Bundesgesetz über die Geschäftsordnung des Nationalrates können weitere Zuständigkeiten des Nationalrates zur Mitwirkung an der Ausübung des Stimmrechtes durch österreichische Vertreter im Europäischen Stabilitätsmechanismus vorgesehen werden.

(3) Zur Mitwirkung in Angelegenheiten des Europäischen Stabilitätsmechanismus wählt der mit der Vorberatung von Bundesfinanzgesetzen betraute Ausschuss des Nationalrates ständige Unterausschüsse. Jedem dieser ständigen Unterausschüsse muss mindestens ein Mitglied jeder im Hauptausschuss des Nationalrates vertretenen Partei angehören. Zuständigkeiten des Nationalrates nach Abs. 2, Art. 50b und 50c können durch das Bundesgesetz über die Geschäftsordnung des Nationalrates diesen ständigen Unterausschüssen übertragen werden. Das Bundesgesetz über die Geschäftsordnung des Nationalrates hat Vorsorge zu treffen, dass die ständigen Unterausschüsse jederzeit einberufen werden und zusammentreten können. Wird der Nationalrat nach Art. 29 Abs. 1 vom Bundespräsidenten aufgelöst, so obliegt den ständigen Unterausschüssen die Mitwirkung in Angelegenheiten des Europäischen Stabilitätsmechanismus.

ARTIKEL 51.

(1) **Der Nationalrat beschließt das Bundesfinanzrahmengesetz sowie innerhalb dessen Grenzen das Bundesfinanzgesetz; den Beratungen ist der jeweilige Entwurf der Bundesregierung zugrunde zu legen.**

(2) Die Bundesregierung hat dem Nationalrat jährlich spätestens bis zu einem in einem Bundesgesetz festgesetzten Zeitpunkt den Entwurf eines Bundesfinanzrahmengesetzes oder den Entwurf eines Bundesgesetzes, mit dem das Bundesfinanzrahmengesetz geändert wird, vorzulegen. Das Bundesfinanzrahmengesetz hat für das folgende Finanzjahr und die drei nächstfolgenden Finanzjahre Obergrenzen der vom Nationalrat im jeweiligen Bundesfinanzgesetz zu genehmigenden Mittelverwendung auf der Ebene von Rubriken sowie die Grundzüge des Personalplanes zu enthalten; ausgenommen hievon sind die Mittelverwendungen für die Rückzahlung von Finanzschulden und zur vorübergehenden Kassenstärkung eingegangene Geldverbindlichkeiten sowie die Mittelverwendungen infolge eines Kapitalaustausches bei Währungstauschverträgen. Für weitere Untergliederungen sind Obergrenzen für das folgende Finanzjahr und die drei nächstfolgenden Finanzjahre vorzusehen.

(3) Die Bundesregierung hat dem Nationalrat den Entwurf eines Bundesfinanzgesetzes für das folgende Finanzjahr spätestens zehn Wochen vor Beginn jenes Finanzjahres vorzulegen, für das ein Bundesfinanzgesetz beschlossen werden soll. Ausnahmsweise kann die Bundesregierung den Entwurf eines Bundesfinanzgesetzes auch für das folgende und das nächstfolgende Finanzjahr, nach Jahren getrennt, dem Nationalrat vorlegen.

(4) Wird ausnahmsweise ein Bundesfinanzgesetz für das folgende und das nächstfolgende Finanzjahr beschlossen, so ist in der zweiten Hälfte des folgenden Finanzjah-

res der Entwurf eines Bundesgesetzes, mit dem das Bundesfinanzgesetz geändert wird, von der Bundesregierung bis spätestens zehn Wochen vor Beginn des nächstfolgenden Finanzjahres dem Nationalrat vorzulegen. Die darin enthaltenen Änderungen des Bundesfinanzgesetzes haben sich jedenfalls auf das nächstfolgende Finanzjahr zu beziehen. Der Entwurf ist bis zum Ende des folgenden Finanzjahres vom Nationalrat in Verhandlung zu nehmen. Art. 51a Abs. 1 und 2 gilt sinngemäß.

(5) Das Bundesfinanzgesetz hat als Anlagen den Bundesvoranschlag und den Personalplan sowie weitere für die Haushaltsführung wesentliche Grundlagen zu enthalten.

(6) **Für die Haushaltsführung des Bundes gilt:**

1. Es dürfen die Obergrenzen der Rubriken des Bundesfinanzrahmengesetzes weder überschritten werden, noch darf zu einer solchen Überschreitung ermächtigt werden.
2. Es dürfen die Obergrenzen der durch ein Bundesgesetz gemäß Abs. 9 zu bestimmenden Untergliederungen des Bundesfinanzrahmengesetzes für das folgende Finanzjahr nicht überschritten werden noch darf zu einer solchen Überschreitung ermächtigt werden, es sei denn, es wird durch ein Bundesgesetz gemäß Abs. 9 vorgesehen, dass diese Obergrenzen mit Zustimmung des Bundesministers für Finanzen überschritten werden dürfen.

Wird ausnahmsweise ein Bundesfinanzgesetz für das folgende und nächstfolgende Finanzjahr beschlossen, sind die Bestimmungen der Z 2 mit der Maßgabe anzuwenden, dass die in Abs. 2 letzter Satz genannten Obergrenzen für das folgende und das nächstfolgende Finanzjahr gelten.

(7) **Die Obergrenzen des Abs. 6 Z 1 und 2 können in folgenden Fällen überschritten werden:**

1. **Bei Gefahr im Verzug** dürfen auf Grund einer Verordnung der Bundesregierung im Einvernehmen mit dem mit der Vorberatung von Bundesfinanzgesetzen betrauten Ausschuss des Nationalrates unvorhersehbare und unabweisbare zusätzliche Mittel im Ausmaß von höchstens 2 vT der durch Bundesfinanzgesetz vorgesehenen Summe an Mittelverwendungen geleistet werden, wenn die Bedeckung sichergestellt ist. Trifft der mit der Vorberatung von Bundesfinanzgesetzen betraute Ausschuss des Nationalrates innerhalb von zwei Wochen keine Entscheidung, so gilt das Einvernehmen als hergestellt.
2. Im **Verteidigungsfall** dürfen für Zwecke der umfassenden Landesverteidigung (Art. 9a) unabweisliche zusätzliche Mittel innerhalb eines Finanzjahres bis zur Höhe von insgesamt 10 vH der durch Bundesfinanzgesetz vorgesehenen Summe an Mittelverwendungen auf Grund einer Verordnung der Bundesregierung im Einvernehmen mit dem mit der Vorberatung von Bundesfinanzgesetzen betrauten Ausschuss des Nationalrates geleistet werden. Soweit die Bereitstellung solcher zusätzlicher Mittel nicht durch Mitteleinsparungen oder zusätzlich aufgebrachte Mittel sichergestellt werden kann, hat die Verordnung der Bundesregierung den Bundesminister für Finanzen zu ermächtigen, durch Eingehen oder Umwandlung von Finanzschulden für die erforderliche Mittelbereitstellung zu sorgen.

(8) **Bei der Haushaltsführung des Bundes sind die Grundsätze der Wirkungsorientierung insbesondere auch unter Berücksichtigung des Ziels der tatsächlichen Gleichstellung von Frauen und Männern, der Transparenz, der Effizienz und der möglichst getreuen Darstellung der finanziellen Lage des Bundes zu beachten.**

(9) Die näheren Bestimmungen über die Erstellung des Bundesfinanzrahmengesetzes, des Bundesfinanzgesetzes und über die sonstige Haushaltsführung des Bundes sind nach einheitlichen Grundsätzen entsprechend den Bestimmungen des Abs. 8 durch Bundesgesetz zu treffen. In diesem sind insbesondere zu regeln:

1. die Maßnahmen für eine **wirkungsorientierte Verwaltung** insbesondere auch unter Berücksichtigung des Ziels der tatsächlichen Gleichstellung von Frauen und Männern;
2. die Maßnahmen zur **Sicherstellung der Transparenz** einschließlich der Pflicht zur Erstattung von Berichten an den mit der Vorberatung von Bundesfinanzgesetzen betrauten Ausschuss des Nationalrates;
3. **Erstellung, Gliederung und Bindungswirkung des Bundesfinanzrahmengesetzes;**
4. die **Gliederung des Bundesvoranschlages;**
5. die **Bindungswirkung des Bundesfinanzgesetzes** insbesondere in zeitlicher und betraglicher Hinsicht;
6. die **Begründung von Vorbelastungen** einschließlich der Voraussetzungen, bei deren Vorliegen Vorbelastungen einer Verordnung des Bundesministers für Finanzen im Einvernehmen mit dem mit der Vorberatung von Bundesfinanzgesetzen betrauten Ausschuss des Nationalrates oder einer gesetzlichen Ermächtigung bedürfen;
7. die **Bildung von positiven und negativen Haushaltsrücklagen;**
8. **Verfügungen über Bundesvermögen** einschließlich der Voraussetzungen, bei deren Vorliegen Verfügungen über Bundesvermögen einer Verordnung des Bundesministers für Finanzen im Einvernehmen mit dem mit der Vorberatung von Bundesfinanzgesetzen betrauten Ausschuss des Nationalrates oder einer gesetzlichen Ermächtigung bedürfen;
9. die **Übernahme von Haftungen durch den Bund**;
10. die **Eingehung und Umwandlung von Verbindlichkeiten** aus Geldmittelbeschaffungen, die nicht innerhalb desselben Finanzjahres getilgt werden, oder aus langfristigen Finanzierungen (Finanzschulden);
11. **Anreiz- und Sanktionsmechanismen;**
12. das **Controlling;**
13. die **Mitwirkung des Rechnungshofes** an der Ordnung des Rechnungswesens.

ARTIKEL 51a.

(1) Hat die Bundesregierung dem Nationalrat nicht rechtzeitig (Art. 51 Abs. 2 und 3) den Entwurf eines Bundesfinanzrahmengesetzes oder eines Bundesfinanzgesetzes vorgelegt, so kann ein Entwurf eines Bundesfinanzrahmengesetzes oder eines Bundesfinanzgesetzes im Nationalrat auch durch Antrag seiner Mitglieder eingebracht werden.

(2) Legt die Bundesregierung den Entwurf eines Bundesfinanzrahmengesetzes oder eines Bundesfinanzgesetzes nach der Stellung eines solchen Antrages vor, so kann der Nationalrat beschließen, den jeweiligen Entwurf seinen Beratungen zugrunde zu legen.

(3) Hat der Nationalrat in einem Finanzjahr kein Bundesfinanzrahmengesetz beschlossen, so gelten die Obergrenzen des letzten Finanzjahres, für welches Obergrenzen festgelegt wurden, weiter.

(4) Hat der Nationalrat für ein Finanzjahr kein Bundesfinanzgesetz beschlossen und trifft er auch keine vorläufige Vorsorge durch Bundesgesetz, so ist der Bundeshaushalt nach den Bestimmungen des zuletzt beschlossenen Bundesfinanzgesetzes zu führen. Finanzschulden können dann nur bis zur Hälfte der jeweils vorgesehenen Höchstbeträge und kurzfristige Verpflichtungen zur vorübergehenden Kassenstärkung bis zur Höhe der jeweils vorgesehenen Höchstbeträge eingegangen werden.

ARTIKEL 51b.

(1) Der Bundesminister für Finanzen hat dafür zu sorgen, dass bei der Haushaltsführung zuerst die fälligen Verpflichtungen abgedeckt und sodann die übrigen Mittelverwendungen getätigt werden, diese jedoch nur nach Maßgabe der Bedeckbarkeit und unter Beachtung der Grundsätze gemäß Art. 51 Abs. 8.

(2) Wenn es die Entwicklung des Bundeshaushaltes erfordert oder sich im Verlauf des Finanzjahres eine wesentliche Änderung der gesamtwirtschaftlichen Entwicklung abzeichnet, kann der Bundesminister für Finanzen zur Steuerung des Bundeshaushaltes mit Zustimmung der Bundesregierung oder auf Grund bundesfinanzgesetzlicher Ermächtigung einen bestimmten Anteil der im Bundesfinanzgesetz vorgesehenen Mittelverwendung binden, sofern dadurch die Erfüllung fälliger Verpflichtungen des Bundes nicht berührt wird. Er hat innerhalb von einem Monat nach Verfügung der Bindung dem mit der Vorberatung von Bundesfinanzgesetzen betrauten Ausschuss des Nationalrates zu berichten.

(3) Der Bundesminister für Finanzen hat die Mitglieder der Bundesregierung und die übrigen haushaltsleitenden Organe regelmäßig über den Budgetvollzug zu informieren.

ARTIKEL 51c.

(1) Mittelverwendungen, die im Bundesfinanzgesetz nicht vorgesehen sind oder die die vom Nationalrat genehmigten Mittelverwendungen überschreiten, dürfen im Rahmen der Haushaltsführung nur auf Grund bundesfinanzgesetzlicher Ermächtigung geleistet werden.

(2) Der Nationalrat kann im Bundesfinanzgesetz den Bundesminister für Finanzen ermächtigen, der Überschreitung der im Bundesfinanzgesetz vorgesehenen Mittelverwendungen zuzustimmen. Diese Ermächtigung darf nur erteilt werden, sofern die Überschreitung sachlich an Bedingungen geknüpft und ziffernmäßig bestimmt oder errechenbar ist. Darüber hinaus dür-

fen mit Zustimmung des Bundesministers für Finanzen Überschreitungen der im Bundesfinanzgesetz vorgesehenen Mittelverwendungen erfolgen, wenn diese
1. auf Grund einer gesetzlichen Verpflichtung,
2. aus einer bestehenden Finanzschuld oder auf Grund von Währungstauschverträgen oder
3. auf Grund einer bereits im Zeitpunkt des Inkrafttretens des Bundesfinanzgesetzes bestehenden sonstigen Verpflichtung

erforderlich werden. Die Zustimmung auf Grund der Bestimmungen dieses Absatzes darf nur im Falle eines unvorhergesehenen Erfordernisses und nur insoweit erteilt werden, als die Bedeckung sichergestellt ist und die jeweils verbindlich geltenden Obergrenzen gemäß Art. 51 Abs. 2 und 6 für das jeweilige Finanzjahr nicht überschritten werden. Der Bundesminister für Finanzen kann die auf Grund der Bestimmungen dieses Absatzes erteilten Ermächtigungen zur Zustimmung zu Überschreitungen vorgesehener Mittelverwendungen – ausgenommen jene gemäß Z 2 – im Einvernehmen mit dem zuständigen haushaltsleitenden Organ an Leiter von Dienststellen übertragen, sofern dies für die Umsetzung einer wirkungsorientierten Verwaltung erforderlich ist.

(3) Der Bundesminister für Finanzen hat dem mit der Vorberatung von Bundesfinanzgesetzen betrauten Ausschuss des Nationalrates über die gemäß Abs. 2 getroffenen Maßnahmen vierteljährlich zu berichten.

ARTIKEL 51d.

(1) Die Mitwirkung des Nationalrates an der Haushaltsführung obliegt dem mit der Vorberatung von Bundesfinanzgesetzen betrauten Ausschuss des Nationalrates. Dieser kann bestimmte Aufgaben einem ständigen Unterausschuss übertragen, dem auch die Mitwirkung an der Haushaltsführung obliegt, wenn der Nationalrat vom Bundespräsidenten gemäß Art. 29 Abs. 1 aufgelöst wird. Der mit der Vorberatung von Bundesfinanzgesetzen betraute Ausschuss und sein ständiger Unterausschuss sind auch außerhalb der Tagungen des Nationalrates (Art. 28) einzuberufen, wenn sich die Notwendigkeit dazu ergibt. Nähere Bestimmungen trifft das Bundesgesetz über die Geschäftsordnung des Nationalrates.

(2) Weitere über Art. 51b Abs. 2 und 51c Abs. 3 hinausgehende Berichte sind dem mit der Vorberatung von Bundesfinanzgesetzen betrauten Ausschuss des Nationalrates nach Maßgabe besonderer bundesgesetzlicher Vorschriften zu übermitteln.

ARTIKEL 52.

(1) **Der Nationalrat und der Bundesrat sind befugt, die Geschäftsführung der Bundesregierung zu überprüfen,** deren Mitglieder über alle Gegenstände der Vollziehung zu befragen und alle einschlägigen Auskünfte zu verlangen sowie ihren Wünschen über die Ausübung der Vollziehung in Entschließungen Ausdruck zu geben.

(1a) Die zuständigen Ausschüsse des Nationalrates und des Bundesrates sind befugt, die Anwesenheit des Leiters eines gemäß Art. 20 Abs. 2 weisungsfreien Organs in den Sitzungen der Ausschüsse zu verlangen und diesen zu allen Gegenständen der Geschäftsführung zu befragen.

(2) Kontrollrechte gemäß Abs. 1 bestehen gegenüber der Bundesregierung und ihren Mitgliedern auch in bezug auf Unternehmungen, an denen der Bund mit mindestens 50 vH des Stamm-, Grund- oder Eigenkapitals beteiligt ist und die der Kontrolle des Rechnungshofes unterliegen. Einer solchen finanziellen Beteiligung ist die Beherrschung von Unternehmungen durch andere finanzielle oder sonstige wirtschaftliche oder organisatorische Maßnahmen gleichzuhalten. Dies gilt auch für Unternehmungen jeder weiteren Stufe, bei denen die Voraussetzungen gemäß diesem Absatz vorliegen.

(3) Jedes Mitglied des Nationalrates und des Bundesrates ist befugt, in den Sitzungen des Nationalrates oder des Bundesrates kurze mündliche Anfragen an die Mitglieder der Bundesregierung zu richten.

(4) Die nähere Regelung hinsichtlich des Fragerechtes wird durch das Bundesgesetz über die Geschäftsordnung des Nationalrates sowie durch die Geschäftsordnung des Bundesrates getroffen.

ARTIKEL 52a.

(1) Zur Überprüfung von Maßnahmen zum Schutz der verfassungsmäßigen Einrichtungen und ihrer Handlungsfähigkeit sowie von nachrichtendienstlichen Maßnahmen zur Sicherung der militärischen Landesverteidigung wählen die zuständigen Ausschüsse des Nationalrates je einen ständigen Unterausschuss. Jedem Unterausschuss muss mindestens ein Mitglied jeder im Hauptausschuss des Nationalrates vertretenen Partei angehören.

(2) Die ständigen Unterausschüsse sind befugt, von den zuständigen Bundesministern alle einschlägigen Auskünfte und Einsicht in die einschlägigen Unterlagen zu verlangen. Dies gilt nicht für Auskünfte und Unterlagen, insbesondere über Quellen, deren Bekanntwerden die nationale Sicherheit oder die Sicherheit von Menschen gefährden würde.

(3) Die ständigen Unterausschüsse können auch außerhalb der Tagungen des Nationalrates zusammentreten, wenn sich die Notwendigkeit hiezu ergibt.

(4) Nähere Bestimmungen trifft das Bundesgesetz über die Geschäftsordnung des Nationalrates.

ARTIKEL 52b.

(1) Zur Überprüfung eines bestimmten Vorganges in einer der Kontrolle des Rechnungshofes unterliegenden Angelegenheit der Bundesgebarung wählt der Ausschuss gemäß Art. 126d Abs. 2 einen ständigen Unterausschuss. Diesem Unterausschuss muss mindestens ein Mitglied jeder im Hauptausschuss des Nationalrates vertretenen Partei angehören.
(2) Nähere Bestimmungen trifft das Bundesgesetz über die Geschäftsordnung des Nationalrates.

ARTIKEL 53.

(1) Der Nationalrat kann durch Beschluss Untersuchungsausschüsse einsetzen. Darüber hinaus ist auf Verlangen eines Viertels seiner Mitglieder ein Untersuchungsausschuss einzusetzen.
(2) Gegenstand der Untersuchung ist ein bestimmter abgeschlossener Vorgang im Bereich der Vollziehung des Bundes. Das schließt alle Tätigkeiten von Organen des Bundes, durch die der Bund, unabhängig von der Höhe der Beteiligung, wirtschaftliche Beteiligungs- und Aufsichtsrechte wahrnimmt, ein. Eine Überprüfung der Rechtsprechung ist ausgeschlossen.
(3) Alle Organe des Bundes, der Länder, der Gemeinden und der Gemeindeverbände sowie der sonstigen Selbstverwaltungskörper haben einem Untersuchungsausschuss auf Verlangen im Umfang des Gegenstandes der Untersuchung ihre Akten und Unterlagen vorzulegen und dem Ersuchen eines Untersuchungsausschusses um Beweiserhebungen im Zusammenhang mit dem Gegenstand der Untersuchung Folge zu leisten. Dies gilt nicht für die Vorlage von Akten und Unterlagen, deren Bekanntwerden Quellen im Sinne des Art. 52a Abs. 2 gefährden würde.
(4) Die Verpflichtung gemäß Abs. 3 besteht nicht, soweit die rechtmäßige Willensbildung der Bundesregierung oder von einzelnen ihrer Mitglieder oder ihre unmittelbare Vorbereitung beeinträchtigt wird.
(5) Nähere Bestimmungen trifft das Bundesgesetz über die Geschäftsordnung des Nationalrates. In diesem können eine Mitwirkung der Mitglieder der Volksanwaltschaft sowie besondere Bestimmungen über die Vertretung des Vorsitzenden und die Vorsitzführung vorgesehen werden. Es hat auch vorzusehen, in welchem Umfang der Untersuchungsausschuss Zwangsmaßnahmen beschließen und um deren Anordnung oder Durchführung ersuchen kann.

[ARTIKEL 54.]

[Anm.: aufgehoben]

ARTIKEL 55.

(1) Der Nationalrat wählt aus seiner Mitte nach dem Grundsatz der Verhältniswahl den Hauptausschuss.
(2) Der Hauptausschuss ist auch außerhalb der Tagungen des Nationalrates (Art. 28) einzuberufen, wenn sich die Notwendigkeit hiezu ergibt.
(3) Der Hauptausschuss wählt einen ständigen Unterausschuss, dem die in diesem Gesetz vorgesehenen Befugnisse obliegen. Die Wahl erfolgt nach dem Grundsatz der Verhältniswahl; bei Bedachtnahme auf diesen Grundsatz muss jedoch dem Unterausschuss mindestens ein Mitglied jeder im Hauptausschuss vertretenen Partei angehören. Das Bundesgesetz über die Geschäftsordnung des Nationalrates hat Vorsorge zu treffen, dass der ständige Unterausschuss jederzeit einberufen werden und zusammentreten kann. Wird der Nationalrat nach Art. 29 Abs. 1 vom Bundespräsidenten aufgelöst, so obliegt dem ständigen Unterausschuss die Mitwirkung an der Vollziehung, die nach diesem Gesetz sonst dem Nationalrat (Hauptausschuss) zusteht.
(4) Durch Bundesgesetz kann festgesetzt werden, dass bestimmte allgemeine Akte der Bundesregierung oder eines Bundesministers des Einvernehmens mit dem Hauptausschuss bedürfen sowie dass dem Hauptausschuss von Seiten der Bundesregierung oder eines Bundesministers Berichte zu erstatten sind. Nähere Bestimmungen, insbesondere für den Fall, dass kein Einvernehmen zustande kommt, trifft das Bundesgesetz über die Geschäftsordnung des Nationalrates.
(5) Für Verordnungen des zuständigen Bundesministers über Lenkungsmaßnahmen zur Sicherung einer ungestörten Produktion oder der Versorgung der Bevölkerung und sonstiger Bedarfsträger mit wichtigen Wirtschafts- und Bedarfsgütern ist die Zustimmung des Hauptausschusses des Nationalrates vorzusehen, wobei für den Fall von Gefahr im Verzug und über die Aufhebung solcher Verordnungen besondere gesetzliche Regelungen getroffen werden können. Beschlüsse des Hauptausschusses, mit denen derartigen Verordnungen die Zustimmung erteilt wird, können nur in Anwesenheit von mindestens der Hälfte seiner Mitglieder und mit einer Mehrheit von zwei Dritteln der abgegebenen Stimmen gefasst werden.

F. Stellung der Mitglieder des Nationalrates und des Bundesrates

ARTIKEL 56.

(1) **Die Mitglieder des Nationalrates und die Mitglieder des Bundesrates sind bei der Ausübung dieses Berufes an keinen Auftrag gebunden.**

(2) Hat ein Mitglied der Bundesregierung oder ein Staatssekretär auf sein Mandat als Mitglied des Nationalrates verzichtet, so ist ihm nach dem Ausscheiden aus diesem Amt, in den Fällen des Art. 71 nach der Enthebung von der Betrauung mit der Fortführung der Verwaltung, von der zuständigen Wahlbehörde das Mandat erneut zuzuweisen, wenn der Betreffende nicht gegenüber der Wahlbehörde binnen acht Tagen auf die Wiederausübung des Mandates verzichtet hat.

(3) Durch diese erneute Zuweisung endet das Mandat jenes Mitgliedes des Nationalrates, welches das Mandat des vorübergehend ausgeschiedenen Mitgliedes innegehabt hat, sofern nicht ein anderes Mitglied des Nationalrates, das später in den Nationalrat eingetreten ist, bei seiner Berufung auf sein Mandat desselben Wahlkreises gegenüber der Wahlbehörde die Erklärung abgegeben hat, das Mandat vertretungsweise für das vorübergehend ausgeschiedene Mitglied des Nationalrates ausüben zu wollen.

(4) Abs. 2 und 3 gelten auch, wenn ein Mitglied der Bundesregierung oder ein Staatssekretär die Wahl zum Mitglied des Nationalrates nicht angenommen hat.

ARTIKEL 57.

(1) **Die Mitglieder des Nationalrates dürfen wegen der in Ausübung ihres Berufes geschehenen Abstimmungen niemals verantwortlich gemacht werden.** Wegen der in diesem Beruf gemachten mündlichen oder schriftlichen Äußerungen dürfen sie nur vom Nationalrat verantwortlich gemacht werden; dies gilt nicht bei behördlicher Verfolgung wegen Verleumdung oder wegen einer nach dem Bundesgesetz über die Informationsordnung des Nationalrates und des Bundesrates strafbaren Handlung.

(2) **Die Mitglieder des Nationalrates dürfen wegen einer strafbaren Handlung – den Fall der Ergreifung auf frischer Tat bei Verübung eines Verbrechens ausgenommen – nur mit Zustimmung des Nationalrates verhaftet werden. Desgleichen bedürfen Hausdurchsuchungen bei Mitgliedern des Nationalrates der Zustimmung des Nationalrates.**

(3) Ansonsten dürfen Mitglieder des Nationalrates ohne Zustimmung des Nationalrates wegen einer strafbaren Handlung nur dann behördlich verfolgt werden, wenn diese offensichtlich in keinem Zusammenhang mit der politischen Tätigkeit des betreffenden Abgeordneten steht. Die Behörde hat jedoch eine Entscheidung des Nationalrates über das Vorliegen eines solchen Zusammenhanges einzuholen, wenn dies der betreffende Abgeordnete oder ein Drittel der Mitglieder des mit diesen Angelegenheiten betrauten ständigen Ausschusses verlangt. Im Falle eines solchen Verlangens hat jede behördliche Verfolgungshandlung sofort zu unterbleiben oder ist eine solche abzubrechen.

(4) Die Zustimmung des Nationalrates gilt in allen diesen Fällen als erteilt, wenn der Nationalrat über ein entsprechendes Ersuchen der zur Verfolgung berufenen Behörde nicht innerhalb von acht Wochen entschieden hat; zum Zweck der rechtzeitigen Beschlussfassung des Nationalrates hat der Präsident ein solches Ersuchen spätestens am vorletzten Tag dieser Frist zur Abstimmung zu stellen. Die tagungsfreie Zeit wird in diese Frist nicht eingerechnet.

(5) Im Falle der Ergreifung auf frischer Tat bei Verübung eines Verbrechens hat die Behörde dem Präsidenten des Nationalrates sogleich die geschehene Verhaftung bekanntzugeben. Wenn es der Nationalrat oder in der tagungsfreien Zeit der mit diesen Angelegenheiten betraute ständige Ausschuss verlangt, muss die Haft aufgehoben oder die Verfolgung überhaupt unterlassen werden.

(6) Die Immunität der Abgeordneten endigt mit dem Tag des Zusammentrittes des neugewählten Nationalrates, bei Organen des Nationalrates, deren Funktion über diesen Zeitpunkt hinausgeht, mit dem Erlöschen dieser Funktion.

(7) Die näheren Bestimmungen trifft das Bundesgesetz über die Geschäftsordnung des Nationalrates.

ARTIKEL 58.

Die Mitglieder des Bundesrates genießen während der ganzen Dauer ihrer Funktion die Immunität von Mitgliedern des Landtages, der sie entsendet hat.

ARTIKEL 59.

Kein Mitglied des Nationalrates, des Bundesrates oder des Europäischen Parlamentes kann gleichzeitig einem der beiden anderen Vertretungskörper angehören.

ARTIKEL 59a.

(1) Dem öffentlich Bediensteten ist, wenn er sich um ein Mandat im Nationalrat bewirbt, die für die Bewerbung um das Mandat erforderliche freie Zeit zu gewähren.

(2) Der öffentlich Bedienstete, der Mitglied des Nationalrates oder des Bundesrates ist, ist auf seinen Antrag in dem zur Ausübung seines Mandates erforderlichen Ausmaß dienstfrei oder außer Dienst zu stellen. Während der Dienstfreistellung gebühren die Dienstbezüge in dem Ausmaß, das der im Dienstverhältnis tatsächlich erbrachten Arbeitsleistung entspricht, höchstens aber 75 vH der Dienstbezüge; diese Grenze gilt auch, wenn weder die Dienstfreistellung noch die Außerdienststellung in Anspruch genommen wird. Die Außerdienststellung bewirkt den Entfall der Dienstbezüge.

(3) Kann ein öffentlich Bediensteter wegen der Ausübung seines Mandates an seinem bisherigen Arbeitsplatz nicht eingesetzt werden, so hat er Anspruch darauf, dass ihm eine zumutbar gleichwertige - mit seiner Zustimmung auch eine nicht gleichwertige - Tätigkeit zugewiesen wird. Die Dienstbezüge richten sich nach der vom Bediensteten tatsächlich ausgeübten Tätigkeit.

ARTIKEL 59b.

(1) Zur Kontrolle der Bezüge von öffentlich Bediensteten, die zu Mitgliedern des Nationalrates oder des Bundesrates gewählt wurden, wird bei der Parlamentsdirektion eine Kommission eingerichtet. Der Kommission gehören an:

1. je ein von jedem Präsidenten des Nationalrates namhaft gemachter Vertreter,
2. zwei vom Vorsitzenden des Bundesrates mit Zustimmung seiner Stellvertreter namhaft gemachte Vertreter,
3. zwei Vertreter der Länder,
4. zwei Vertreter der Gemeinden und
5. ein Mitglied, das früher ein richterliches Amt ausgeübt hat.

Die Mitglieder gemäß Z 3 bis 5 sind vom Bundespräsidenten zu ernennen, wobei die Bundesregierung bei ihren Vorschlägen (Art. 67) im Falle der Z 3 an einen gemeinsamen Vorschlag der Landeshauptleute und im Falle der Z 4 an einen Vorschlag des Österreichischen Gemeindebundes und an einen Vorschlag des Österreichischen Städtebundes gebunden ist. Die Mitglieder der Kommission gemäß Z 1 bis 4 müssen Personen sein, die früher eine Funktion im Sinne des Art. 19 Abs. 2 ausgeübt haben. Mitglied der Kommission kann nicht sein, wer einen Beruf mit Erwerbsabsicht ausübt. Die Mitgliedschaft in der Kommission endet mit einer Gesetzgebungsperiode, jedoch nicht vor der Namhaftmachung oder Ernennung des neuen Mitgliedes.

(2) Die Kommission gibt auf Antrag eines öffentlich Bediensteten, der Mitglied des Nationalrates oder des Bundesrates ist, oder auf Antrag seiner Dienstbehörde eine Stellungnahme zu Meinungsverschiedenheiten ab, die in Vollziehung des Art. 59a oder in dessen Ausführung ergangener gesetzlicher Vorschriften zwischen dem öffentlich Bediensteten und seiner Dienstbehörde entstehen. Die Kommission gibt Stellungnahmen auch zu solchen Meinungsverschiedenheiten zwischen einem Richter und einem Senat oder einer Kommission im Sinne des Art. 87 Abs. 2 sowie zu Meinungsverschiedenheiten zwischen einem Mitglied des Nationalrates oder des Bundesrates und dem Präsidenten des Nationalrates in Vollziehung des Art. 30 Abs. 3 ab.

(3) Das Mitglied des Nationalrates oder des Bundesrates, das öffentlich Bediensteter ist, ist verpflichtet, der Kommission jährlich mitzuteilen, welche Regelung es betreffend seine Dienstfreistellung oder Außerdienststellung gemäß Art. 59a getroffen hat und auf welche Weise die von ihm zu erbringende Arbeitsleistung überprüft wird. Für Erhebungen der Kommission gilt Art. 53 Abs. 3 sinngemäß. Die Kommission gibt sich eine Geschäftsordnung. Die Kommission hat jährlich dem Nationalrat - soweit Mitglieder des Bundesrates betroffen sind, dem Bundesrat - einen Bericht zu erstatten, der zu veröffentlichen ist.

Vollziehung des Bundes

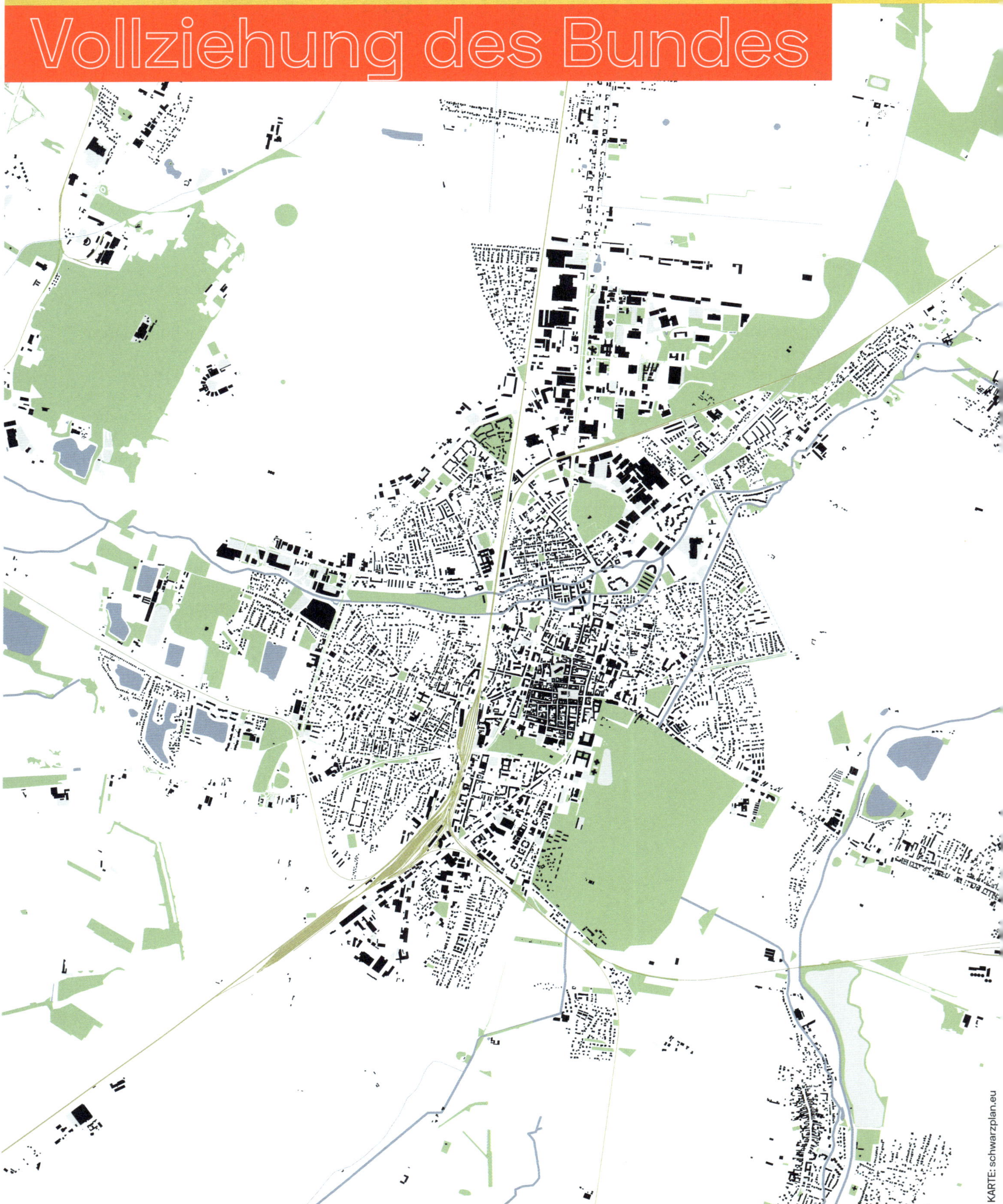

KARTE: schwarzplan.eu

A. Verwaltung

1. BUNDESPRÄSIDENT

ARTIKEL 60.

[1] Der Bundespräsident wird vom Bundesvolk auf Grund des gleichen, unmittelbaren, persönlichen, freien und geheimen Wahlrechtes der zum Nationalrat wahlberechtigten Männer und Frauen gewählt;

stellt sich nur ein Wahlwerber der Wahl, so ist die Wahl in Form einer Abstimmung durchzuführen. Art. 26 Abs. 5 bis 8 ist sinngemäß anzuwenden.

(2) **Gewählt ist, wer mehr als die Hälfte aller gültigen Stimmen für sich hat.** Ergibt sich keine solche Mehrheit, so findet ein zweiter Wahlgang statt. Bei diesem können gültigerweise nur für einen der beiden Wahlwerber, die im ersten Wahlgang die meisten Stimmen erhalten haben, Stimmen abgegeben werden.

(3) Zum Bundespräsidenten kann nur gewählt werden, wer zum Nationalrat wählbar ist und am Wahltag das 35. Lebensjahr vollendet hat.

(4) Das Ergebnis der Wahl des Bundespräsidenten ist vom Bundeskanzler amtlich kundzumachen.

(5) Das Amt des Bundespräsidenten dauert sechs Jahre. Eine Wiederwahl für die unmittelbar folgende Funktionsperiode ist nur einmal zulässig.

(6) Vor Ablauf der Funktionsperiode kann der Bundespräsident durch Volksabstimmung abgesetzt werden. Die Volksabstimmung ist durchzuführen, wenn die Bundesversammlung es verlangt. Die Bundesversammlung ist zu diesem Zweck vom Bundeskanzler einzuberufen, wenn der Nationalrat einen solchen Antrag beschlossen hat. Zum Beschluss des Nationalrates ist die Anwesenheit von mindestens der Hälfte der Mitglieder und eine Mehrheit von zwei Dritteln der abgegebenen Stimmen erforderlich. Durch einen derartigen Beschluss des Nationalrates ist der Bundespräsident an der ferneren Ausübung seines Amtes verhindert. Die Ablehnung der Absetzung durch die Volksabstimmung gilt als neue Wahl und hat die Auflösung des Nationalrates (Art. 29 Abs. 1) zur Folge. Auch in diesem Fall darf die gesamte Funktionsperiode des Bundespräsidenten nicht mehr als zwölf Jahre dauern.

ARTIKEL 61.

(1) Der Bundespräsident darf während seiner Amtstätigkeit keinem allgemeinen Vertretungskörper angehören, keinen anderen Beruf ausüben und muss zum Nationalrat wählbar sein.
(2) Der Titel „Bundespräsident" darf – auch mit einem Zusatz oder im Zusammenhange mit anderen Bezeichnungen – von niemandem anderen geführt werden. Er ist gesetzlich geschützt.

ARTIKEL 62.

(1) **Der Bundespräsident leistet bei Antritt seines Amtes vor der Bundesversammlung das Gelöbnis:**

„Ich gelobe, dass ich die Verfassung und alle Gesetze der Republik getreulich beobachten und meine Pflicht nach bestem Wissen und Gewissen erfüllen werde."

(2) Die Beifügung einer religiösen Beteuerung ist zulässig.

ARTIKEL 63.

(1) Eine behördliche Verfolgung des Bundespräsidenten ist nur zulässig, wenn ihr die Bundesversammlung zugestimmt hat.
(2) Der Antrag auf Verfolgung des Bundespräsidenten ist von der zuständigen Behörde beim Nationalrat zu stellen, der beschließt, ob die Bundesversammlung damit zu befassen ist. Spricht sich der Nationalrat dafür aus, hat der Bundeskanzler die Bundesversammlung sofort einzuberufen.

ARTIKEL 64.

(1) **Wenn der Bundespräsident verhindert ist, gehen alle seine Funktionen zunächst auf den Bundeskanzler über.** Ein Aufenthalt in einem anderen Mitgliedstaat der Europäischen Union gilt nicht als Verhinderung. Dauert die Verhinderung jedoch länger als 20 Tage, oder ist der Bundespräsident gemäß Art. 60 Abs. 6 an der ferneren Ausübung seines Amtes verhindert, so üben der Präsident, der zweite Präsident und der dritte Präsident des Nationalrates als Kollegium die Funktionen des Bundespräsidenten aus. Das Gleiche gilt, wenn die Stelle des Bundespräsidenten dauernd erledigt ist.
(2) Das nach Abs. 1 mit der Ausübung der Funktion des Bundespräsidenten betraute Kollegium entscheidet mit Stimmenmehrheit. Der Vorsitz im Kollegium obliegt dem Präsidenten des Nationalrates, ebenso dessen Vertretung in der Öffentlichkeit.
(3) Ist einer oder sind zwei der Präsidenten des Nationalrates verhindert, oder ist deren Stelle dauernd erledigt, so bleibt das Kollegium auch ohne deren Mitwirkung beschlussfähig; entsteht dadurch Stimmengleichheit, so gibt die Stimme des ranghöheren Präsidenten den Ausschlag.
(4) Im Falle der dauernden Erledigung der Stelle des Bundespräsidenten hat die Bundesregierung sofort die Wahl des neuen Bundespräsidenten anzuordnen; das Kollegium hat nach erfolgter Wahl die Bundesversammlung unverzüglich zur Angelobung des Bundespräsidenten einzuberufen.

ARTIKEL 65.

(1) **Der Bundespräsident vertritt die Republik nach außen,** empfängt und beglaubigt die Gesandten, genehmigt die Bestellung der fremden Konsuln, bestellt die konsularischen Vertreter der Republik im Ausland und schließt die Staatsverträge ab. Er kann anlässlich des Abschlusses eines nicht unter Art. 50 fallenden Staatsvertrages oder eines Staatsvertrages gemäß Art. 16 Abs. 1, der weder gesetzändernd noch gesetzesergänzend ist, anordnen, dass dieser Staatsvertrag durch Erlassung von Verordnungen zu erfüllen ist.
(2) **Weiter stehen ihm** – außer den ihm nach anderen Bestimmungen dieser Verfassung übertragenen Befugnissen – **zu:**

a) die **Ernennung der Bundesbeamten,** einschließlich der Offiziere, und der sonstigen Bundesfunktionäre, die Verleihung von Amtstiteln an solche;
b) die **Schaffung und Verleihung von Berufstiteln;**
c) für Einzelfälle: **die Begnadigung der von den Gerichten rechtskräftig Verurteilten,** die Milderung und Umwandlung der von den Gerichten ausgesprochenen Strafen, die Nachsicht von Rechtsfolgen und die Tilgung von Verurteilungen im Gnadenweg, ferner die Niederschlagung des strafgerichtlichen Verfahrens bei den von Amts wegen zu verfolgenden strafbaren Handlungen;
d) **die Erklärung unehelicher Kinder zu ehelichen auf Ansuchen der Eltern.**

(3) Inwieweit dem Bundespräsidenten außerdem noch Befugnisse hinsichtlich Gewährung von Ehrenrechten, außerordentlichen Zuwendungen, Zulagen und Versorgungsgenüssen, Ernennungs- oder Bestätigungsrechten und sonstigen Befugnissen in Personalangelegenheiten zustehen, bestimmen besondere Gesetze.

ARTIKEL 66.

(1) Der Bundespräsident kann das ihm zustehende Recht der Ernennung von Bundesbeamten bestimmter Kategorien den zuständigen Mitgliedern der Bundesregierung übertragen und sie ermächtigen, ihrerseits diese Befugnis für bestimmte Kategorien von Bundesbeamten an ihnen nachgeordnete Organe weiter zu übertragen.

(2) Der Bundespräsident kann zum Abschluss bestimmter Kategorien von Staatsverträgen, die weder unter Art. 16 Abs. 1 noch unter Art. 50 fallen, die Bundesregierung oder die zuständigen Mitglieder der Bundesregierung ermächtigen; eine solche Ermächtigung erstreckt sich auch auf die Befugnis zur Anordnung, dass diese Staatsverträge durch Erlassung von Verordnungen zu erfüllen sind.

(3) Der Bundespräsident kann zum Abschluss von Staatsverträgen nach Art. 16 Abs. 1, die weder gesetzändernd noch gesetzesergänzend sind, auf Vorschlag der Landesregierung und mit Gegenzeichnung des Landeshauptmannes die Landesregierung ermächtigen; eine solche Ermächtigung erstreckt sich auch auf die Befugnis zur Anordnung, dass dieser Staatsvertrag durch Erlassung von Verordnungen zu erfüllen ist.

ARTIKEL 67.

(1) Alle Akte des Bundespräsidenten erfolgen, soweit nicht verfassungsmäßig anderes bestimmt ist, auf Vorschlag der Bundesregierung oder des von ihr ermächtigten Bundesministers. Inwieweit die Bundesregierung oder der zuständige Bundesminister hiebei selbst an Vorschläge anderer Stellen gebunden ist, bestimmt das Gesetz.

(2) Alle Akte des Bundespräsidenten bedürfen, soweit nicht verfassungsgesetzlich anderes bestimmt ist, zu ihrer Gültigkeit der Gegenzeichnung des Bundeskanzlers oder der zuständigen Bundesminister.

ARTIKEL 67a.

(1) Zur Unterstützung des Bundespräsidenten bei der Besorgung seiner Amtsgeschäfte ist die Präsidentschaftskanzlei berufen, die dem Bundespräsidenten untersteht. Das Nähere über den Geschäftsgang in der Präsidentschaftskanzlei kann durch eine vom Bundespräsidenten zu erlassende Geschäftsordnung geregelt werden.

(2) Art. 67 gilt nicht für die Erlassung der Geschäftsordnung der Präsidentschaftskanzlei, für die Ernennung von Bediensteten der Präsidentschaftskanzlei und die Verleihung von Amtstiteln an diese sowie für Akte des Bundespräsidenten in Ausübung der Diensthoheit diesen gegenüber.

ARTIKEL 68.

(1) Der Bundespräsident ist für die Ausübung seiner Funktionen der Bundesversammlung gemäß Art. 142 verantwortlich.

(2) Zur Geltendmachung dieser Verantwortung ist die Bundesversammlung auf Beschluss des Nationalrates oder des Bundesrates vom Bundeskanzler einzuberufen.

(3) Zu einem Beschluss, mit dem eine Anklage im Sinne des Art. 142 erhoben wird, bedarf es der Anwesenheit von mehr als der Hälfte der Mitglieder jedes der beiden Vertretungskörper und einer Mehrheit von zwei Dritteln der abgegebenen Stimmen.

(4) Auf das Verfahren gemäß Art. 141 Abs. 1 lit. d sind die Abs. 2 und 3 sinngemäß anzuwenden.

2. BUNDESREGIERUNG

ARTIKEL 69.

(1) **Mit den obersten Verwaltungsgeschäften des Bundes sind, soweit diese nicht dem Bundespräsidenten übertragen sind, der Bundeskanzler, der Vizekanzler und die übrigen Bundesminister betraut.**

Sie bilden in ihrer Gesamtheit die Bundesregierung unter dem Vorsitz des Bundeskanzlers.

(2) Der Vizekanzler ist zur Vertretung des Bundeskanzlers in dessen gesamtem Wirkungsbereich berufen. Sind der Bundeskanzler und der Vizekanzler gleichzeitig verhindert, so wird der Bundeskanzler durch das dienstälteste, bei gleichem Dienstalter durch das an Jahren älteste, nicht verhinderte Mitglied der Bundesregierung vertreten.

(3) Die Bundesregierung ist beschlussfähig, wenn mehr als die Hälfte ihrer Mitglieder anwesend ist.

ARTIKEL 70.

(1) Der Bundeskanzler und auf seinen Vorschlag die übrigen Mitglieder der Bundesregierung werden vom Bundespräsidenten ernannt. Zur Entlassung des Bundeskanzlers oder der gesamten Bundesregierung ist ein Vorschlag nicht erforderlich; die Entlassung einzelner Mitglieder der Bundesregierung erfolgt auf Vorschlag des Bundeskanzlers. Die Gegenzeichnung erfolgt, wenn es sich um die Ernennung des Bundeskanzlers oder der gesamten Bundesregierung handelt, durch den neubestellten Bundeskanzler; die Entlassung bedarf keiner Gegenzeichnung.

(2) Die Mitglieder der Bundesregierung müssen nicht dem Nationalrat angehören, aber zum Nationalrat wählbar sein.

(3) Wird vom Bundespräsidenten eine neue Bundesregierung zu einer Zeit bestellt, in welcher der Nationalrat nicht tagt, so hat er den Nationalrat zum Zweck der Vorstellung der neuen Bundesregierung zu einer außerordentlichen Tagung (Art. 28 Abs. 2) einzuberufen, und zwar so, dass der Nationalrat binnen einer Woche zusammentritt.

ARTIKEL 71.

Ist die Bundesregierung aus dem Amt geschieden, hat der Bundespräsident bis zur Bildung der neuen Bundesregierung Mitglieder der scheidenden Bundesregierung mit der Fortführung der Verwaltung und einen von ihnen mit dem Vorsitz in der einstweiligen Bundesregierung zu betrauen. Mit der Fortführung der Verwaltung kann auch ein dem ausgeschiedenen Bundesminister beigegebener Staatssekretär oder ein leitender Beamter des betreffenden Bundesministeriums betraut werden. Diese Bestimmung gilt sinngemäß, wenn einzelne Mitglieder aus der Bundesregierung ausgeschieden sind. Der mit der Fortführung der Verwaltung Beauftragte trägt die gleiche Verantwortung wie ein Bundesminister (Art. 76).

ARTIKEL 72.

(1) Die Mitglieder der Bundesregierung werden vor Antritt ihres Amtes vom Bundespräsidenten angelobt. Die Beifügung einer religiösen Beteuerung ist zulässig.

(2) Die Bestallungsurkunden des Bundeskanzlers, des Vizekanzlers und der übrigen Bundesminister werden vom Bundespräsidenten mit dem Tag der Angelobung ausgefertigt und vom neubestellten Bundeskanzler gegengezeichnet.

(3) Diese Bestimmungen sind auch auf die Fälle des Art. 71 sinngemäß anzuwenden.

ARTIKEL 73.

(1) Im Falle der zeitweiligen Verhinderung eines Bundesministers beauftragt dieser im Einvernehmen mit einem anderen Bundesminister diesen, einen ihm beigegebenen Staatssekretär oder einen leitenden Beamten des betreffenden Bundesministeriums mit seiner Vertretung; eine solche Beauftragung mit der Vertretung ist dem Bundespräsidenten und dem Bundeskanzler zur Kenntnis zu bringen. Ein Aufenthalt in einem anderen Mitgliedstaat der Europäischen Union gilt nicht als Verhinderung. Ist ein Bundesminister nicht in der Lage, einen Vertretungsauftrag im Sinne des ersten Satzes zu erteilen, so beauftragt der Bundeskanzler im Einvernehmen mit dem Vizekanzler einen anderen Bundesminister, einen dem verhinderten Bundesminister beigegebenen Staatssekretär oder einen leitenden Beamten des betreffenden Bundesministeriums mit dessen Vertretung; eine solche Beauftragung mit der Vertretung ist dem Bundespräsidenten zur Kenntnis zu bringen. Der Vertreter eines Bundesministers trägt die gleiche Verantwortung wie ein Bundesminister (Art. 76).

(2) Der zuständige Bundesminister kann die Befugnis, an den Tagungen des Rates teilzunehmen und in diesem Rahmen zu einem bestimmten Vorhaben die Verhandlungen zu führen und die Stimme abzugeben, einem anderen Bundesminister oder einem Staatssekretär übertragen.

(3) Ein Mitglied der Bundesregierung, das sich in einem anderen Mitgliedstaat der Europäischen Union aufhält, kann seine Angelegenheiten im Nationalrat oder Bundesrat durch einen ihm beigegebenen Staatssekretär oder einen anderen Bundesminister wahrnehmen lassen. Ein Mitglied der Bundesregierung, das nicht vertreten ist, kann sein Stimmrecht in der Bundesregierung einem anderen Bundesminister übertragen; seine Verantwortlichkeit wird dadurch nicht berührt. Das Stimmrecht kann nur einem Mitglied der Bundesregierung übertragen werden, das nicht bereits mit der Vertretung eines anderen Mitgliedes der Bundesregierung betraut ist und dem nicht schon ein Stimmrecht übertragen worden ist.

ARTIKEL 74.

(1) Versagt der Nationalrat der Bundesregierung oder einzelnen ihrer Mitglieder durch ausdrückliche Entschließung das Vertrauen, so ist die Bundesregierung oder der betreffende Bundesminister des Amtes zu entheben.

(2) Zu einem Beschluss des Nationalrates, mit dem das Vertrauen versagt wird, ist die Anwesenheit der Hälfte der Mitglieder des Nationalrates erforderlich. Doch ist, wenn es die im Bundesgesetz über die Geschäftsordnung des Nationalrates festgesetzte Anzahl der Mitglieder verlangt, die Abstimmung auf den zweitnächsten Werktag zu vertagen. Eine neuerliche Vertagung der Abstimmung kann nur durch Beschluss des Nationalrates erfolgen.

(3) Unbeschadet der dem Bundespräsidenten nach Art. 70 Abs. 1 sonst zustehenden Befugnis sind die Bundesregierung oder ihre einzelnen Mitglieder vom Bundespräsidenten in den gesetzlich bestimmten Fällen oder auf ihren Wunsch des Amtes zu entheben.

ARTIKEL 75.

Die Mitglieder der Bundesregierung sowie die Staatssekretäre sind berechtigt, an allen Verhandlungen des Nationalrates, des Bundesrates und der Bundesversammlung sowie der Ausschüsse (Unterausschüsse) dieser Vertretungskörper teilzunehmen, jedoch an Verhandlungen des ständigen Unterausschusses des Hauptausschusses und der Untersuchungsausschüsse des Nationalrates nur auf besondere Einladung. Sie haben nach den näheren Bestimmungen des Bundesgesetzes über die Geschäftsordnung des Nationalrates sowie der Geschäftsordnung des Bundesrates das Recht, auf ihr Verlangen jedes Mal gehört zu werden. Der Nationalrat, der Bundesrat und die Bundesversammlung sowie deren Ausschüsse (Unterausschüsse) können die Anwesenheit der Mitglieder der Bundesregierung verlangen und diese um die Einleitung von Erhebungen ersuchen.

ARTIKEL 76.

(1) Die Mitglieder der Bundesregierung (Art. 69 und 71) sind dem Nationalrat gemäß Art. 142 verantwortlich.
(2) Zu einem Beschluss, mit dem eine Anklage gemäß Art. 142 erhoben wird, bedarf es der Anwesenheit von mehr als der Hälfte der Mitglieder.

ARTIKEL 77.

(1) Zur Besorgung der Geschäfte der Bundesverwaltung sind die Bundesministerien und die ihnen unterstellten Ämter berufen.
(2) Die Zahl der Bundesministerien, ihr Wirkungsbereich und ihre Einrichtung werden durch Bundesgesetz bestimmt.
(3) Mit der Leitung des Bundeskanzleramtes ist der Bundeskanzler, mit der Leitung der anderen Bundesministerien je ein Bundesminister betraut. Der Bundespräsident kann die sachliche Leitung bestimmter, zum Wirkungsbereich des Bundeskanzleramtes gehörender Angelegenheiten, und zwar auch einschließlich der Aufgaben der Personalverwaltung und der Organisation, unbeschadet des Fortbestandes ihrer Zugehörigkeit zum Bundeskanzleramt eigenen Bundesministern übertragen; solche Bundesminister haben bezüglich der betreffenden Angelegenheiten die Stellung eines zuständigen Bundesministers.
(4) Der Bundeskanzler und die übrigen Bundesminister können ausnahmsweise auch mit der Leitung eines zweiten Bundesministeriums betraut werden.

ARTIKEL 78.

(1) In besonderen Fällen können Bundesminister auch ohne gleichzeitige Betrauung mit der Leitung eines Bundesministeriums bestellt werden.
(2) Den Bundesministern können zur Unterstützung in der Geschäftsführung und zur parlamentarischen Vertretung Staatssekretäre beigegeben werden, die unter denselben Voraussetzungen und in gleicher Weise wie die Bundesminister bestellt werden und aus dem Amt scheiden. Der Bundeskanzler kann seine Angelegenheiten im Nationalrat und im Bundesrat im Einvernehmen mit dem Vizekanzler, der mit der Leitung eines Bundesministeriums betraut ist, durch einen Staatssekretär, der diesem beigegeben ist, wahrnehmen lassen. Der Vizekanzler, der mit der Leitung eines Bundesministeriums betraut ist, kann seine Angelegenheiten im Nationalrat und im Bundesrat im Einvernehmen mit dem Bundeskanzler durch einen Staatssekretär, der diesem beigegeben ist, wahrnehmen lassen.
(3) Der Bundesminister kann den Staatssekretär mit dessen Zustimmung auch mit der Besorgung bestimmter Aufgaben betrauen. Der Staatssekretär ist dem Bundesminister auch bei Erfüllung dieser Aufgaben unterstellt und an seine Weisungen gebunden.

3. SICHERHEITSBEHÖRDEN DES BUNDES

ARTIKEL 78a.

(1) Oberste Sicherheitsbehörde ist der Bundesminister für Inneres. Ihm sind die Landespolizeidirektionen, ihnen wiederum die Bezirksverwaltungsbehörden als Sicherheitsbehörden nachgeordnet.
(2) **Sind Leben, Gesundheit, Freiheit oder Eigentum von Menschen gegenwärtig gefährdet oder steht eine solche Gefährdung unmittelbar bevor, so sind die Sicherheitsbehörden, ungeachtet der Zuständigkeit einer anderen Behörde zur Abwehr der Gefahr, bis zum Einschreiten der jeweils zuständigen Behörde zur ersten allgemeinen Hilfeleistung zuständig.**
(3) Inwieweit Organe der Gemeinden als Sicherheitsbehörden einzuschreiten haben, bestimmen die Bundesgesetze.

ARTIKEL 78b.

(1) Für jedes Land besteht eine Landespolizeidirektion. An ihrer Spitze steht der Landespolizeidirektor. Der Landespolizeidirektor der Landespolizeidirektion Wien trägt die Funktionsbezeichnung „Landespolizeipräsident".
(2) Der Bundesminister für Inneres bestellt den Landespolizeidirektor im Einvernehmen mit dem Landeshauptmann.
(3) **Der Bundesminister für Inneres hat jede staatspolitisch wichtige oder für die Aufrechterhaltung der öffentlichen Ruhe, Ordnung und Sicherheit im gesamten Land maßgebliche Weisung, die er einem Landespolizeidirektor erteilt, dem Landeshauptmann mitzuteilen.**

ARTIKEL 78c.

Inwieweit für das Gebiet einer Gemeinde die Landespolizeidirektion zugleich Sicherheitsbehörde erster Instanz ist, wird durch Bundesgesetz geregelt. Für Wien ist die Landespolizeidirektion zugleich Sicherheitsbehörde erster Instanz.

ARTIKEL 78d.

(1) Wachkörper sind bewaffnete oder uniformierte oder sonst nach militärischem Muster eingerichtete Formationen, denen Aufgaben polizeilichen Charakters übertragen sind. Zu den Wachkörpern sind insbesondere nicht zu zählen: Das zum Schutz einzelner Zweige der Landeskultur, wie der Land- und Forstwirtschaft (Feld-, Flur- und Forstschutz), des Bergbaues, der Jagd, der Fischerei oder anderer Wasserberechtigungen aufgestellte Wachpersonal, die Organe der Marktaufsicht, der Feuerwehr.
(2) Für das Gebiet einer Gemeinde, in der die Landespolizeidirektion zugleich Sicherheitsbehörde erster Instanz ist, darf von einer anderen Gebietskörperschaft ein Wachkörper nicht errichtet werden.

4. BUNDESHEER

ARTIKEL 79.

(1) **Dem Bundesheer obliegt die militärische Landesverteidigung. Es ist nach den Grundsätzen eines Milizsystems einzurichten.**
(2) Das Bundesheer ist, soweit die gesetzmäßige zivile Gewalt seine Mitwirkung in Anspruch nimmt, ferner bestimmt
1. auch über den Bereich der militärischen Landesverteidigung hinaus
a) zum Schutz der verfassungsmäßigen Einrichtungen und ihrer Handlungsfähigkeit sowie der demokratischen Freiheiten der Einwohner
b) zur Aufrechterhaltung der Ordnung und Sicherheit im Inneren überhaupt;
2. zur Hilfeleistung bei Elementarereignissen und Unglücksfällen außergewöhnlichen Umfanges.

(3) Weitere Aufgaben des Bundesheeres werden durch Bundesverfassungsgesetz geregelt.
(4) Welche Behörden und Organe die Mitwirkung des Bundesheeres zu den im Abs. 2 genannten Zwecken unmittelbar in Anspruch nehmen können, bestimmt das Wehrgesetz.
(5) Selbständiges militärisches Einschreiten zu den im Abs. 2 genannten Zwecken ist nur zulässig, wenn entweder die zuständigen Behörden durch höhere Gewalt außerstande gesetzt sind, das militärische Einschreiten herbeizuführen, und bei weiterem Zuwarten ein nicht wieder gutzumachender Schaden für die Allgemeinheit eintreten würde, oder wenn es sich um die Zurückweisung eines tätlichen Angriffes oder um die Beseitigung eines gewalttätigen Widerstandes handelt, die gegen eine Abteilung des Bundesheeres gerichtet sind.

ARTIKEL 80.

(1) **Den Oberbefehl über das Bundesheer führt der Bundespräsident.**

(2) Soweit nicht nach dem Wehrgesetz der Bundespräsident über das Heer verfügt, steht die Verfügung dem zuständigen Bundesminister innerhalb der ihm von der Bundesregierung erteilten Ermächtigung zu.
(3) Die Befehlsgewalt über das Bundesheer übt der zuständige Bundesminister (Art. 76 Abs. 1) aus.

ARTIKEL 81.

Durch Bundesgesetz wird geregelt, inwieweit die Länder bei der Ergänzung, Verpflegung und Unterbringung des Heeres und der Beistellung seiner sonstigen Erfordernisse mitwirken.

[ARTIKEL 81a.]

[Anm.: aufgehoben]

[ARTIKEL 81b.]

[Anm.: aufgehoben]

5. UNIVERSITÄTEN

ARTIKEL 81c.

(1) **Die öffentlichen Universitäten sind Stätten freier wissenschaftlicher Forschung, Lehre und Erschließung der Künste.** Sie handeln im Rahmen der Gesetze autonom und können Satzungen erlassen. Die Mitglieder universitärer Kollegialorgane sind weisungsfrei.
(2) Bundesgesetzlich kann vorgesehen werden, dass die Tätigkeit an der Universität sowie die Mitwirkung in Organen der Universität und der Studierendenvertretung von Personen, die nicht die österreichische Staatsbürgerschaft besitzen, zulässig ist.
[Anm.: Abs. 3 aufgehoben]

B.
Ordentliche Gerichtsbarkeit

ARTIKEL 82.

(1) Die ordentliche Gerichtsbarkeit geht vom Bund aus.

(2) **Die Urteile und Erkenntnisse werden im Namen der Republik verkündet und ausgefertigt.**

ARTIKEL 83.

(1) Die Organisation und die Zuständigkeit der ordentlichen Gerichte werden durch Bundesgesetz geregelt. Die Sprengel der Bezirksgerichte sind durch Verordnung der Bundesregierung festzulegen.

(2) **Niemand darf seinem gesetzlichen Richter entzogen werden.**

[Anm.: Abs. 3 aufgehoben]

ARTIKEL 84.

Die Militärgerichtsbarkeit ist - außer für Kriegszeiten - aufgehoben.

ARTIKEL 85.

Die Todesstrafe ist abgeschafft.

ARTIKEL 86.

(1) Die Richter werden, sofern nicht in diesem Gesetz anderes bestimmt ist, gemäß dem Antrag der Bundesregierung vom Bundespräsidenten oder auf Grund seiner Ermächtigung vom zuständigen Bundesminister ernannt; die Bundesregierung oder der Bundesminister hat Besetzungsvorschläge der durch Bundesgesetz hiezu berufenen Senate einzuholen.
(2) Der dem zuständigen Bundesminister vorzulegende und der von ihm an die Bundesregierung zu leitende Besetzungsvorschlag hat, wenn genügend Bewerber vorhanden sind, mindestens drei Personen, wenn aber mehr als eine Stelle zu besetzen ist, mindestens doppelt so viele Personen zu umfassen, als Richter zu ernennen sind.

ARTIKEL 87.

(1) Die Richter sind in Ausübung ihres richterlichen Amtes unabhängig.

(2) In Ausübung seines richterlichen Amtes befindet sich ein Richter bei Besorgung aller ihm nach dem Gesetz und der Geschäftsverteilung zustehenden gerichtlichen Geschäfte, mit Ausschluss der Justizverwaltungssachen, die nicht nach Vorschrift des Gesetzes durch Senate oder Kommissionen zu erledigen sind.
(3) Die Geschäfte sind auf die Richter des ordentlichen Gerichtes für die durch Bundesgesetz bestimmte Zeit im Voraus zu verteilen. Eine nach dieser Geschäftsverteilung einem Richter zufallende Sache darf ihm nur durch Verfügung des durch Bundesgesetz hiezu berufenen Senates und nur im Fall seiner Verhinderung oder dann abgenommen werden, wenn er wegen des Umfangs seiner Aufgaben an deren Erledigung innerhalb einer angemessenen Frist gehindert ist.

ARTIKEL 87a.

(1) Durch Bundesgesetz kann die Besorgung einzelner, genau zu bezeichnender Arten von Geschäften der Gerichtsbarkeit erster Instanz besonders ausgebildeten nichtrichterlichen Bundesbediensteten übertragen werden.
(2) Der nach der Geschäftsverteilung zuständige Richter kann jedoch jederzeit die Erledigung solcher Geschäfte sich vorbehalten oder an sich ziehen.
(3) Bei der Besorgung der im Abs. 1 bezeichneten Geschäfte sind die nichtrichterlichen Bundesbediensteten nur an die Weisungen des nach der Geschäftsverteilung zuständigen Richters gebunden. Art. 20 Abs. 1 dritter Satz ist anzuwenden.

ARTIKEL 88.

(1) Durch Bundesgesetz wird eine Altersgrenze bestimmt, mit deren Erreichung die Richter in den dauernden Ruhestand treten.
(2) Im Übrigen dürfen Richter nur in den vom Gesetz vorgeschriebenen Fällen und Formen und auf Grund eines förmlichen richterlichen Erkenntnisses ihres Amtes entsetzt oder wider ihren Willen an eine andere Stelle oder in den Ruhestand versetzt werden. Diese Bestimmungen finden jedoch auf Übersetzungen und Versetzungen in den Ruhestand keine Anwendung, die durch eine Änderung der Gerichtsorganisation nötig werden. In einem solchen Fall wird durch das Gesetz festgestellt, innerhalb welchen Zeitraumes Richter ohne die sonst vorgeschriebenen Förmlichkeiten übersetzt und in den Ruhestand versetzt werden können.
(3) Die zeitweise Enthebung der Richter vom Amt darf nur durch Verfügung des Gerichtsvorstehers oder Gerichtspräsidenten oder der übergeordneten Gerichtsbehörde bei gleichzeitiger Verweisung der Sache an das zuständige ordentliche Gericht stattfinden.

ARTIKEL 88a.

Durch Bundesgesetz kann bestimmt werden, dass bei einem übergeordneten ordentlichen Gericht Stellen für Sprengelrichter vorgesehen werden können. Die Zahl der Sprengelrichterstellen darf 3 vH der bei den nachgeordneten ordentlichen Gerichten bestehenden Richterstellen nicht übersteigen. Die Verwendung der Sprengelrichter bei den nachgeordneten ordentlichen Gerichten und gegebenenfalls bei dem übergeordneten ordentlichen Gericht selbst wird von dem durch Bundesgesetz hiezu berufenen Senat des übergeordneten ordentlichen Gerichtes bestimmt. Sprengelrichter dürfen nur mit der Vertretung von Richtern nachgeordneter ordentlicher Gerichte beziehungsweise von Richtern des übergeordneten ordentlichen Gerichtes selbst und nur im Falle der Verhinderung dieser Richter oder dann betraut werden, wenn diese Richter wegen des Umfangs ihrer Aufgaben an deren Erledigung innerhalb einer angemessenen Frist gehindert sind.

ARTIKEL 89.

(1) Die Prüfung der Gültigkeit gehörig kundgemachter Verordnungen, Kundmachungen über die Wiederverlautbarung eines Gesetzes (Staatsvertrages), Gesetze und Staatsverträge steht, soweit in den folgenden Absätzen nicht anderes bestimmt ist, den ordentlichen Gerichten nicht zu.

(2) Hat ein ordentliches Gericht gegen die Anwendung einer Verordnung aus dem Grund der Gesetzwidrigkeit, einer Kundmachung über die Wiederverlautbarung eines Gesetzes (Staatsvertrages) aus dem Grund der Gesetzwidrigkeit, eines Gesetzes aus dem Grund der Verfassungswidrigkeit oder eines Staatsvertrages aus dem Grund der Rechtswidrigkeit Bedenken, so hat es den Antrag auf Aufhebung dieser Rechtsvorschrift beim Verfassungsgerichtshof zu stellen.

(3) Ist die vom ordentlichen Gericht anzuwendende Rechtsvorschrift bereits außer Kraft getreten, so hat der Antrag des ordentlichen Gerichtes an den Verfassungsgerichtshof die Entscheidung zu begehren, dass die Rechtsvorschrift gesetzwidrig, verfassungswidrig oder rechtswidrig war.

(4) Durch Bundesgesetz ist zu bestimmen, welche Wirkungen ein Antrag gemäß Abs. 2 oder 3 für das beim ordentlichen Gericht anhängige Verfahren hat.

[Anm.: Abs. 5 aufgehoben]

ARTIKEL 90.

(1) Die Verhandlungen in Zivil- und Strafrechtssachen vor dem erkennenden ordentlichen Gericht sind mündlich und öffentlich. Ausnahmen bestimmt das Gesetz.
(2) Im Strafverfahren gilt der Anklageprozess.

ARTIKEL 90a.

Staatsanwälte sind Organe der ordentlichen Gerichtsbarkeit. In Verfahren wegen mit gerichtlicher Strafe bedrohter Handlungen nehmen sie Ermittlungs- und Anklagefunktionen wahr. Durch Bundesgesetz werden die näheren Regelungen über ihre Bindung an die Weisungen der ihnen vorgesetzten Organe getroffen.

ARTIKEL 91.

(1) Das Volk hat an der Rechtsprechung mitzuwirken.

(2) Bei den mit schweren Strafen bedrohten Verbrechen, die das Gesetz zu bezeichnen hat, sowie bei allen politischen Verbrechen und Vergehen entscheiden Geschworene über die Schuld des Angeklagten.
(3) Im Strafverfahren wegen anderer strafbarer Handlungen nehmen Schöffen an der Rechtsprechung teil, wenn die zu verhängende Strafe ein vom Gesetz zu bestimmendes Maß überschreitet.

ARTIKEL 92.

(1) Oberste Instanz in Zivil- und Strafrechtssachen ist der Oberste Gerichtshof.

(2) Dem Obersten Gerichtshof können Mitglieder der Bundesregierung, einer Landesregierung, eines allgemeinen Vertretungskörpers oder des Europäischen Parlaments nicht angehören; für Mitglieder eines allgemeinen Vertretungskörpers oder des Europäischen Parlaments, die auf eine bestimmte Gesetzgebungs- oder Funktionsperiode gewählt wurden, dauert die Unvereinbarkeit auch bei vorzeitigem Verzicht auf das Mandat bis zum Ablauf der Gesetzgebungs- oder Funktionsperiode fort. Zum Präsidenten oder Vizepräsidenten des Obersten Gerichtshofes kann nicht ernannt werden, wer eine der eben erwähnten Funktionen in den letzten fünf Jahren ausgeübt hat.

ARTIKEL 93.

Amnestien wegen gerichtlich strafbarer Handlungen werden durch Bundesgesetz erteilt.

ARTIKEL 94.

(1) Die Justiz ist von der Verwaltung in allen Instanzen getrennt.

(2) Durch Bundes- oder Landesgesetz kann in einzelnen Angelegenheiten anstelle der Erhebung einer Beschwerde beim Verwaltungsgericht ein Instanzenzug von der Verwaltungsbehörde an die ordentlichen Gerichte vorgesehen werden. In den Angelegenheiten der Vollziehung des Bundes, die nicht unmittelbar von Bundesbehörden besorgt werden, sowie in den Angelegenheiten der Art. 11, 12, 14 Abs. 2 und 3 und 14a Abs. 3 und 4 dürfen Bundesgesetze gemäß dem ersten Satz nur mit Zustimmung der Länder kundgemacht werden. Für Landesgesetze gemäß dem ersten Satz gilt Art. 97 Abs. 2 sinngemäß.

Gesetzgebung und Vollziehung der Länder

KARTE: schwarzplan.eu

GRAZ

A.
Allgemeine Bestimmungen

ARTIKEL 95.

(1) Die Gesetzgebung der Länder wird von den Landtagen ausgeübt.

Die Landtage werden auf Grund des gleichen, unmittelbaren, persönlichen, freien und geheimen Wahlrechtes der nach den Landtagswahlordnungen wahlberechtigten männlichen und weiblichen Landesbürger nach den Grundsätzen der Verhältniswahl gewählt. Die Landesverfassung kann vorsehen, dass auch Staatsbürger, die vor Verlegung ihres Hauptwohnsitzes in das Ausland, einen Wohnsitz im Land hatten, für die Dauer ihres Auslandsaufenthalts, längstens jedoch für einen Zeitraum von zehn Jahren, zum Landtag wahlberechtigt sind.

(2) Die Landtagswahlordnungen dürfen die Bedingungen des Wahlrechtes und der Wählbarkeit nicht enger ziehen als die Bundesverfassung für Wahlen zum Nationalrat und die Bedingungen der Wählbarkeit nicht weiter ziehen als die bundesgesetzlichen Bestimmungen für Wahlen zum Nationalrat.

(3) Die Wähler üben ihr Wahlrecht in Wahlkreisen aus, von denen jeder ein geschlossenes Gebiet umfassen muss und die in räumlich geschlossene Regionalwahlkreise unterteilt werden können. Die Zahl der Abgeordneten ist auf die Wahlkreise im Verhältnis der Bürgerzahl zu verteilen. Die Landtagswahlordnung kann ein abschließendes Ermittlungsverfahren im gesamten Landesgebiet vorsehen, durch das sowohl ein Ausgleich der den wahlwerbenden Parteien in den Wahlkreisen zugeteilten als auch eine Aufteilung der noch nicht zugeteilten Mandate nach den Grundsätzen der Verhältniswahl erfolgt. Eine Gliederung der Wählerschaft in andere Wahlkörper ist nicht zulässig.

(4) Die näheren Bestimmungen über das Wahlverfahren werden durch die Landtagswahlordnungen getroffen. Art. 26 Abs. 6 ist sinngemäß anzuwenden.

(5) Für öffentlich Bedienstete, die sich um ein Mandat im Landtag bewerben oder die zu Abgeordneten eines Landtages gewählt werden, gilt Art. 59a, strengere Regelungen sind zulässig. Durch Landesverfassungsgesetz kann eine Einrichtung mit den gleichen Befugnissen und der gleichen Pflicht zur Veröffentlichung eines Berichtes wie die der Kommission gemäß Art. 59b geschaffen werden.

ARTIKEL 96.

(1) Die Mitglieder des Landtages genießen die gleiche Immunität wie die Mitglieder des Nationalrates; die Bestimmungen des Art. 57 sind sinngemäß anzuwenden.

(2) Die Bestimmungen der Art. 32 und 33 gelten auch für die Sitzungen der Landtage und ihrer Ausschüsse.

(3) Durch Landesgesetz kann für Mitglieder des Landtages, die aus Anlass ihrer Wahl in den Bundesrat oder in die Landesregierung auf ihr Mandat verzichten, eine dem Art. 56 Abs. 2 bis 4 entsprechende Regelung getroffen werden.

ARTIKEL 97.

(1) Zu einem Landesgesetz sind der Beschluss des Landtages, die Beurkundung und Gegenzeichnung nach den Bestimmungen der Landesverfassung und die Kundmachung durch den Landeshauptmann im Landesgesetzblatt erforderlich.

(2) Insoweit ein Landesgesetz bei der Vollziehung die Mitwirkung von Bundesorganen vorsieht, muss hiezu die Zustimmung der Bundesregierung eingeholt werden.

(3) Wenn die sofortige Erlassung von Maßnahmen, die verfassungsgemäß einer Beschlussfassung des Landtages bedürfen, zur Abwehr eines offenkundigen, nicht wieder gutzumachenden Schadens für die Allgemeinheit zu einer Zeit notwendig wird, in der der Landtag nicht rechtzeitig zusammentreten kann oder in seiner Tätigkeit durch höhere Gewalt behindert ist, kann die Landesregierung im Einvernehmen mit einem nach dem Grundsatz der Verhältniswahl bestellten Ausschuss des Landtages diese Maßnahmen durch vorläufige gesetzändernde Verordnungen treffen. Sie sind von der Landesregierung unverzüglich der Bundesregierung zur Kenntnis zu bringen. Sobald das Hindernis für das Zusammentreten des Landtages weggefallen ist, ist dieser einzuberufen. Art. 18 Abs. 4 gilt sinngemäß.

(4) Die im Abs. 3 bezeichneten Verordnungen dürfen jedenfalls nicht eine Abänderung landesverfassungsgesetzlicher Bestimmungen bedeuten und weder eine dauernde finanzielle Belastung des Landes, noch eine finanzielle Belastung des Bundes oder der Gemeinden, noch finanzielle Verpflichtungen der Staatsbürger, noch eine Veräußerung von Landesvermögen, noch Maßnahmen in Angelegenheiten der Kammern für Arbeiter und Angestellte auf land- und forstwirtschaftlichem Gebiet zum Gegenstand haben.

ARTIKEL 98.

Insoweit ein Gesetzesbeschluss der Zustimmung der Bundesregierung bedarf, ist er unmittelbar nach der Beschlussfassung des Landtages vom Landeshauptmann dem Bundeskanzleramt bekanntzugeben. Die Zustimmung gilt als erteilt, wenn die Bundesregierung nicht innerhalb von acht Wochen nach dem Tag, an dem der Gesetzesbeschluss beim Bundeskanzleramt eingelangt ist, dem Landeshauptmann mitgeteilt hat, dass die Zustimmung verweigert wird. Vor Ablauf dieser Frist darf die Kundmachung des Gesetzesbeschlusses nur erfolgen, wenn die Bundesregierung die ausdrückliche Zustimmung mitgeteilt hat.

ARTIKEL 99.

(1) Die durch Landesverfassungsgesetz zu erlassende Landesverfassung kann, insoweit dadurch die Bundesverfassung nicht berührt wird, durch Landesverfassungsgesetz abgeändert werden.
(2) Ein Landesverfassungsgesetz kann nur bei Anwesenheit der Hälfte der Mitglieder des Landtages und mit einer Mehrheit von zwei Dritteln der abgegebenen Stimmen beschlossen werden.

ARTIKEL 100.

(1) **Jeder Landtag kann auf Antrag der Bundesregierung mit Zustimmung des Bundesrates vom Bundespräsidenten aufgelöst werden; eine solche Auflösung darf jedoch nur einmal aus dem gleichen Anlass verfügt werden.** Die Zustimmung des Bundesrates muss bei Anwesenheit der Hälfte der Mitglieder und mit einer Mehrheit von zwei Dritteln der abgegebenen Stimmen beschlossen werden. An der Abstimmung dürfen die Vertreter des Landes, dessen Landtag aufgelöst werden soll, nicht teilnehmen.
(2) Im Falle der Auflösung sind nach den Bestimmungen der Landesverfassung binnen drei Wochen Neuwahlen auszuschreiben; die Einberufung des neugewählten Landtages hat binnen vier Wochen nach der Wahl zu erfolgen.

ARTIKEL 101.

(1) **Die Vollziehung jedes Landes übt eine vom Landtag zu wählende Landesregierung aus.**
(2) Die Mitglieder der Landesregierung müssen nicht dem Landtag angehören, aber zum Landtag wählbar sein.
(3) Die Landesregierung besteht aus dem Landeshauptmann, der erforderlichen Zahl von Stellvertretern und weiteren Mitgliedern.
(4) **Der Landeshauptmann wird vom Bundespräsidenten, die anderen Mitglieder der Landesregierung werden vom Landeshauptmann vor Antritt des Amtes auf die Bundesverfassung angelobt.** Die Beifügung einer religiösen Beteuerung ist zulässig.

[ARTIKEL 101a.]

[Anm.: aufgehoben]

ARTIKEL 102.

(1) Im Bereich der Länder üben die Vollziehung des Bundes, soweit nicht eigene Bundesbehörden bestehen (unmittelbare Bundesverwaltung), der Landeshauptmann und die ihm unterstellten Landesbehörden aus (mittelbare Bundesverwaltung). Soweit in Angelegenheiten, die in mittelbarer Bundesverwaltung besorgt werden, Bundesbehörden mit der Vollziehung betraut sind, unterstehen diese Bundesbehörden in den betreffenden Angelegenheiten dem Landeshauptmann und sind an dessen Weisungen (Art. 20 Abs. 1) gebunden; ob und inwieweit solche Bundesbehörden mit Akten der Vollziehung betraut werden, bestimmen die Bundesgesetze; sie dürfen, soweit es sich nicht um die Betrauung mit der Vollziehung von im Abs. 2 angeführten Angelegenheiten handelt, nur mit Zustimmung der beteiligten Länder kundgemacht werden.
(2) Folgende Angelegenheiten können im Rahmen des verfassungsmäßig festgestellten Wirkungsbereiches unmittelbar von Bundesbehörden besorgt werden: Grenzvermarkung; Waren- und Viehverkehr mit dem Ausland; Zollwesen; Regelung und Überwachung des Eintrittes in das Bundesgebiet und des Austrittes aus ihm; Aufenthaltsrecht aus berücksichtigungswürdigen Gründen; Passwesen; Aufenthaltsverbot, Ausweisung und Abschiebung; Asyl; Auslieferung; Bundesfinanzen; Monopolwesen; Geld-, Kredit-, Börse- und Bankwesen; Maß- und Gewichts-, Normen- und Punzierungswesen; Justizwesen; Pressewesen; Aufrechterhaltung der öffentlichen Ruhe, Ordnung und Sicherheit einschließlich der ersten allgemeinen Hilfeleistung, jedoch mit Ausnahme der örtlichen Sicherheitspolizei; Vereins- und Versammlungsrecht; Fremdenpolizei und Meldewesen; Waffen-, Munitions- und Sprengmittelwesen, Schießwesen; Kartellrecht; Patentwesen sowie Schutz von Mustern, Marken und anderen Warenbezeichnungen; Verkehrswesen; Strom- und Schifffahrtspolizei; Post- und Fernmeldewesen; Bergwesen; Regulierung und Instandhaltung der Donau; Wildbachverbauung; Bau und Instandhaltung von Wasserstraßen; Vermessungswesen; Arbeitsrecht; Sozial- und Vertragsversicherungswesen; Pflegegeldwesen; Sozialentschädigungsrecht; geschäftlicher Verkehr mit Saat- und Pflanzgut, Futter-, Dünge- und Pflanzenschutzmitteln sowie mit Pflanzenschutzgeräten, einschließlich der Zulassung und bei Saat- und Pflanzgut auch der Anerkennung; Denkmalschutz; allgemeine Angelegenheiten des Schutzes personenbezogener Daten; Organisation und Führung der Bundespolizei; militärische Angelegenheiten; Angelegenheiten des Zivildienstes; Bevölkerungspolitik; land- und forstwirtschaftliches Schul- und Erziehungswesen in den Angelegenheiten des Art. 14a Abs. 2 sowie Zentrallehranstalten; Universitäts- und Hochschulwesen sowie das Erziehungswesen betreffend Studentenheime in diesen Angelegenheiten; Ausbildungspflicht für Jugendliche; öffentliches Auftragswesen.

(3) Dem Bund bleibt es vorbehalten, auch in den im Abs. 2 aufgezählten Angelegenheiten den Landeshauptmann mit der Vollziehung des Bundes zu beauftragen.
(4) Die Errichtung von eigenen Bundesbehörden für andere als die im Abs. 2 bezeichneten Angelegenheiten kann nur mit Zustimmung der beteiligten Länder erfolgen.
(5) Wenn in einem Land in Angelegenheiten der unmittelbaren Bundesverwaltung die sofortige Erlassung von Maßnahmen zur Abwehr eines offenkundigen, nicht wieder gutzumachenden Schadens für die Allgemeinheit zu einer Zeit notwendig wird, zu der die obersten Organe der Verwaltung des Bundes wegen höherer Gewalt dazu nicht in der Lage sind, hat der Landeshauptmann an deren Stelle die Maßnahmen zu treffen.

[ARTIKEL 102a.]

[Anm.: aufgehoben]

ARTIKEL 103.

(1) **In den Angelegenheiten der mittelbaren Bundesverwaltung ist der Landeshauptmann an die Weisungen der Bundesregierung sowie der einzelnen Bundesminister gebunden (Art. 20) und verpflichtet,** um die Durchführung solcher Weisungen zu bewirken, auch die ihm in seiner Eigenschaft als Organ des selbständigen Wirkungsbereiches des Landes zu Gebote stehenden Mittel anzuwenden.
(2) Die Landesregierung kann bei Aufstellung ihrer Geschäftsordnung beschließen, dass einzelne Gruppen von Angelegenheiten der mittelbaren Bundesverwaltung wegen ihres sachlichen Zusammenhanges mit Angelegenheiten des selbständigen Wirkungsbereiches des Landes im Namen des Landeshauptmannes von Mitgliedern der Landesregierung zu führen sind. In diesen Angelegenheiten sind die betreffenden Mitglieder der Landesregierung an die Weisungen des Landeshauptmannes ebenso gebunden (Art. 20) wie dieser an die Weisungen der Bundesregierung oder der einzelnen Bundesminister.
(3) Nach Abs. 1 ergehende Weisungen der Bundesregierung oder der einzelnen Bundesminister sind auch in Fällen des Abs. 2 an den Landeshauptmann zu richten. Dieser ist, wenn er die bezügliche Angelegenheit der mittelbaren Bundesverwaltung nicht selbst führt, unter seiner Verantwortlichkeit (Art. 142 Abs. 2 lit. e) verpflichtet, die Weisung an das in Betracht kommende Mitglied der Landesregierung unverzüglich und unverändert auf schriftlichem Wege weiterzugeben und ihre Durchführung zu überwachen. Wird die Weisung nicht befolgt, trotzdem der Landeshauptmann die erforderlichen Vorkehrungen getroffen hat, so ist auch das betreffende Mitglied der Landesregierung gemäß Art. 142 der Bundesregierung verantwortlich.

ARTIKEL 104.

(1) Die Bestimmungen des Art. 102 sind auf Einrichtungen zur Besorgung der im Art. 17 bezeichneten Geschäfte des Bundes nicht anzuwenden.
(2) Die mit der Verwaltung des Bundesvermögens betrauten Bundesminister können jedoch die Besorgung solcher Geschäfte dem Landeshauptmann und den ihm unterstellten Behörden im Land übertragen. Eine solche Übertragung kann jederzeit ganz oder teilweise widerrufen werden. Inwieweit in besonderen Ausnahmefällen für die bei Besorgung solcher Geschäfte aufgelaufenen Kosten vom Bund ein Ersatz geleistet wird, wird durch Bundesgesetz bestimmt. Art. 103 Abs. 2 und 3 gilt sinngemäß.

ARTIKEL 105.

(1) **Der Landeshauptmann vertritt das Land.** Er trägt in den Angelegenheiten der mittelbaren Bundesverwaltung die Verantwortung gegenüber der Bundesregierung gemäß Art. 142. Der Landeshauptmann wird durch das von der Landesregierung bestimmte Mitglied der Landesregierung (Landeshauptmann-Stellvertreter) vertreten. Diese Bestellung ist dem Bundeskanzler zur Kenntnis zu bringen. Tritt der Fall der Vertretung ein, so ist das zur Vertretung bestellte Mitglied der Landesregierung bezüglich der Angelegenheiten der mittelbaren Bundesverwaltung gleichfalls der Bundesregierung gemäß Art. 142 verantwortlich. Der Geltendmachung einer solchen Verantwortung des Landeshauptmannes oder des ihn vertretenden Mitgliedes der Landesregierung steht die Immunität nicht im Weg. Ebenso steht die Immunität auch nicht der Geltendmachung der Verantwortung eines Mitgliedes der Landesregierung im Falle des Art. 103 Abs. 3 im Weg.
(2) Die Mitglieder der Landesregierung sind dem Landtag gemäß Art. 142 verantwortlich.
(3) Zu einem Beschluss, mit dem eine Anklage im Sinne des Art. 142 erhoben wird, bedarf es der Anwesenheit der Hälfte der Mitglieder.

ARTIKEL 106.

Zur Leitung des inneren Dienstes des Amtes der Landesregierung wird ein rechtskundiger Bediensteter des Amtes der Landesregierung als Landesamtsdirektor bestellt. Er ist auch in den Angelegenheiten der mittelbaren Bundesverwaltung das Hilfsorgan des Landeshauptmannes.

[ARTIKEL 107.]

[Anm.: aufgehoben]

B.
Die Bundeshauptstadt Wien

ARTIKEL 108.

Für die Bundeshauptstadt Wien als Land hat der Gemeinderat auch die Funktion des Landtages, der Stadtsenat auch die Funktion der Landesregierung, der Bürgermeister auch die Funktion des Landeshauptmannes, der Magistrat auch die Funktion des Amtes der Landesregierung und der Magistratsdirektor auch die Funktion des Landesamtsdirektors.

ARTIKEL 109.

Art. 102 Abs. 1 gilt für die Bundeshauptstadt Wien mit der Maßgabe, dass die Vollziehung des Bundes, soweit nicht eigene Bundesbehörden bestehen (unmittelbare Bundesverwaltung), der Bürgermeister als Landeshauptmann und der ihm unterstellte Magistrat als Bezirksverwaltungsbehörde ausüben (mittelbare Bundesverwaltung).

[ARTIKEL 110.]

[Anm.: aufgehoben]

[ARTIKEL 111.]

[Anm.: aufgehoben]

ARTIKEL 112.

Nach Maßgabe der Art. 108 und 109 gelten für die Bundeshauptstadt Wien im Übrigen die Bestimmungen des Abschnittes A des sechsten Hauptstückes mit Ausnahme des Art. 117 Abs. 6 zweiter Satz, des Art. 119 Abs. 4 und des Art. 119a. Art. 142 Abs. 2 lit. e findet auch auf die Führung des vom Bund der Bundeshauptstadt Wien übertragenen Wirkungsbereiches Anwendung.

Vollziehung auf dem Gebiet des Schul- und Erziehungswesens

KARTE: schwarzplan.eu

ARTIKEL 113.

(1) Die Vollziehung auf dem Gebiet des Schulwesens und auf dem Gebiet des Erziehungswesens in Angelegenheiten der Schülerheime gemäß Art. 14, jedoch mit Ausnahme des Kindergartenwesens und Hortwesens gemäß Art. 14 Abs. 4 lit. b, ist vom zuständigen Bundesminister und – soweit es sich nicht um Zentrallehranstalten handelt – von den dem zuständigen Bundesminister unterstellten Bildungsdirektionen zu besorgen.

(2) Abweichend von Abs. 1 tritt in den Angelegenheiten der Vollziehung gemäß Art. 14 Abs. 2, Abs. 3 lit. a und b sowie Abs. 4 lit. a nach den näheren Bestimmungen der Landesverfassung die Landesregierung oder einzelne Mitglieder derselben (Art. 101 Abs. 1) an die Stelle des Bundesministers.

(3) **Für jedes Land wird eine als Bildungsdirektion zu bezeichnende gemeinsame Behörde des Bundes und des Landes eingerichtet.**

(4) Den Bildungsdirektionen obliegen die Vollziehung des Schulrechtes für öffentliche Schulen gemäß Art. 14, einschließlich der Qualitätssicherung, der Schulaufsicht sowie des Bildungscontrollings, und die Vollziehung des Dienstrechtes und des Personalvertretungsrechtes der Lehrer für öffentliche Schulen und der sonstigen Bundesbediensteten an öffentlichen Schulen. Durch Bundesgesetz können sonstige Angelegenheiten der Bundesvollziehung, durch Landesgesetz sonstige Angelegenheiten der Landesvollziehung auf die Bildungsdirektion übertragen werden oder kann die Mitwirkung der Bildungsdirektion bei deren Vollziehung vorgesehen werden. Diese Angelegenheiten müssen in sachlichem Zusammenhang mit den in Abs. 1 und 2 genannten Angelegenheiten stehen. In den Angelegenheiten der Bundesvollziehung dürfen Bundesgesetze gemäß dem zweiten Satz nur mit Zustimmung der Länder kundgemacht werden. In diesen Angelegenheiten ist die Bildungsdirektion dem Bundesminister unterstellt. Für Landesgesetze gemäß dem zweiten Satz gilt Art. 97 Abs. 2 sinngemäß. In den Angelegenheiten der Landesvollziehung ist die Bildungsdirektion der Landesregierung (oder einem einzelnen Mitglied derselben) unterstellt.

(5) Unbeschadet der Abs. 1 und 2 können Aufgaben auf dem Gebiet der Vollziehung des Dienstrechtes und des Personalvertretungsrechtes der Lehrer, insbesondere Aufgaben auf den Gebieten des Disziplinarrechts, der Leistungsfeststellung, der Gleichbehandlung und des Bedienstetenschutzes durch Gesetz auf andere Organe übertragen werden. Die Erhaltung öffentlicher Pflichtschulen kann auf Gemeinden oder Gemeindeverbände übertragen werden.

(6) **An der Spitze der Bildungsdirektion steht der Bildungsdirektor. Der zuständige Bundesminister bestellt den Bildungsdirektor im Einvernehmen mit dem Landeshauptmann auf dessen Vorschlag. Die Bestellung des Bildungsdirektors ist auf fünf Jahre befristet.** Wiederbestellungen sind zulässig. Kommt kein Einvernehmen zustande, kann der Landeshauptmann vorläufig eine Person mit der Funktion des Bildungsdirektors betrauen. Nähere Bestimmungen trifft das Bundesgesetz gemäß Abs. 10.

(7) Der Bildungsdirektor ist bei der Erfüllung seiner Aufgaben in den Angelegenheiten der Bundesvollziehung an die Weisungen des zuständigen Bundesministers und in den Angelegenheiten der Landesvollziehung an die Weisungen der Landesregierung (oder eines einzelnen Mitgliedes derselben) gebunden. In übergreifenden Angelegenheiten ist der Bildungsdirektor an die Weisungen des zuständigen Bundesministers im Einvernehmen mit der Landesregierung (oder einem einzelnen Mitglied derselben) gebunden.

(8) Durch Landesgesetz kann vorgesehen werden, dass der Landeshauptmann der Bildungsdirektion als Präsident vorsteht. Der Landeshauptmann kann in diesem Fall das in Betracht kommende Mitglied der Landesregierung durch Verordnung mit der Ausübung dieser Funktion betrauen. Sieht ein Landesgesetz einen Präsidenten vor, gilt Abs. 7 für den Präsidenten. In einem solchen Fall ist der Bildungsdirektor an die Weisungen des Präsidenten gebunden. Weisungen des zuständigen Bundesministers bzw. der Landesregierung (oder eines einzelnen Mitgliedes derselben) können auch unmittelbar an den Bildungsdirektor gerichtet werden. Der Präsident hat Weisungen an den Bildungsdirektor in Angelegenheiten der Bundesvollziehung unverzüglich dem zuständigen Bundesminister zur Kenntnis zu bringen.

(9) Bund und Land haben der Bildungsdirektion die zur Besorgung ihrer Aufgaben erforderliche Zahl an Bediensteten des Bundes bzw. des Landes zuzuweisen. Der Bildungsdirektor übt die Dienst- und Fachaufsicht über alle Bundes- und Landesbediensteten in der Bildungsdirektion aus.

(10) Die näheren Bestimmungen über die Einrichtung, die Organisation und die Kundmachung von Verordnungen der Bildungsdirektion einschließlich der Anforderungen an die persönliche und fachliche Eignung des Bildungsdirektors sowie dessen Bestellung werden durch Bundesgesetz getroffen. Dieses Bundesgesetz kann vorsehen, dass der zuständige Bundesminister in einzelnen Angelegenheiten das Einvernehmen mit der Landesregierung (oder einem einzelnen Mitglied derselben) herzustellen hat. Der Bund hat den Ländern Gelegenheit zu geben, an der Vorbereitung solcher Gesetzesvorhaben mitzuwirken; das Gesetz darf nur mit Zustimmung der Länder kundgemacht werden.

[ARTIKEL 114.]

[Anm.: aufgehoben]

Selbstverwaltung

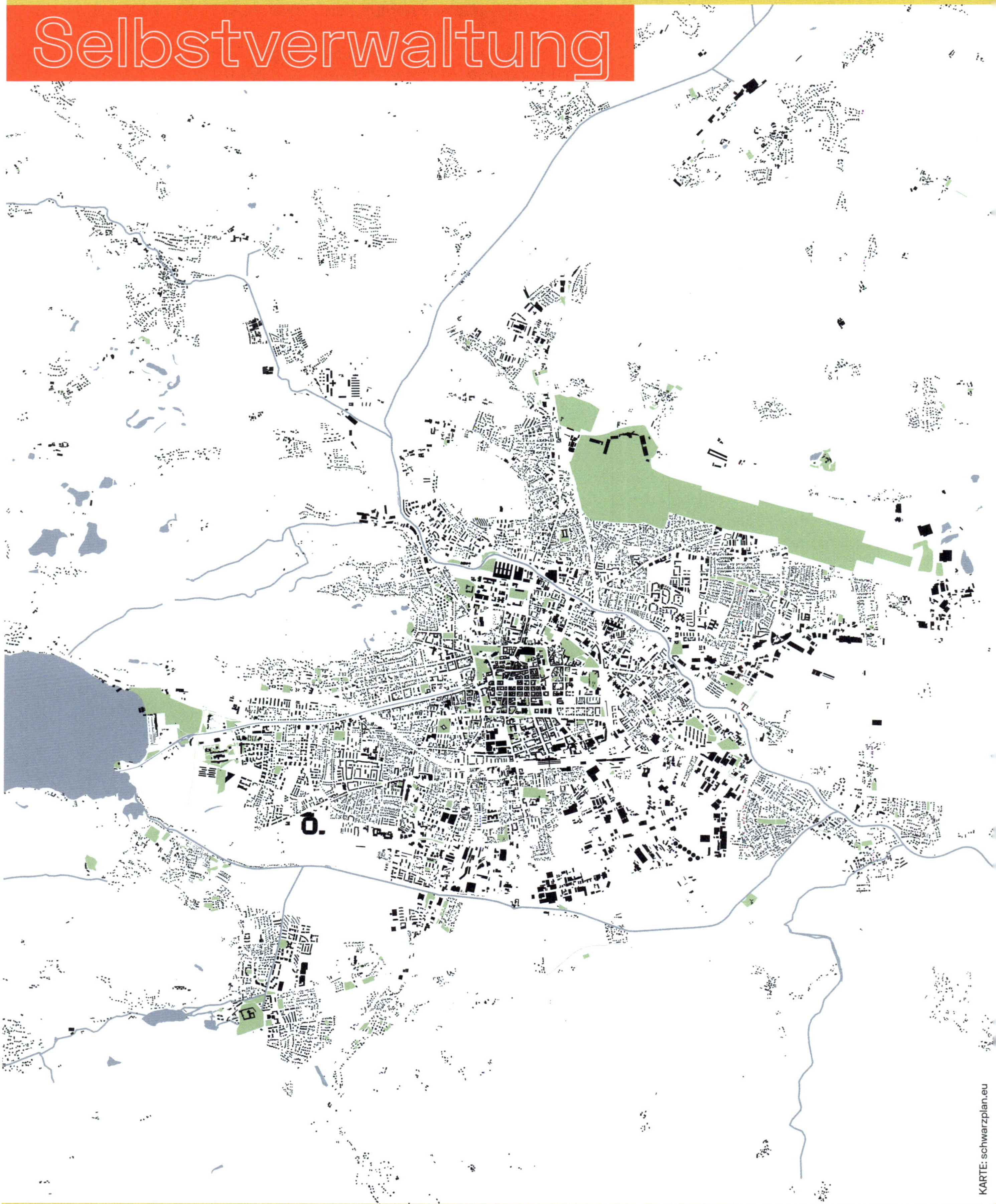

KARTE: schwarzplan.eu

A.
Gemeinden

ARTIKEL 115.

(1) Soweit in den folgenden Artikeln von Gemeinden die Rede ist, sind darunter die Ortsgemeinden zu verstehen.
(2) Soweit nicht ausdrücklich eine Zuständigkeit des Bundes festgesetzt ist, hat die Landesgesetzgebung das Gemeinderecht nach den Grundsätzen der folgenden Artikel dieses Abschnittes zu regeln. Die Zuständigkeit zur Regelung der gemäß den Art. 118, 118a und 119 von den Gemeinden zu besorgenden Angelegenheiten einschließlich eines allfälligen Ausschlusses des Instanzenzuges bestimmt sich nach den allgemeinen Vorschriften dieses Bundesverfassungsgesetzes.
(3) Der Österreichische Gemeindebund und der Österreichische Städtebund sind berufen, die Interessen der Gemeinden zu vertreten.

ARTIKEL 116.

(1) Jedes Land gliedert sich in Gemeinden. Die Gemeinde ist Gebietskörperschaft mit dem Recht auf Selbstverwaltung und zugleich Verwaltungssprengel. Jedes Grundstück muss zu einer Gemeinde gehören.

(2) Die Gemeinde ist selbständiger Wirtschaftskörper. Sie hat das Recht, innerhalb der Schranken der allgemeinen Bundes- und Landesgesetze Vermögen aller Art zu besitzen, zu erwerben und darüber zu verfügen, wirtschaftliche Unternehmungen zu betreiben sowie im Rahmen der Finanzverfassung ihren Haushalt selbständig zu führen und Abgaben auszuschreiben.

(3) Einer Gemeinde mit mindestens 20 000 Einwohnern ist, wenn Landesinteressen hiedurch nicht gefährdet werden, auf ihren Antrag durch Landesgesetz ein eigenes Statut (Stadtrecht) zu verleihen.

Eine Stadt mit eigenem Statut hat neben den Aufgaben der Gemeindeverwaltung auch die der Bezirksverwaltung zu besorgen.

[Anm.: Abs. 4 aufgehoben]

ARTIKEL 116a.

(1) **Zur Besorgung ihrer Angelegenheiten können sich Gemeinden durch Vereinbarung zu Gemeindeverbänden zusammenschließen.** Eine solche Vereinbarung bedarf der Genehmigung der Aufsichtsbehörde. Die Genehmigung ist durch Verordnung zu erteilen, wenn eine dem Gesetz entsprechende Vereinbarung der beteiligten Gemeinden vorliegt und die Bildung des Gemeindeverbandes

1. im Falle der Besorgung von Angelegenheiten der Hoheitsverwaltung die Funktion der beteiligten Gemeinden als Selbstverwaltungskörper nicht gefährdet,
2. im Falle der Besorgung von Angelegenheiten der Gemeinden als Träger von Privatrechten aus Gründen der Zweckmäßigkeit, Wirtschaftlichkeit und Sparsamkeit im Interesse der beteiligten Gemeinden gelegen ist.

(2) Im Interesse der Zweckmäßigkeit kann die zuständige Gesetzgebung (Art. 10 bis 15) zur Besorgung von Angelegenheiten der Wirkungsbereiche der Gemeinde die Bildung von Gemeindeverbänden vorsehen, doch darf dadurch die Funktion der Gemeinden als Selbstverwaltungskörper und Verwaltungssprengel nicht gefährdet werden. Bei der Bildung von Gemeindeverbänden im Wege der Vollziehung sind die beteiligten Gemeinden vorher zu hören.

(3) Die Organe der Gemeindeverbände, die Angelegenheiten des eigenen Wirkungsbereiches der Gemeinde besorgen sollen, sind nach demokratischen Grundsätzen zu bilden.

(4) Die Landesgesetzgebung hat die Organisation der Gemeindeverbände zu regeln, wobei als deren Organe jedenfalls eine Verbandsversammlung, die aus gewählten Vertretern aller verbandsangehörigen Gemeinden zu bestehen hat, und ein Verbandsobmann vorzusehen sind. Für Gemeindeverbände, die durch Vereinbarung gebildet worden sind, sind weiters Bestimmungen über den Beitritt und Austritt von Gemeinden sowie über die Auflösung des Gemeindeverbandes zu treffen.

(5) Die Zuständigkeit zur Regelung der von den Gemeindeverbänden zu besorgenden Angelegenheiten bestimmt sich nach den allgemeinen Vorschriften dieses Bundesverfassungsgesetzes.

(6) Ein Zusammenschluss von Gemeinden verschiedener Länder zu Gemeindeverbänden ist nach Maßgabe einer Vereinbarung zwischen den betreffenden Ländern gemäß Art. 15a zulässig, in die insbesondere Regelungen über die Genehmigung der Bildung der Gemeindeverbände und die Wahrnehmung der Aufsicht aufzunehmen sind.

ARTIKEL 116b.

Gemeinden eines Landes können untereinander Vereinbarungen über ihren jeweiligen Wirkungsbereich abschließen, wenn die Landesgesetzgebung dies vorsieht. Die Landesgesetzgebung hat dabei auch Regelungen über die Kundmachung derartiger Vereinbarungen sowie über die Entscheidung von Meinungsverschiedenheiten zu treffen. Für Vereinbarungen von Gemeinden verschiedener Länder gilt Art. 116a Abs. 6 sinngemäß.

ARTIKEL 117.

(1) Als Organe der Gemeinde sind jedenfalls vorzusehen:

a) **der Gemeinderat,** das ist ein von den Wahlberechtigten der Gemeinde zu wählender allgemeiner Vertretungskörper;

b) **der Gemeindevorstand** (Stadtrat), bei Städten mit eigenem Statut der Stadtsenat;

c) **der Bürgermeister.**

(2) Der Gemeinderat wird auf Grund des gleichen, unmittelbaren, persönlichen, freien und geheimen Wahlrechtes der männlichen und weiblichen Staatsbürger, die in der Gemeinde ihren Hauptwohnsitz haben, nach den Grundsätzen der Verhältniswahl gewählt. Die Wahlordnung kann jedoch vorsehen, dass auch Staatsbürger, die in der Gemeinde einen Wohnsitz, nicht aber den Hauptwohnsitz haben, wahlberechtigt sind. Die Wahlordnung darf die Bedingungen des Wahlrechtes und der Wählbarkeit nicht enger ziehen als die Landtagswahlordnung; es kann jedoch bestimmt werden, dass Personen, die sich noch nicht ein Jahr in der Gemeinde aufhalten, dann nicht wahlberechtigt und wählbar sind, wenn ihr Aufenthalt in der Gemeinde offensichtlich nur vorübergehend ist. Unter den in der Wahlordnung festzulegenden Bedingungen sind auch Staatsangehörige anderer Mitgliedstaaten der Europäischen Union wahlberechtigt und wählbar. Die Wahlordnung kann bestimmen, dass die Wähler ihr Wahlrecht in Wahlkreisen ausüben, von denen jeder ein geschlossenes Gebiet umfassen muss. Eine Gliederung der Wählerschaft in andere Wahlkörper ist nicht zulässig. Art. 26 Abs. 6 ist sinngemäß anzuwenden. Für den Fall, dass keine Wahlvorschläge eingebracht werden, kann in der Wahlordnung bestimmt werden, dass Personen als gewählt gelten, deren Namen auf den Stimmzetteln am häufigsten genannt werden.

(3) Zu einem Beschluss des Gemeinderates ist die einfache Mehrheit der in beschlussfähiger Anzahl anwesenden Mitglieder desselben erforderlich; es können jedoch für bestimmte Angelegenheiten andere Beschlussfassungserfordernisse vorgesehen werden.

(4) **Die Sitzungen des Gemeinderates sind öffentlich,** es können jedoch Ausnahmen vorgesehen werden. Wenn der Gemeindevoranschlag oder der Gemeinderechnungsabschluss behandelt wird, darf die Öffentlichkeit nicht ausgeschlossen werden.

(5) Im Gemeinderat vertretene Wahlparteien haben nach Maßgabe ihrer Stärke Anspruch auf Vertretung im Gemeindevorstand.

(6) **Der Bürgermeister wird vom Gemeinderat gewählt.** In der Landesverfassung kann vorgesehen werden, dass die zur Wahl des Gemeinderates Berechtigten den Bürgermeister wählen. In diesem Fall ist Art. 26 Abs. 6 sinngemäß anzuwenden.

(7) Die Geschäfte der Gemeinden werden durch das Gemeindeamt (Stadtamt), jene der Städte mit eigenem Statut durch den Magistrat besorgt. Zum Leiter des inneren Dienstes des Magistrates ist ein rechtskundiger Bediensteter des Magistrates als Magistratsdirektor zu bestellen.

(8) In Angelegenheiten des eigenen Wirkungsbereiches der Gemeinde kann die Landesgesetzgebung die unmittelbare Teilnahme und Mitwirkung der zum Gemeinderat Wahlberechtigten vorsehen.

ARTIKEL 118.

(1) **Der Wirkungsbereich der Gemeinde ist ein eigener und ein vom Bund oder vom Land übertragener.**

(2) Der **eigene Wirkungsbereich** umfasst neben den im Art. 116 Abs. 2 angeführten Angelegenheiten alle Angelegenheiten, die im ausschließlichen oder überwiegenden **Interesse der in der Gemeinde verkörperten örtlichen Gemeinschaft** gelegen und geeignet sind, durch die Gemeinschaft innerhalb ihrer örtlichen Grenzen besorgt zu werden. Die Gesetze haben derartige Angelegenheiten ausdrücklich als solche des eigenen Wirkungsbereiches der Gemeinde zu bezeichnen.

(3) Der Gemeinde sind zur Besorgung im eigenen Wirkungsbereich die behördlichen Aufgaben insbesondere in folgenden Angelegenheiten gewährleistet:

1. **Bestellung der Gemeindeorgane** unbeschadet der Zuständigkeit überörtlicher Wahlbehörden; Regelung der inneren Einrichtungen zur Besorgung der Gemeindeaufgaben;
2. **Bestellung der Gemeindebediensteten** und Ausübung der Diensthoheit unbeschadet der Zuständigkeit überörtlicher Disziplinar-, Qualifikations- und Prüfungskommissionen;
3. **örtliche Sicherheitspolizei** (Art. 15 Abs. 2), örtliche Veranstaltungspolizei;
4. **Verwaltung der Verkehrsflächen** der Gemeinde, örtliche Straßenpolizei;
5. **Flurschutzpolizei;**
6. **örtliche Marktpolizei;**
7. **örtliche Gesundheitspolizei,** insbesondere auch auf dem Gebiet des Hilfs- und Rettungswesens sowie des Leichen- und Bestattungswesens;
8. **Sittlichkeitspolizei;**
9. **örtliche Baupolizei;** örtliche Feuerpolizei; örtliche Raumplanung;
10. **außergerichtliche Vermittlung** von Streitigkeiten in den Angelegenheiten des Zivilrechtswesens und des Strafrechtswesens;
11. **freiwillige Feilbietungen** beweglicher Sachen.

(4) Die Gemeinde hat die Angelegenheiten des eigenen Wirkungsbereiches im Rahmen der Gesetze und Verordnungen des Bundes und des Landes in eigener Verantwortung frei von Weisungen und unter Ausschluss eines Rechtsmittels an Verwaltungsorgane außerhalb der Gemeinde zu besorgen. In den Angelegenheiten des eigenen Wirkungsbereiches besteht ein zweistufiger Instanzenzug; dieser kann gesetzlich ausgeschlossen werden. In den Angelegenheiten des eigenen Wir-

kungsbereiches kommt dem Bund und dem Land ein Aufsichtsrecht über die Gemeinde (Art. 119a) zu.

(5) Der Bürgermeister, die Mitglieder des Gemeindevorstandes (Stadtrates, Stadtsenates) und allenfalls bestellte andere Organe der Gemeinde sind für die Erfüllung ihrer dem eigenen Wirkungsbereich der Gemeinde zugehörigen Aufgaben dem Gemeinderat verantwortlich.

(6) In den Angelegenheiten des eigenen Wirkungsbereiches hat die Gemeinde das Recht, ortspolizeiliche Verordnungen nach freier Selbstbestimmung zur Abwehr unmittelbar zu erwartender oder zur Beseitigung bestehender, das örtliche Gemeinschaftsleben störender Missstände zu erlassen, sowie deren Nichtbefolgung als Verwaltungsübertretung zu erklären. Solche Verordnungen dürfen nicht gegen bestehende Gesetze und Verordnungen des Bundes und des Landes verstoßen.

(7) Auf Antrag einer Gemeinde kann die Besorgung einzelner Angelegenheiten des eigenen Wirkungsbereiches nach Maßgabe des Art. 119a Abs. 3 durch Verordnung der Landesregierung beziehungsweise durch Verordnung des Landeshauptmannes auf eine staatliche Behörde übertragen werden. Soweit durch eine solche Verordnung eine Zuständigkeit auf eine Bundesbehörde übertragen werden soll, bedarf sie der Zustimmung der Bundesregierung. Soweit durch eine solche Verordnung des Landeshauptmannes eine Zuständigkeit auf eine Landesbehörde übertragen werden soll, bedarf sie der Zustimmung der Landesregierung. Eine solche Verordnung ist aufzuheben, sobald der Grund für ihre Erlassung weggefallen ist. Die Übertragung erstreckt sich nicht auf das Verordnungsrecht nach Abs. 6.

(8) Die Errichtung eines Gemeindewachkörpers oder eine Änderung seiner Organisation ist der Bundesregierung anzuzeigen.

ARTIKEL 118a.

(1) Durch Bundes- oder Landesgesetz kann bestimmt werden, dass die Angehörigen eines Gemeindewachkörpers mit Zustimmung der Gemeinde zur Besorgung des Exekutivdienstes für die zuständige Behörde ermächtigt werden können.

(2) Mit Zustimmung der Gemeinde kann die Bezirksverwaltungsbehörde Angehörige eines Gemeindewachkörpers ermächtigen, an der Handhabung des Verwaltungsstrafgesetzes im selben Umfang mitzuwirken wie die übrigen Organe des öffentlichen Sicherheitsdienstes. Diese Ermächtigung kann nur erteilt werden, soweit die Organe des öffentlichen Sicherheitsdienstes in der den Gegenstand des Verwaltungsstrafverfahrens bildenden Angelegenheit die Einhaltung der Verwaltungsvorschriften zu überwachen haben oder soweit diese Angelegenheit im Wirkungsbereich der Gemeinde zu besorgen ist.

ARTIKEL 119.

(1) Der übertragene Wirkungsbereich umfasst die Angelegenheiten, die die Gemeinde nach Maßgabe der Bundesgesetze im Auftrag und nach den Weisungen des Bundes oder nach Maßgabe der Landesgesetze im Auftrag und nach den Weisungen des Landes zu besorgen hat.

(2) **Die Angelegenheiten des übertragenen Wirkungsbereiches werden vom Bürgermeister besorgt.** Er ist hiebei in den Angelegenheiten der Bundesvollziehung an die Weisungen der zuständigen Organe des Bundes, in den Angelegenheiten der Landesvollziehung an die Weisungen der zuständigen Organe des Landes gebunden und nach Abs. 4 verantwortlich.

(3) Der Bürgermeister kann einzelne Gruppen von Angelegenheiten des übertragenen Wirkungsbereiches – unbeschadet seiner Verantwortlichkeit – wegen ihres sachlichen Zusammenhanges mit den Angelegenheiten des eigenen Wirkungsbereiches Mitgliedern des Gemeindevorstandes (Stadtrates, Stadtsenates), anderen nach Art. 117 Abs. 1 geschaffenen Organen oder bei Kollegialorganen deren Mitgliedern zur Besorgung in seinem Namen übertragen. In diesen Angelegenheiten sind die betreffenden Organe oder deren Mitglieder an die Weisungen des Bürgermeisters gebunden und nach Abs. 4 verantwortlich.

(4) Wegen Gesetzesverletzung sowie wegen Nichtbefolgung einer Verordnung oder einer Weisung können die in den Abs. 2 und 3 genannten Organe, soweit ihnen Vorsatz oder grobe Fahrlässigkeit zur Last fällt, wenn sie auf dem Gebiet der Bundesvollziehung tätig waren, vom Landeshauptmann, wenn sie auf dem Gebiet der Landesvollziehung tätig waren, von der Landesregierung ihres Amtes verlustig erklärt werden. Die allfällige Mitgliedschaft einer solchen Person zum Gemeinderat wird hiedurch nicht berührt.

ARTIKEL 119a.

(1) Der Bund und das Land üben das Aufsichtsrecht über die Gemeinde dahin aus, dass diese bei Besorgung des eigenen Wirkungsbereiches die Gesetze und Verordnungen nicht verletzt, insbesondere ihren Wirkungsbereich nicht überschreitet und die ihr gesetzlich obliegenden Aufgaben erfüllt.

(2) **Das Land hat ferner das Recht, die Gebarung der Gemeinde auf ihre Sparsamkeit, Wirtschaftlichkeit und Zweckmäßigkeit zu überprüfen**. Das Ergebnis der Überprüfung ist dem Bürgermeister zur Vorlage an den Gemeinderat zu übermitteln. Der Bürgermeister hat die auf Grund des Überprüfungsergebnisses getroffenen Maßnahmen innerhalb von drei Monaten der Aufsichtsbehörde mitzuteilen.

(3) Das Aufsichtsrecht und dessen gesetzliche Regelung stehen, insoweit als der eigene Wirkungsbereich der Gemeinde Angelegenheiten aus dem Bereich der Bundesvollziehung umfasst, dem Bund, im Übrigen den

Ländern zu; das Aufsichtsrecht ist von den Behörden der allgemeinen staatlichen Verwaltung auszuüben.
(4) Die Aufsichtsbehörde ist berechtigt, sich über jedwede Angelegenheit der Gemeinde zu unterrichten. Die Gemeinde ist verpflichtet, die von der Aufsichtsbehörde im einzelnen Fall verlangten Auskünfte zu erteilen und Prüfungen an Ort und Stelle vornehmen zu lassen.
[Anm.: Abs. 5 aufgehoben]
(6) Die Gemeinde hat im eigenen Wirkungsbereich erlassene Verordnungen der Aufsichtsbehörde unverzüglich mitzuteilen. Die Aufsichtsbehörde hat gesetzwidrige Verordnungen nach Anhörung der Gemeinde durch Verordnung aufzuheben und die Gründe hiefür der Gemeinde gleichzeitig mitzuteilen.
(7) Sofern die zuständige Gesetzgebung (Abs. 3) als Aufsichtsmittel die Auflösung des Gemeinderates vorsieht, kommt diese Maßnahme in Ausübung des Aufsichtsrechtes des Landes der Landesregierung, in Ausübung des Aufsichtsrechtes des Bundes dem Landeshauptmann zu. Die Zulässigkeit der Ersatzvornahme als Aufsichtsmittel ist auf die Fälle unbedingter Notwendigkeit zu beschränken. Die Aufsichtsmittel sind unter möglichster Schonung erworbener Rechte Dritter zu handhaben.
(8) Einzelne von der Gemeinde im eigenen Wirkungsbereich zu treffende Maßnahmen, durch die auch überörtliche Interessen in besonderem Maß berührt werden, insbesondere solche von besonderer finanzieller Bedeutung, können durch die zuständige Gesetzgebung (Abs. 3) an eine Genehmigung der Aufsichtsbehörde gebunden werden. Als Grund für die Versagung der Genehmigung darf nur ein Tatbestand vorgesehen werden, der die Bevorzugung überörtlicher Interessen eindeutig rechtfertigt.
(9) Die Gemeinde ist Partei des aufsichtsbehördlichen Verfahrens und hat das Recht, Beschwerde beim Verwaltungsgericht (Art. 130 bis 132) zu erheben. Sie ist Partei des Verfahrens vor dem Verwaltungsgericht und hat das Recht, Revision beim Verwaltungsgerichtshof (Art. 133) und Beschwerde beim Verfassungsgerichtshof (Art. 144) zu erheben.
(10) Die Bestimmungen dieses Artikels sind auf die Aufsicht über Gemeindeverbände, soweit diese Angelegenheiten des eigenen Wirkungsbereiches der Gemeinde besorgen, entsprechend anzuwenden.

ARTIKEL 120.

Die Zusammenfassung von Ortsgemeinden zu Gebietsgemeinden, deren Einrichtung nach dem Muster der Selbstverwaltung sowie die Festsetzung weiterer Grundsätze für die Organisation der allgemeinen staatlichen Verwaltung in den Ländern ist Sache der Bundesverfassungsgesetzgebung; die Ausführung obliegt der Landesgesetzgebung. Die Regelung der Zuständigkeit in Angelegenheiten des Dienstrechtes und des Personalvertretungsrechtes der Bediensteten der Gebietsgemeinden ist Sache der Bundesverfassungsgesetzgebung.

B. Sonstige Selbstverwaltung

ARTIKEL 120a.

(1) Personen können zur selbständigen Wahrnehmung öffentlicher Aufgaben, die in ihrem ausschließlichen oder überwiegenden gemeinsamen Interesse gelegen und geeignet sind, durch sie gemeinsam besorgt zu werden, durch Gesetz zu Selbstverwaltungskörpern zusammengefasst werden.
(2) **Die Republik anerkennt die Rolle der Sozialpartner.** Sie achtet deren Autonomie und fördert den sozialpartnerschaftlichen Dialog durch die Einrichtung von Selbstverwaltungskörpern.

ARTIKEL 120b.

(1) Die Selbstverwaltungskörper haben das Recht, ihre Aufgaben in eigener Verantwortung frei von Weisungen zu besorgen und im Rahmen der Gesetze Satzungen zu erlassen. Dem Bund oder dem Land kommt ihnen gegenüber nach Maßgabe der gesetzlichen Bestimmungen hinsichtlich der Rechtmäßigkeit der Verwaltungsführung ein Aufsichtsrecht zu. Darüber hinaus kann sich das Aufsichtsrecht auch auf die Zweckmäßigkeit der Verwaltungsführung erstrecken, wenn dies auf Grund der Aufgaben des Selbstverwaltungskörpers erforderlich ist.
(2) Den Selbstverwaltungskörpern können Aufgaben staatlicher Verwaltung übertragen werden. Die Gesetze haben derartige Angelegenheiten ausdrücklich als solche des übertragenen Wirkungsbereiches zu bezeichnen und eine Weisungsbindung gegenüber dem zuständigen obersten Verwaltungsorgan vorzusehen.
(3) Durch Gesetz können Formen der Mitwirkung der Selbstverwaltungskörper an der staatlichen Vollziehung vorgesehen werden.

ARTIKEL 120c.

(1) **Die Organe der Selbstverwaltungskörper sind aus dem Kreis ihrer Mitglieder nach demokratischen Grundsätzen zu bilden.**
(2) Eine sparsame und wirtschaftliche Erfüllung der Aufgaben der Selbstverwaltungskörper ist nach Maßgabe der gesetzlichen Bestimmungen durch Beiträge ihrer Mitglieder oder durch sonstige Mittel sicherzustellen.
(3) Die Selbstverwaltungskörper sind selbständige Wirtschaftskörper. Sie können im Rahmen der Gesetze zur Erfüllung ihrer Aufgaben Vermögen aller Art erwerben, besitzen und darüber verfügen.

Rechnungs- und Gebarungskontrolle

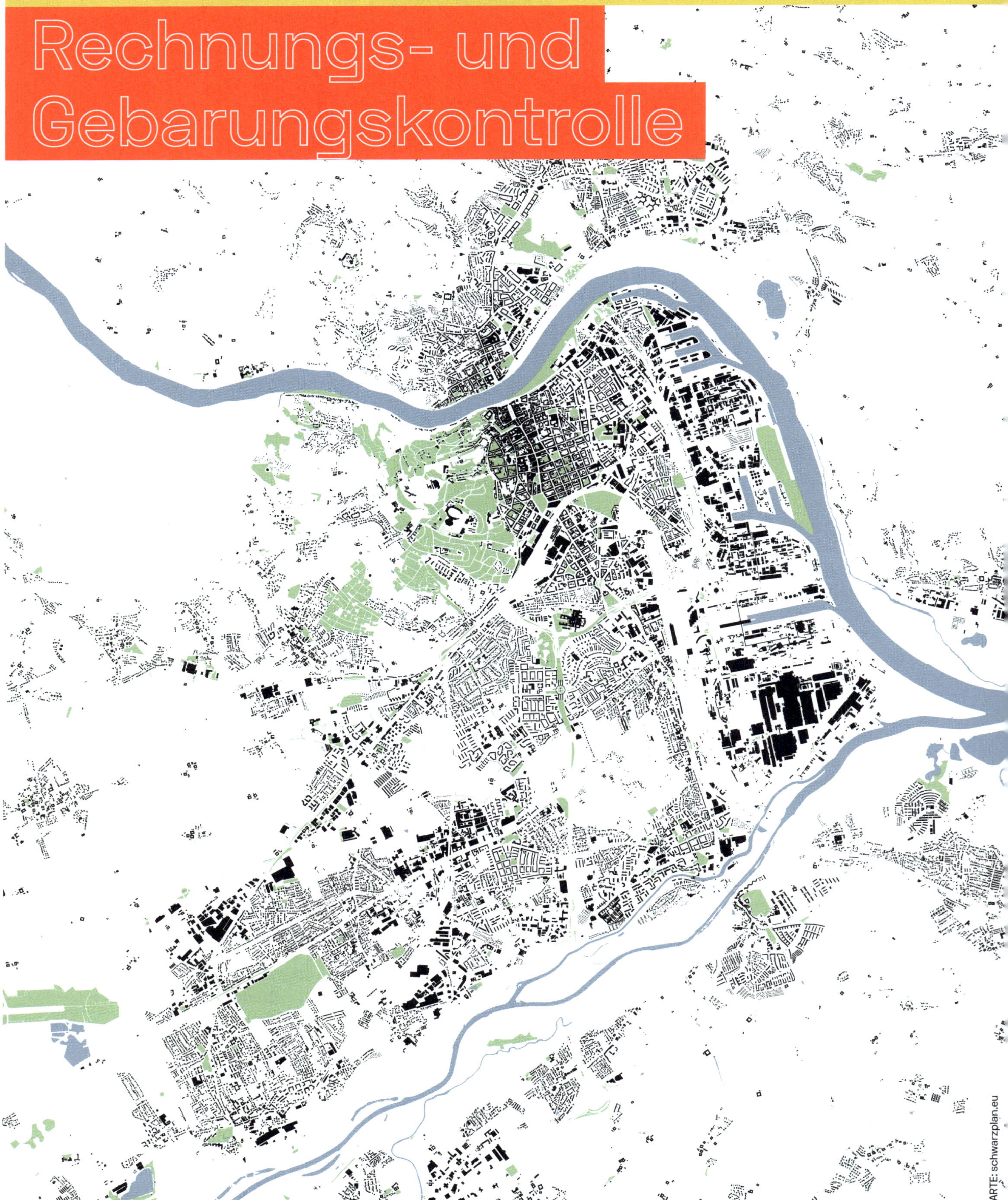

KARTE: schwarzplan.eu

ARTIKEL 121.

(1) Zur Überprüfung der Gebarung des Bundes, der Länder, der Gemeindeverbände, der Gemeinden und anderer durch Gesetz bestimmter Rechtsträger ist der Rechnungshof berufen.

(2) **Der Rechnungshof verfasst den Bundesrechnungsabschluss und legt ihn dem Nationalrat vor.**
(3) **Alle Urkunden über Finanzschulden des Bundes sind, soweit sich aus ihnen eine Verpflichtung des Bundes ergibt, vom Präsidenten des Rechnungshofes, in dessen Verhinderung von seinem Stellvertreter, gegenzuzeichnen.** Die Gegenzeichnung gewährleistet lediglich die Gesetzmäßigkeit der Schuldaufnahme und die ordnungsmäßige Eintragung in das Hauptbuch der Staatsschuld.
(4) Der Rechnungshof hat bei Unternehmungen und Einrichtungen, die seiner Kontrolle unterliegen und für die eine Berichterstattungspflicht an den Nationalrat besteht, jedes zweite Jahr die durchschnittlichen Einkommen einschließlich aller Sozial- und Sachleistungen sowie zusätzliche Leistungen für Pensionen von Mitgliedern des Vorstandes und des Aufsichtsrates sowie aller Beschäftigten durch Einholung von Auskünften bei diesen Unternehmungen und Einrichtungen zu erheben und darüber dem Nationalrat zu berichten. Die durchschnittlichen Einkommen der genannten Personenkreise sind hiebei für jede Unternehmung und jede Einrichtung gesondert auszuweisen.

ARTIKEL 122.

(1) Der Rechnungshof untersteht unmittelbar dem Nationalrat. Er ist in Angelegenheiten der Bundesgebarung und der Gebarung der gesetzlichen beruflichen Vertretungen, soweit sie in die Vollziehung des Bundes fallen, als Organ des Nationalrates, in Angelegenheiten der Länder-, Gemeindeverbände- und Gemeindegebarung sowie der Gebarung der gesetzlichen beruflichen Vertretungen, soweit sie in die Vollziehung der Länder fallen, als Organ des betreffenden Landtages tätig.

(2) Der Rechnungshof ist von der Bundesregierung und den Landesregierungen unabhängig und nur den Bestimmungen des Gesetzes unterworfen.

(3) Der Rechnungshof besteht aus einem Präsidenten und den erforderlichen Beamten und Hilfskräften.
(4) Der Präsident des Rechnungshofes wird auf Vorschlag des Hauptausschusses vom Nationalrat für eine Funktionsperiode von zwölf Jahren gewählt; eine Wiederwahl ist unzulässig. Er leistet vor Antritt seines Amtes dem Bundespräsidenten die Angelobung.
(5) Der Präsident des Rechnungshofes muss zum Nationalrat wählbar sein, darf weder einem allgemeinen Vertretungskörper noch dem Europäischen Parlament angehören und in den letzten fünf Jahren nicht Mitglied der Bundesregierung oder einer Landesregierung gewesen sein.

ARTIKEL 123.

(1) Der Präsident des Rechnungshofes ist hinsichtlich der Verantwortlichkeit den Mitgliedern der Bundesregierung oder den Mitgliedern der in Betracht kommenden Landesregierung gleichgestellt, je nachdem der Rechnungshof als Organ des Nationalrates oder eines Landtages tätig ist.
(2) Er kann durch Beschluss des Nationalrates abberufen werden.

ARTIKEL 123a.

(1) Der Präsident des Rechnungshofes ist berechtigt, an den Verhandlungen über die Berichte des Rechnungshofes, die Bundesrechnungsabschlüsse, Anträge betreffend die Durchführung besonderer Akte der Gebarungsüberprüfung durch den Rechnungshof und die den Rechnungshof betreffenden Untergliederungen des Entwurfes des Bundesfinanzgesetzes im Nationalrat sowie in seinen Ausschüssen (Unterausschüssen) teilzunehmen.
(2) Der Präsident des Rechnungshofes hat nach den näheren Bestimmungen des Bundesgesetzes über die Geschäftsordnung des Nationalrates das Recht, auf sein Verlangen in den Verhandlungen zu den in Abs. 1 angeführten Gegenständen jedes Mal gehört zu werden.

ARTIKEL 124.

(1) Der Präsident des Rechnungshofes wird im Falle seiner Verhinderung vom rangältesten Beamten des Rechnungshofes vertreten. Dies gilt auch, wenn das Amt des Präsidenten erledigt ist. Die Stellvertretung des Präsidenten des Rechnungshofes im Nationalrat wird durch das Bundesgesetz über die Geschäftsordnung des Nationalrates bestimmt.
(2) Im Falle der Stellvertretung des Präsidenten gelten für den Stellvertreter die Bestimmungen des Art. 123 Abs. 1.

ARTIKEL 125.

(1) Die Beamten des Rechnungshofes ernennt auf Vorschlag und unter Gegenzeichnung des Präsidenten des Rechnungshofes der Bundespräsident; das Gleiche gilt für die Verleihung der Amtstitel. Doch kann der Bundespräsident den Präsidenten des Rechnungshofes ermächtigen, Beamte bestimmter Kategorien zu ernennen.
(2) Die Hilfskräfte ernennt der Präsident des Rechnungshofes.
(3) Die Diensthoheit des Bundes gegenüber den beim Rechnungshof Bediensteten wird vom Präsidenten des Rechnungshofes ausgeübt.

ARTIKEL 126.

Kein Mitglied des Rechnungshofes darf an der Leitung und Verwaltung von Unternehmungen beteiligt sein, die der Kontrolle durch den Rechnungshof unterliegen. Ebensowenig darf ein Mitglied des Rechnungshofes an der Leitung und Verwaltung sonstiger auf Gewinn gerichteter Unternehmungen teilnehmen.

ARTIKEL 126a.

Entstehen zwischen dem Rechnungshof und einem Rechtsträger (Art. 121 Abs. 1) Meinungsverschiedenheiten über die Auslegung der gesetzlichen Bestimmungen, die die Zuständigkeit des Rechnungshofes regeln, so entscheidet auf Antrag der Bundesregierung oder einer Landesregierung oder des Rechnungshofes der Verfassungsgerichtshof. Alle Rechtsträger sind verpflichtet, entsprechend der Rechtsanschauung des Verfassungsgerichtshofes eine Überprüfung durch den Rechnungshof zu ermöglichen.

ARTIKEL 126b.

(1) Der Rechnungshof hat die gesamte Staatswirtschaft des Bundes, ferner die Gebarung von Stiftungen, Fonds und Anstalten zu überprüfen, die von Organen des Bundes oder von Personen (Personengemeinschaften) verwaltet werden, die hiezu von Organen des Bundes bestellt sind.

(2) Der Rechnungshof überprüft weiters die Gebarung von Unternehmungen, an denen der Bund allein oder gemeinsam mit anderen der Zuständigkeit des Rechnungshofes unterliegenden Rechtsträgern jedenfalls mit mindestens 50 vH des Stamm-, Grund- oder Eigenkapitals beteiligt ist oder die der Bund allein oder gemeinsam mit anderen solchen Rechtsträgern betreibt. Der Rechnungshof überprüft weiters jene Unternehmungen, die der Bund allein oder gemeinsam mit anderen der Zuständigkeit des Rechnungshofes unterliegenden Rechtsträgern durch finanzielle oder sonstige wirtschaftliche oder organisatorische Maßnahmen tatsächlich beherrscht. Die Zuständigkeit des Rechnungshofes erstreckt sich auch auf Unternehmungen jeder weiteren Stufe, bei denen die Voraussetzungen gemäß diesem Absatz vorliegen.
(3) Der Rechnungshof ist befugt, die Gebarung öffentlich-rechtlicher Körperschaften mit Mitteln des Bundes zu überprüfen.
(4) Der Rechnungshof hat auf Beschluss des Nationalrates oder auf Verlangen von Mitgliedern des Nationalrates in seinen Wirkungsbereich fallende besondere Akte der Gebarungsüberprüfung durchzuführen. Die nähere Regelung wird durch das Bundesgesetz über die Geschäftsordnung des Nationalrates getroffen. Desgleichen hat der Rechnungshof auf begründetes Ersuchen der Bundesregierung oder eines Bundesministers solche Akte durchzuführen und das Ergebnis der ersuchenden Stelle mitzuteilen.

(5) Die Überprüfung des Rechnungshofes hat sich auf die ziffernmäßige Richtigkeit, die Übereinstimmung mit den bestehenden Vorschriften, ferner auf die Sparsamkeit, Wirtschaftlichkeit und Zweckmäßigkeit zu erstrecken.

ARTIKEL 126c.

Der Rechnungshof ist befugt, die Gebarung der Träger der Sozialversicherung zu überprüfen.

ARTIKEL 126d.

(1) Der Rechnungshof erstattet dem Nationalrat über seine Tätigkeit im vorausgegangenen Jahr spätestens bis 31. Dezember jeden Jahres Bericht. Überdies kann der Rechnungshof über einzelne Wahrnehmungen jederzeit unter allfälliger Antragstellung an den Nationalrat berichten. Der Rechnungshof hat jeden Bericht gleichzeitig mit der Vorlage an den Nationalrat dem Bundeskanzler mitzuteilen. Die Berichte des Rechnungshofes sind nach Vorlage an den Nationalrat zu veröffentlichen.

(2) Für die Verhandlung der Berichte des Rechnungshofes wird im Nationalrat ein ständiger Ausschuss eingesetzt. Bei der Einsetzung ist der Grundsatz der Verhältniswahl einzuhalten.

ARTIKEL 127.

(1) **Der Rechnungshof hat die in den selbständigen Wirkungsbereich der Länder fallende Gebarung sowie die Gebarung von Stiftungen, Fonds und Anstalten zu überprüfen, die von Organen eines Landes oder von Personen (Personengemeinschaften) verwaltet werden, die hiezu von Organen eines Landes bestellt sind.** Die Überprüfung hat sich auf die ziffernmäßige Richtigkeit, die Übereinstimmung mit den bestehenden Vorschriften, ferner auf die Sparsamkeit, Wirtschaftlichkeit und Zweckmäßigkeit der Gebarung zu erstrecken; sie umfasst jedoch nicht die für die Gebarung maßgebenden Beschlüsse der verfassungsmäßig zuständigen Vertretungskörper.

(2) **Die Landesregierungen haben alljährlich die Voranschläge und Rechnungsabschlüsse dem Rechnungshof zu übermitteln.**

(3) Der Rechnungshof überprüft weiter die Gebarung von Unternehmungen, an denen das Land allein oder gemeinsam mit anderen der Zuständigkeit des Rechnungshofes unterliegenden Rechtsträgern mit mindestens 50 vH des Stamm-, Grund- oder Eigenkapitals beteiligt ist oder die das Land allein oder gemeinsam mit anderen solchen Rechtsträgern betreibt. Hinsichtlich der Prüfzuständigkeit bei einer tatsächlichen Beherrschung gilt Art. 126b Abs. 2 sinngemäß. Die Zuständigkeit des Rechnungshofes erstreckt sich auch auf Unternehmungen jeder weiteren Stufe, bei denen die Voraussetzungen gemäß diesem Absatz vorliegen.

(4) Der Rechnungshof ist befugt, die Gebarung öffentlich-rechtlicher Körperschaften mit Mitteln des Landes zu überprüfen.

(5) Das Ergebnis seiner Überprüfung gibt der Rechnungshof der betreffenden Landesregierung bekannt. Diese hat hiezu Stellung zu nehmen und die auf Grund des Prüfungsergebnisses getroffenen Maßnahmen innerhalb von drei Monaten dem Rechnungshof mitzuteilen.

(6) Der Rechnungshof erstattet dem Landtag über seine Tätigkeit im vorausgegangenen Jahr, die sich auf das betreffende Land bezieht, spätestens bis 31. Dezember jeden Jahres Bericht. Überdies kann der Rechnungshof über einzelne Wahrnehmungen jederzeit an den Landtag berichten. Der Rechnungshof hat jeden Bericht gleichzeitig mit der Vorlage an den Landtag der Landesregierung sowie der Bundesregierung mitzuteilen. Die Berichte des Rechnungshofes sind nach Vorlage an den Landtag zu veröffentlichen.

(7) Der Rechnungshof hat auf Beschluss des Landtages oder auf Verlangen einer durch Landesverfassungsgesetz zu bestimmenden Anzahl von Mitgliedern eines Landtages, die ein Drittel nicht übersteigen darf, in seinen Wirkungsbereich fallende besondere Akte der Gebarungsprüfung durchzuführen. Solange der Rechnungshof auf Grund eines solchen Antrages dem Landtag noch keinen Bericht erstattet hat, darf ein weiterer derartiger Antrag nicht gestellt werden. Desgleichen hat der Rechnungshof auf begründetes Ersuchen der Landesregierung solche Akte durchzuführen und das Ergebnis der ersuchenden Stelle mitzuteilen.

(8) Die Bestimmungen dieses Artikels gelten auch für die Überprüfung der Gebarung der Stadt Wien, wobei an die Stelle des Landtages der Gemeinderat und an die Stelle der Landesregierung der Stadtsenat tritt.

ARTIKEL 127a.

(1) **Der Kontrolle durch den Rechnungshof unterliegt die Gebarung der Gemeinden mit mindestens 10 000 Einwohnern sowie die Gebarung von Stiftungen, Fonds und Anstalten, die von Organen einer Gemeinde oder von Personen (Personengemeinschaften) verwaltet werden, die hiezu von Organen einer Gemeinde bestellt sind.** Die Überprüfung hat sich auf die ziffernmäßige Richtigkeit, die Übereinstimmung mit den bestehenden Vorschriften, ferner auf die Sparsamkeit, Wirtschaftlichkeit und Zweckmäßigkeit der Gebarung zu erstrecken.

(2) **Die Bürgermeister haben alljährlich die Voranschläge und Rechnungsabschlüsse dem Rechnungshof und gleichzeitig der Landesregierung zu übermitteln.**

(3) Der Rechnungshof überprüft weiter die Gebarung von Unternehmungen, an denen eine Gemeinde mit mindestens 10 000 Einwohnern allein oder gemeinsam mit anderen der Zuständigkeit des Rechnungshofes unterliegenden Rechtsträgern mit mindestens 50 vH des Stamm-, Grund- oder Eigenkapitals beteiligt ist oder die die Gemeinde allein oder gemeinsam mit anderen solchen Rechtsträgern betreibt. Hinsichtlich der Prüfzuständigkeit bei einer tatsächlichen Beherr-

schung gilt Art. 126b Abs. 2 sinngemäß. Die Zuständigkeit des Rechnungshofes erstreckt sich auch auf Unternehmungen jeder weiteren Stufe, bei denen die Voraussetzungen gemäß diesem Absatz vorliegen.
(4) Der Rechnungshof ist befugt, die Gebarung öffentlich-rechtlicher Körperschaften mit Mitteln einer Gemeinde mit mindestens 10 000 Einwohnern zu überprüfen.
(5) Der Rechnungshof gibt das Ergebnis seiner Überprüfung dem Bürgermeister bekannt. Der Bürgermeister hat hiezu Stellung zu nehmen und die auf Grund des Prüfungsergebnisses getroffenen Maßnahmen innerhalb von drei Monaten dem Rechnungshof mitzuteilen. Der Rechnungshof hat das Ergebnis seiner Gebarungsüberprüfung samt einer allenfalls abgegebenen Äußerung des Bürgermeisters der Landesregierung und der Bundesregierung mitzuteilen.
(6) Der Rechnungshof erstattet dem Gemeinderat über seine Tätigkeit im vorausgegangenen Jahr, soweit sie sich auf die betreffende Gemeinde bezieht, spätestens bis 31. Dezember Bericht. Er hat jeden Bericht gleichzeitig mit der Vorlage an den Gemeinderat auch der Landesregierung sowie der Bundesregierung mitzuteilen. Die Berichte des Rechnungshofes sind nach Vorlage an den Gemeinderat zu veröffentlichen.
(7) Der Rechnungshof hat auf begründetes Ersuchen der Landesregierung die Gebarung bestimmter Gemeinden mit weniger als 10 000 Einwohnern zu überprüfen. Die Abs. 1 und 3 bis 6 sind sinngemäß anzuwenden. In jedem Jahr dürfen nur zwei derartige Ersuchen gestellt werden. Solche Ersuchen sind nur hinsichtlich jener Gemeinden zulässig, die im Vergleich mit anderen Gemeinden über eine auffällige Entwicklung bei Schulden oder Haftungen verfügen.
(8) Der Rechnungshof hat auf Beschluss des Landtages die Gebarung bestimmter Gemeinden mit weniger als 10 000 Einwohnern zu überprüfen. Die Abs. 1 und 3 bis 6 sind mit der Maßgabe sinngemäß anzuwenden, dass der Bericht des Rechnungshofes auch dem Landtag mitzuteilen ist. In jedem Jahr dürfen nur zwei derartige Anträge gestellt werden. Solche Anträge sind nur hinsichtlich jener Gemeinden zulässig, die im Vergleich mit anderen Gemeinden über eine auffällige Entwicklung bei Schulden oder Haftungen verfügen.
(9) Die für die Überprüfung der Gebarung der Gemeinden geltenden Bestimmungen sind bei der Überprüfung der Gebarung der Gemeindeverbände sinngemäß anzuwenden.

ARTIKEL 127b.

(1) Der Rechnungshof ist befugt, die Gebarung der gesetzlichen beruflichen Vertretungen zu überprüfen.
(2) Die gesetzlichen beruflichen Vertretungen haben dem Rechnungshof alljährlich den Voranschlag und den Rechnungsabschluss zu übermitteln.
(3) Die Überprüfung des Rechnungshofes hat sich auf die ziffernmäßige Richtigkeit, die Übereinstimmung mit den bestehenden Vorschriften, ferner auf die Sparsamkeit und Wirtschaftlichkeit der Gebarung zu erstrecken; diese Überprüfung umfasst jedoch nicht die für die Gebarung in Wahrnehmung der Aufgaben als Interessenvertretung maßgeblichen Beschlüsse der zuständigen Organe der gesetzlichen beruflichen Vertretungen.
(4) Der Rechnungshof hat das Ergebnis seiner Überprüfung dem Vorsitzenden des satzungsgebenden Organs (Vertretungskörpers) der gesetzlichen beruflichen Vertretung bekanntzugeben. Dieser hat das Ergebnis der Überprüfung samt einer allfälligen Stellungnahme dazu dem satzungsgebenden Organ (Vertretungskörper) der gesetzlichen beruflichen Vertretung vorzulegen. Der Rechnungshof hat das Ergebnis der Überprüfung gleichzeitig auch der zur obersten Aufsicht über die gesetzliche berufliche Vertretung zuständigen Behörde mitzuteilen. Die Berichte des Rechnungshofes sind nach Vorlage an das satzungsgebende Organ (den Vertretungskörper) zu veröffentlichen.

ARTIKEL 127c.

Ist in einem Land ein Landesrechnungshof eingerichtet, können durch Landesverfassungsgesetz folgende Regelungen getroffen werden:

1. eine dem Art. 126a erster Satz entsprechende Bestimmung mit der Maßgabe, dass Art. 126a zweiter Satz auch in diesem Fall gilt;
2. dem Art. 127a Abs. 1 bis 6 entsprechende Bestimmungen betreffend Gemeinden mit weniger als 10 000 Einwohnern;
3. dem Art. 127a Abs. 7 und 8 entsprechende Bestimmungen betreffend Gemeinden mit mindestens 10 000 Einwohnern.

[Anm.: Z 4 aufgehoben]

ARTIKEL 128.

Die näheren Bestimmungen über die Einrichtung und Tätigkeit des Rechnungshofes werden durch Bundesgesetz getroffen.

Garantien der Verfassung und Verwaltung

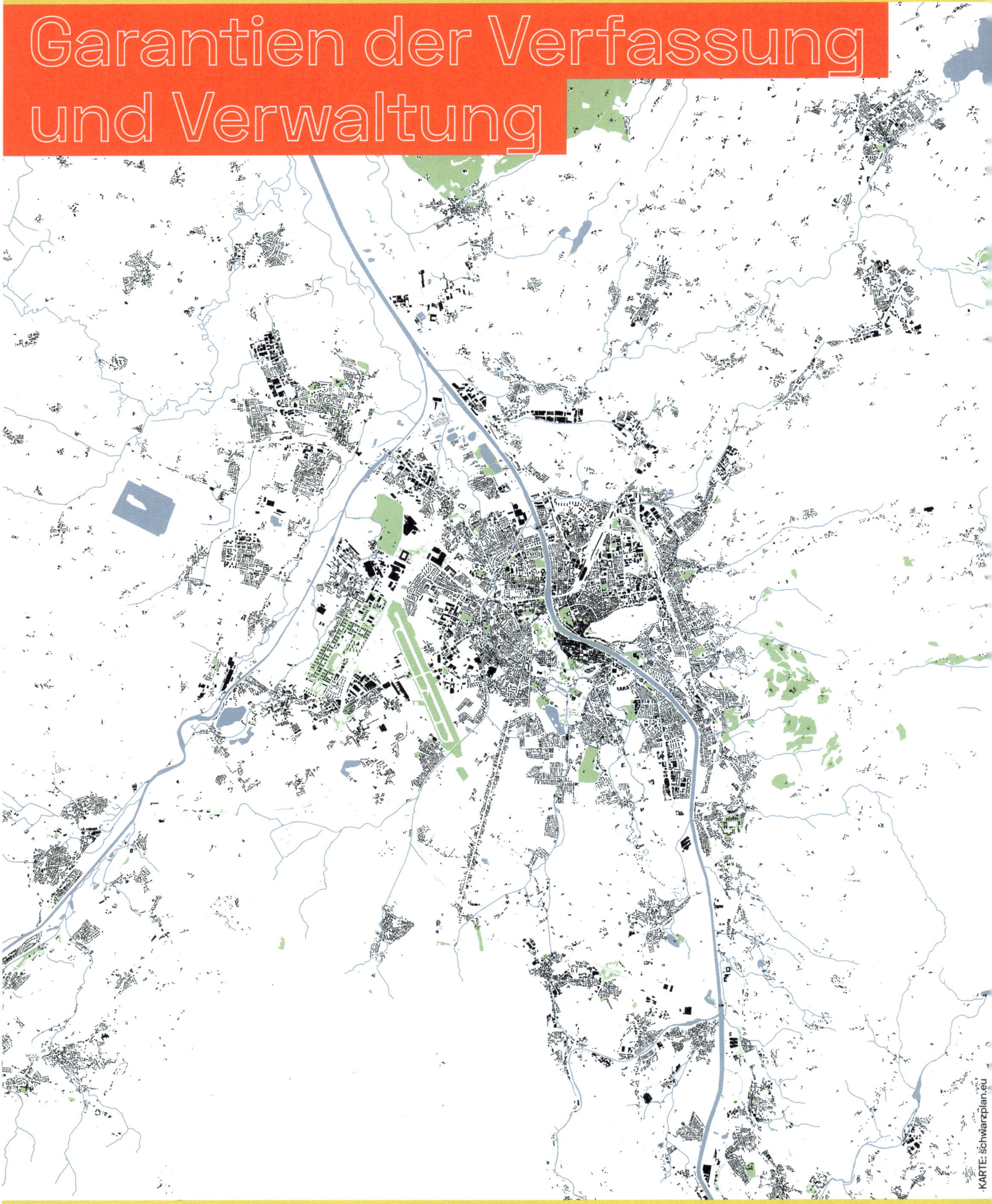

KARTE: schwarzplan.eu

A.
Verwaltungsgerichtsbarkeit

ARTIKEL 129.

Für jedes Land besteht ein Verwaltungsgericht des Landes. Für den Bund bestehen ein als Bundesverwaltungsgericht zu bezeichnendes Verwaltungsgericht des Bundes und ein als Bundesfinanzgericht zu bezeichnendes Verwaltungsgericht des Bundes für Finanzen.

ARTIKEL 130.

(1) Die Verwaltungsgerichte erkennen über Beschwerden
1. gegen den Bescheid einer Verwaltungsbehörde wegen Rechtswidrigkeit;
2. gegen die Ausübung unmittelbarer verwaltungsbehördlicher Befehls- und Zwangsgewalt wegen Rechtswidrigkeit;
3. wegen Verletzung der Entscheidungspflicht durch eine Verwaltungsbehörde.
[Anm.: Z 4 aufgehoben]

(1a) Das Verwaltungsgericht des Bundes erkennt über die Anwendung von Zwangsmitteln gegenüber Auskunftspersonen eines Untersuchungsausschusses des Nationalrates nach Maßgabe des Bundesgesetzes über die Geschäftsordnung des Nationalrates.

(2) **Durch Bundes- oder Landesgesetz können sonstige Zuständigkeiten der Verwaltungsgerichte zur Entscheidung über**

1. **Beschwerden wegen Rechtswidrigkeit eines Verhaltens einer Verwaltungsbehörde** in Vollziehung der Gesetze oder
2. Beschwerden wegen Rechtswidrigkeit eines Verhaltens eines Auftraggebers **in den Angelegenheiten des öffentlichen Auftragswesen**s oder
3. Streitigkeiten in **dienstrechtlichen Angelegenheiten der öffentlich Bediensteten** oder
4. **Beschwerden, Streitigkeiten oder Anträge** in sonstigen Angelegenheiten

vorgesehen werden. In den Angelegenheiten der Vollziehung des Bundes, die nicht unmittelbar von Bundesbehörden besorgt werden, sowie in den Angelegenheiten der Art. 11, 12, 14 Abs. 2 und 3 und 14a Abs. 3 und 4 dürfen Bundesgesetze gemäß Z 1 und 4 nur mit Zustimmung der Länder kundgemacht werden.

(2a) Die Verwaltungsgerichte erkennen über Beschwerden von Personen, die durch das jeweilige Verwaltungsgericht in Ausübung seiner gerichtlichen Zuständigkeiten in ihren Rechten gemäß der Verordnung (EU) 2016/679 zum Schutz natürlicher Personen bei der Verarbeitung personenbezogener Daten, zum freien Datenverkehr und zur Aufhebung der Richtlinie 95/46/EG (Datenschutz-Grundverordnung) – DSGVO, ABl. Nr. L 119 vom 4. 5. 2016 S. 1, verletzt zu sein behaupten.

(3) Außer in Verwaltungsstrafsachen und in den zur Zuständigkeit des Verwaltungsgerichtes des Bundes für Finanzen gehörenden Rechtssachen liegt Rechtswidrigkeit nicht vor, soweit das Gesetz der Verwaltungsbehörde Ermessen einräumt und sie dieses im Sinne des Gesetzes geübt hat.

(4) Über Beschwerden gemäß Abs. 1 Z 1 in Verwaltungsstrafsachen hat das Verwaltungsgericht in der Sache selbst zu entscheiden. Über Beschwerden gemäß Abs. 1 Z 1 in sonstigen Rechtssachen hat das Verwaltungsgericht dann in der Sache selbst zu entscheiden, wenn

1. der maßgebliche Sachverhalt feststeht oder
2. die Feststellung des maßgeblichen Sachverhaltes durch das Verwaltungsgericht selbst im Interesse der Raschheit gelegen oder mit einer erheblichen Kostenersparnis verbunden ist.

(5) Von der Zuständigkeit der Verwaltungsgerichte ausgeschlossen sind Rechtssachen, die zur Zuständigkeit der ordentlichen Gerichte oder des Verfassungsgerichtshofes gehören sofern nicht in diesem Gesetz anderes bestimmt ist.

ARTIKEL 131.

(1) Soweit sich aus Abs. 2 und 3 nicht anderes ergibt, erkennen über Beschwerden nach Art. 130 Abs. 1 die Verwaltungsgerichte der Länder.

(2) Soweit sich aus Abs. 3 nicht anderes ergibt, erkennt das Verwaltungsgericht des Bundes über Beschwerden gemäß Art. 130 Abs. 1 in Rechtssachen in den Angelegenheiten der Vollziehung des Bundes, die unmittelbar von Bundesbehörden besorgt werden. Sieht ein Gesetz gemäß Art. 130 Abs. 2 Z 2 eine Zuständigkeit der Verwaltungsgerichte vor, erkennt das Verwaltungsgericht des Bundes über Beschwerden in Rechtssachen in den Angelegenheiten des öffentlichen Auftragswesens, die gemäß Art. 14b Abs. 2 Z 1 in Vollziehung Bundessache sind. Sieht ein Gesetz gemäß Art. 130 Abs. 2 Z 3 eine Zuständigkeit der Verwaltungsgerichte vor, erkennt das Verwaltungsgericht des Bundes über Streitigkeiten in dienstrechtlichen Angelegenheiten der öffentlich Bediensteten des Bundes.

(3) Das Verwaltungsgericht des Bundes für Finanzen erkennt über Beschwerden gemäß Art. 130 Abs. 1 Z 1 bis 3 in Rechtssachen in Angelegenheiten der öffentlichen Abgaben (mit Ausnahme der Verwaltungsabgaben des Bundes, der Länder und Gemeinden) und des Finanzstrafrechts sowie in sonstigen gesetzlich festgelegten Angelegenheiten, soweit die genannten Angelegenheiten unmittelbar von den Abgaben- oder Finanzstrafbehörden des Bundes besorgt werden.

(4) Durch Bundesgesetz kann

1. eine Zuständigkeit der Verwaltungsgerichte der Länder vorgesehen werden: in Rechtssachen in den Angelegenheiten gemäß Abs. 2 und 3;
2. eine Zuständigkeit der Verwaltungsgerichte des Bundes vorgesehen werden:

a) in Rechtssachen in den Angelegenheiten der Umweltverträglichkeitsprüfung für Vorhaben, bei denen mit erheblichen Auswirkungen auf die Umwelt zu rechnen ist (Art. 10 Abs. 1 Z 9 und Art. 11 Abs. 1 Z 7);
b) in Rechtssachen in den Angelegenheiten des Art. 14 Abs. 1 und 5;
c) in sonstigen Rechtssachen in den Angelegenheiten der Vollziehung des Bundes, die nicht unmittelbar von Bundesbehörden besorgt werden, sowie in den Angelegenheiten der Art. 11, 12, 14 Abs. 2 und 3 und 14a Abs. 3.

Bundesgesetze gemäß Z 1 und Z 2 lit. c dürfen nur mit Zustimmung der Länder kundgemacht werden.

(5) Durch Landesgesetz kann in Rechtssachen in den Angelegenheiten des selbständigen Wirkungsbereiches der Länder eine Zuständigkeit der Verwaltungsgerichte des Bundes vorgesehen werden. Art. 97 Abs. 2 gilt sinngemäß.

(6) Über Beschwerden in Rechtssachen, in denen ein Gesetz gemäß Art. 130 Abs. 2 Z 1 und 4 eine Zuständigkeit der Verwaltungsgerichte vorsieht, erkennen die in dieser Angelegenheit gemäß den Abs. 1 bis 4 dieses Artikels zuständigen Verwaltungsgerichte. Ist gemäß dem ersten Satz keine Zuständigkeit gegeben, erkennen über solche Beschwerden die Verwaltungsgerichte der Länder.

ARTIKEL 132.

(1) Gegen den Bescheid einer Verwaltungsbehörde kann wegen Rechtswidrigkeit Beschwerde erheben:

1. wer durch den Bescheid in seinen Rechten verletzt zu sein behauptet;
2. der zuständige Bundesminister in Rechtssachen in einer Angelegenheit der Art. 11, 12, 14 Abs. 2 und 3 und 14a Abs. 3 und 4.

(2) Gegen die Ausübung unmittelbarer verwaltungsbehördlicher Befehls- und Zwangsgewalt kann wegen Rechtswidrigkeit Beschwerde erheben, wer durch sie in seinen Rechten verletzt zu sein behauptet.

(3) Wegen Verletzung der Entscheidungspflicht kann Beschwerde erheben, wer im Verwaltungsverfahren als Partei zur Geltendmachung der Entscheidungspflicht berechtigt zu sein behauptet.

(4) Wer in anderen als den in Abs. 1 und 2 genannten Fällen und in den Fällen, in denen ein Gesetz gemäß Art. 130 Abs. 2 eine Zuständigkeit der Verwaltungsgerichte vorsieht, wegen Rechtswidrigkeit Beschwerde erheben kann, bestimmen die Bundes- oder Landesgesetze.

(5) In den Angelegenheiten des eigenen Wirkungsbereiches der Gemeinde kann Beschwerde beim Verwaltungsgericht erst nach Erschöpfung des Instanzenzuges erhoben werden.

ARTIKEL 133.

(1) Der Verwaltungsgerichtshof erkennt über

1. Revisionen gegen das Erkenntnis eines Verwaltungsgerichtes wegen Rechtswidrigkeit;
2. Anträge auf Fristsetzung wegen Verletzung der Entscheidungspflicht durch ein Verwaltungsgericht;
3. Kompetenzkonflikte zwischen Verwaltungsgerichten oder zwischen einem Verwaltungsgericht und dem Verwaltungsgerichtshof.

(2) Durch Bundes- oder Landesgesetz können sonstige Zuständigkeiten des Verwaltungsgerichtshofes zur Entscheidung über Anträge eines ordentlichen Gerichtes auf Feststellung der Rechtswidrigkeit eines Bescheides oder eines Erkenntnisses eines Verwaltungsgerichtes vorgesehen werden.

(2a) Der Verwaltungsgerichtshof erkennt über die Beschwerde einer Person, die durch den Verwaltungsgerichtshof in Ausübung seiner gerichtlichen Zuständigkeiten in ihren Rechten gemäß der DSGVO verletzt zu sein behauptet.

(3) Rechtswidrigkeit liegt nicht vor, soweit das Verwaltungsgericht Ermessen im Sinne des Gesetzes geübt hat.

(4) Gegen ein Erkenntnis des Verwaltungsgerichtes ist die Revision zulässig, wenn sie von der Lösung einer Rechtsfrage abhängt, der grundsätzliche Bedeutung zukommt, insbesondere weil das Erkenntnis von der Rechtsprechung des Verwaltungsgerichtshofes abweicht, eine solche Rechtsprechung fehlt oder die zu lösende Rechtsfrage in der bisherigen Rechtsprechung des Verwaltungsgerichtshofes nicht einheitlich beantwortet wird. Hat das Erkenntnis nur eine geringe Geldstrafe zum Gegenstand, kann durch Bundesgesetz vorgesehen werden, dass die Revision unzulässig ist.

(5) Von der Zuständigkeit des Verwaltungsgerichtshofes ausgeschlossen sind Rechtssachen, die zur Zuständigkeit des Verfassungsgerichtshofes gehören.

(6) Gegen das Erkenntnis eines Verwaltungsgerichtes kann wegen Rechtswidrigkeit Revision erheben:

1. wer durch das Erkenntnis in seinen Rechten verletzt zu sein behauptet;
2. die belangte Behörde des Verfahrens vor dem Verwaltungsgericht;
3. der zuständige Bundesminister in den im Art. 132 Abs. 1 Z 2 genannten Rechtssachen.

[Anm.: Z 4 aufgehoben]

(7) Wegen Verletzung der Entscheidungspflicht kann einen Antrag auf Fristsetzung stellen, wer im Verfahren vor dem Verwaltungsgericht als Partei zur Geltendmachung der Entscheidungspflicht berechtigt zu sein behauptet.

(8) Wer in anderen als den in Abs. 6 genannten Fällen wegen Rechtswidrigkeit Revision erheben kann, bestimmen die Bundes- oder Landesgesetze.

(9) Auf die Beschlüsse der Verwaltungsgerichte sind die für ihre Erkenntnisse geltenden Bestimmungen dieses Artikels sinngemäß anzuwenden. Inwieweit gegen Beschlüsse der Verwaltungsgerichte Revision erhoben werden kann, bestimmt das die Organisation und das Verfahren des Verwaltungsgerichtshofes regelnde besondere Bundesgesetz.

ARTIKEL 134.

(1) **Die Verwaltungsgerichte und der Verwaltungsgerichtshof bestehen aus je einem Präsidenten, einem Vizepräsidenten und der erforderlichen Zahl von sonstigen Mitgliedern.**

(2) Den Präsidenten, den Vizepräsidenten und die sonstigen Mitglieder des Verwaltungsgerichtes eines Landes ernennt die Landesregierung; diese hat, soweit es sich nicht um die Stelle des Präsidenten oder des Vizepräsidenten handelt, Dreiervorschläge der Vollversammlung des Verwaltungsgerichtes oder eines aus ihrer Mitte zu wählenden Ausschusses, der aus dem Präsidenten, dem Vizepräsidenten und mindestens fünf sonstigen Mitgliedern des Verwaltungsgerichtes des Landes zu bestehen hat, einzuholen. Die Mitglieder der Verwaltungsgerichte der Länder müssen das Studium der Rechtswissenschaften oder die rechts- und staatswissenschaftlichen Studien abgeschlossen haben und über eine fünfjährige juristische Berufserfahrung verfügen.

(3) **Den Präsidenten, den Vizepräsidenten und die sonstigen Mitglieder der Verwaltungsgerichte des Bundes ernennt der Bundespräsident auf Vorschlag der Bundesregierung;** diese hat, soweit es sich nicht um die Stelle des Präsidenten oder des Vizepräsidenten handelt, Dreiervorschläge der Vollversammlung des Verwaltungsgerichtes oder eines aus ihrer Mitte zu wählenden Ausschusses, der aus dem Präsidenten, dem Vizepräsidenten und mindestens fünf sonstigen Mitgliedern des Verwaltungsgerichtes des Bundes zu bestehen hat, einzuholen. Die Mitglieder des Verwaltungsgerichtes des Bundes müssen das Studium der Rechtswissenschaften oder die rechts- und staatswissenschaftlichen Studien abgeschlossen haben und über eine fünfjährige juristische Berufserfahrung verfügen, die Mitglieder des Verwaltungsgerichtes des Bundes für Finanzen müssen ein einschlägiges Studium abgeschlossen haben und über eine fünfjährige einschlägige Berufserfahrung verfügen.

(4) **Den Präsidenten, den Vizepräsidenten und die sonstigen Mitglieder des Verwaltungsgerichtshofes ernennt der Bundespräsident auf Vorschlag der Bundesregierung;** diese erstattet ihre Vorschläge, soweit es sich nicht um die Stelle des Präsidenten oder des Vizepräsidenten handelt, auf Grund von Dreiervorschlägen der Vollversammlung des Verwaltungsgerichtshofes oder eines aus ihrer Mitte zu wählenden Ausschusses, der aus dem Präsidenten, dem Vizepräsidenten und mindestens fünf sonstigen Mitgliedern des Verwaltungsgerichtshofes zu bestehen hat. **Die Mitglieder des Verwaltungsgerichtshofes müssen das Studium der Rechtswissenschaften oder die rechts- und staatswissenschaftlichen Studien abgeschlossen haben und über eine zehnjährige juristische Berufserfahrung verfügen.** Wenigstens der vierte Teil soll aus Berufsstellungen in den Ländern, womöglich aus dem Verwaltungsdienst der Länder, entnommen werden.

(5) Den Verwaltungsgerichten und dem Verwaltungsgerichtshof können Mitglieder der Bundesregierung, einer Landesregierung, des Nationalrates, des Bundesrates, eines Landtages oder des Europäischen Parlaments nicht angehören, dem Verwaltungsgerichtshof ferner Mitglieder eines sonstigen allgemeinen Vertretungskörpers; für Mitglieder eines allgemeinen Vertretungskörpers oder des Europäischen Parlaments, die auf eine bestimmte Gesetzgebungs- oder Funktionsperiode gewählt wurden, dauert die Unvereinbarkeit auch bei vorzeitigem Verzicht auf das Mandat bis zum Ablauf der Gesetzgebungs- oder Funktionsperiode fort.

(6) Zum Präsidenten oder Vizepräsidenten eines Verwaltungsgerichtes oder des Verwaltungsgerichtshofes kann nicht ernannt werden, wer eine der in Abs. 5 bezeichneten Funktionen in den letzten fünf Jahren ausgeübt hat.

(7) Die Mitglieder der Verwaltungsgerichte und des Verwaltungsgerichtshofes sind Richter. Art. 87 Abs. 1 und 2 und Art. 88 Abs. 1 und 2 sind mit der Maßgabe sinngemäß anzuwenden, dass die Altersgrenze, mit deren Erreichung die Mitglieder der Verwaltungsgerichte der Länder in den dauernden Ruhestand treten oder ihr Dienstverhältnis endet, durch Landesgesetz bestimmt wird.

(8) Die Diensthoheit gegenüber den beim Verwaltungsgerichtshof Bediensteten wird vom Präsidenten ausgeübt.

ARTIKEL 135.

(1) Die Verwaltungsgerichte erkennen durch Einzelrichter. Im Gesetz über das Verfahren der Verwaltungsgerichte oder in Bundes- oder Landesgesetzen kann vorgesehen werden, dass die Verwaltungsgerichte durch Senate entscheiden. Die Größe der Senate wird durch das Gesetz über die Organisation des Verwaltungsgerichtes festgelegt. Die Senate sind von der Vollversammlung oder einem aus ihrer Mitte zu wählenden Ausschuss, der aus dem Präsidenten, dem Vizepräsidenten und einer gesetzlich zu bestimmenden Zahl von sonstigen Mitgliedern des Verwaltungsgerichtes zu bestehen hat, aus den Mitgliedern des Verwaltungsgerichtes und, soweit in Bundes- oder Landesgesetzen die Mitwirkung von fachkundigen Laienrichtern an der Rechtsprechung vorgesehen ist, aus einer in diesen zu bestimmenden Anzahl von fachkundigen Laienrichtern zu bilden. Insoweit ein Bundesgesetz vorsieht, dass ein Verwaltungsgericht des Landes in Senaten zu entscheiden hat oder dass fachkundige Laienrichter an der Rechtsprechung mitwirken, muss hiezu die Zustimmung der beteiligten Länder eingeholt werden. Der Verwaltungsgerichtshof erkennt durch Senate, die von der Vollversammlung oder einem aus ihrer Mitte zu wählenden Ausschuss, der aus dem Präsidenten, dem Vizepräsidenten und einer gesetzlich zu bestimmenden Zahl von sonstigen Mitgliedern des Verwaltungsgerichtshofes zu bestehen hat, aus den Mitgliedern des Verwaltungsgerichtshofes zu bilden sind.

(2) Die vom Verwaltungsgericht zu besorgenden Geschäfte sind durch die Vollversammlung oder einen aus ihrer Mitte zu wählenden Ausschuss, der aus dem Präsidenten, dem Vizepräsidenten und einer gesetzlich zu bestimmenden Zahl von sonstigen Mitgliedern des Verwaltungsgerichtes zu bestehen hat, auf die Einzelrichter und die Senate für die gesetzlich bestimmte Zeit im Voraus zu verteilen. Die vom Verwaltungsgerichtshof zu besorgenden Geschäfte sind durch die Vollversammlung oder einen aus ihrer Mitte zu wählenden Ausschuss, der aus dem Präsidenten, dem Vizepräsidenten und einer gesetzlich zu bestimmenden Zahl von sonstigen Mitgliedern des Verwaltungsgerichtshofes zu bestehen hat, auf die Senate für die gesetzlich bestimmte Zeit im Voraus zu verteilen.

(3) Eine nach der Geschäftsverteilung einem Mitglied zufallende Sache darf ihm nur durch das gemäß Abs. 2 zuständige Organ und nur im Fall seiner Verhinderung oder dann abgenommen werden, wenn es wegen des Umfangs seiner Aufgaben an deren Erledigung innerhalb einer angemessenen Frist gehindert ist.

(4) Art. 89 ist auf die Verwaltungsgerichte und den Verwaltungsgerichtshof sinngemäß anzuwenden.

ARTIKEL 135a.

(1) Im Gesetz über die Organisation des Verwaltungsgerichtes kann die Besorgung einzelner, genau zu bezeichnender Arten von Geschäften besonders ausgebildeten nichtrichterlichen Bediensteten übertragen werden.

(2) Das nach der Geschäftsverteilung zuständige Mitglied des Verwaltungsgerichtes kann jedoch jederzeit die Erledigung solcher Geschäfte sich vorbehalten oder an sich ziehen.

(3) Bei der Besorgung der im Abs. 1 bezeichneten Geschäfte sind die nichtrichterlichen Bediensteten nur an die Weisungen des nach der Geschäftsverteilung zuständigen Mitgliedes des Verwaltungsgerichtes gebunden. Art. 20 Abs. 1 dritter Satz ist anzuwenden.

ARTIKEL 136.

(1) Die Organisation der Verwaltungsgerichte der Länder wird durch Landesgesetz geregelt, die Organisation der Verwaltungsgerichte des Bundes durch Bundesgesetz.

(2) **Das Verfahren der Verwaltungsgerichte mit Ausnahme des Verwaltungsgerichtes des Bundes für Finanzen wird durch ein besonderes Bundesgesetz einheitlich geregelt.** Der Bund hat den Ländern Gelegenheit zu geben, an der Vorbereitung solcher Gesetzesvorhaben mitzuwirken. Durch Bundes- oder Landesgesetz können Regelungen über das Verfahren der Verwaltungsgerichte getroffen werden, wenn sie zur Regelung des Gegenstandes erforderlich sind oder soweit das im ersten Satz genannte besondere Bundesgesetz dazu ermächtigt.

(3) **Das Verfahren des Verwaltungsgerichtes des Bundes für Finanzen wird durch Bundesgesetz geregelt.** Durch Bundesgesetz kann auch das Abgabenverfahren vor den Verwaltungsgerichten der Länder geregelt werden.

(3a) Das Bundesgesetz über die Geschäftsordnung des Nationalrates kann für das Verfahren des Verwaltungsgerichtes des Bundes gemäß Art. 130 Abs. 1a besondere Bestimmungen treffen.

(3b) In den Fällen des Art. 130 Abs. 2 Z 4 können für das Verfahren der Verwaltungsgerichte durch Bundes- oder Landesgesetz besondere Bestimmungen getroffen werden.

(4) **Die Organisation und das Verfahren des Verwaltungsgerichtshofes werden durch ein besonderes Bundesgesetz geregelt.**

(5) Die Vollversammlungen der Verwaltungsgerichte und des Verwaltungsgerichtshofes beschließen auf Grund der nach den vorstehenden Absätzen erlassenen Gesetze Geschäftsordnungen.

B.
Verfassungsgerichtsbarkeit

ARTIKEL 137.

Der Verfassungsgerichtshof erkennt über vermögensrechtliche Ansprüche gegen den Bund, die Länder, die Gemeinden und die Gemeindeverbände, die weder im ordentlichen Rechtsweg auszutragen noch durch Bescheid einer Verwaltungsbehörde zu erledigen sind.

ARTIKEL 138.

(1) **Der Verfassungsgerichtshof erkennt über Kompetenzkonflikte**

1. **zwischen Gerichten und Verwaltungsbehörden;**
2. **zwischen ordentlichen Gerichten und Verwaltungsgerichten oder dem Verwaltungsgerichtshof** sowie zwischen dem Verfassungsgerichtshof selbst und allen anderen Gerichten;
3. **zwischen dem Bund und einem Land oder zwischen den Ländern untereinander.**

(2) Der Verfassungsgerichtshof stellt weiters auf Antrag der Bundesregierung oder einer Landesregierung fest, ob ein Akt der Gesetzgebung oder Vollziehung in die Zuständigkeit des Bundes oder der Länder fällt.

ARTIKEL 138a.

(1) Auf Antrag der Bundesregierung oder einer beteiligten Landesregierung stellt der Verfassungsgerichtshof fest, ob eine Vereinbarung im Sinne des Art. 15a Abs. 1 vorliegt und ob von einem Land oder dem Bund die aus einer solchen Vereinbarung folgenden Verpflichtungen, soweit es sich nicht um vermögensrechtliche Ansprüche handelt, erfüllt worden sind.

(2) Wenn es in einer Vereinbarung im Sinne des Art. 15a Abs. 2 vorgesehen ist, stellt der Verfassungsgerichtshof ferner auf Antrag einer beteiligten Landesregierung fest, ob eine solche Vereinbarung vorliegt und ob die aus einer solchen Vereinbarung folgenden Verpflichtungen, soweit es sich nicht um vermögensrechtliche Ansprüche handelt, erfüllt worden sind.

ARTIKEL 138b.

(1) **Der Verfassungsgerichtshof erkennt über**

1. **die Anfechtung von Beschlüssen des Geschäftsordnungsausschusses des Nationalrates,** mit denen ein Verlangen eines Viertels der Mitglieder des Nationalrates, einen Untersuchungsausschuss einzusetzen, für ganz oder teilweise unzulässig erklärt wird, durch ein dieses Verlangen unterstützendes Viertel seiner Mitglieder wegen Rechtswidrigkeit;
2. den hinreichenden Umfang von **grundsätzlichen Beweisbeschlüssen des Geschäftsordnungsausschusses des Nationalrates** auf Antrag eines Viertels seiner Mitglieder gemäß Z 1;
3. **die Rechtmäßigkeit des Beschlusses eines Untersuchungsausschusses des Nationalrates,** mit dem das Bestehen eines sachlichen Zusammenhanges eines Verlangens eines Viertels seiner Mitglieder betreffend die Erhebung weiterer Beweise mit dem Untersuchungsgegenstand bestritten wird, auf Antrag des dieses Verlangen unterstützenden Viertels seiner Mitglieder;
4. **Meinungsverschiedenheiten zwischen einem Untersuchungsausschuss des Nationalrates,** einem Viertel seiner Mitglieder und informationspflichtigen Organen über die Verpflichtung, dem Untersuchungsausschuss Informationen zur Verfügung zu stellen, auf Antrag des Untersuchungsausschusses, eines Viertels seiner Mitglieder oder des informationspflichtigen Organs;
5. **die Rechtmäßigkeit des Beschlusses eines Untersuchungsausschusses des Nationalrates,** mit dem das Bestehen eines sachlichen Zusammenhanges eines Verlangens eines Viertels seiner Mitglieder betreffend die Ladung einer Auskunftsperson mit dem Untersuchungsgegenstand bestritten wird, auf Antrag des dieses Verlangen unterstützenden Viertels seiner Mitglieder;
6. **Meinungsverschiedenheiten zwischen einem Untersuchungsausschuss des Nationalrates und dem Bundesminister für Justiz** über das Erfordernis und die Auslegung einer Vereinbarung über die Rücksichtnahme auf die Tätigkeit der Strafverfolgungsbehörden auf Antrag des Untersuchungsausschusses oder des Bundesministers für Justiz;
7. Beschwerden einer Person, die durch ein Verhalten
   a) eines Untersuchungsausschusses des Nationalrates,
   b) eines Mitgliedes eines solchen Ausschusses in Ausübung seines Berufes als Mitglied des Nationalrates oder
   c) gesetzlich zu bestimmender Personen in Ausübung ihrer Funktion im Verfahren vor dem Untersuchungsausschuss

in ihren Persönlichkeitsrechten verletzt zu sein behauptet.

(2) Der Verfassungsgerichtshof erkennt ferner über die Anfechtung von Entscheidungen des Präsidenten des Nationalrates und des Vorsitzenden des Bundesrates betreffend die Klassifizierung von Informationen, die dem Nationalrat beziehungsweise dem Bundesrat zur Verfügung stehen, durch das informationspflichtige Organ wegen Rechtswidrigkeit.

ARTIKEL 139.

(1) Der Verfassungsgerichtshof erkennt über Gesetzwidrigkeit von Verordnungen

1. **auf Antrag eines Gerichtes;**
2. **von Amts wegen,** wenn er die Verordnung in einer bei ihm anhängigen Rechtssache anzuwenden hätte;
3. **auf Antrag einer Person, die unmittelbar durch diese Gesetzwidrigkeit in ihren Rechten verletzt zu sein behauptet,** wenn die Verordnung ohne Fällung einer gerichtlichen Entscheidung oder ohne Erlassung eines Bescheides für diese Person wirksam geworden ist;
4. **auf Antrag einer Person, die als Partei einer von einem ordentlichen Gericht in erster Instanz entschiedenen Rechtssache wegen Anwendung einer gesetzwidrigen Verordnung in ihren Rechten verletzt zu sein behauptet,** aus Anlass eines gegen diese Entscheidung erhobenen Rechtsmittels;
5. **einer Bundesbehörde auch auf Antrag einer Landesregierung oder der Volksanwaltschaft;**
6. **einer Landesbehörde** auch auf Antrag der Bundesregierung oder, wenn landesverfassungsgesetzlich die Volksanwaltschaft auch für den Bereich der Verwaltung des betreffenden Landes für zuständig erklärt wurde, der Volksanwaltschaft oder einer Einrichtung gemäß Art. 148i Abs. 2;
7. **einer Aufsichtsbehörde** nach Art. 119a Abs. 6 auch auf Antrag der Gemeinde, deren Verordnung aufgehoben wurde.

Auf Anträge gemäß Z 3 und 4 ist Art. 89 Abs. 3 sinngemäß anzuwenden.

(1a) Wenn dies zur Sicherung des Zwecks des Verfahrens vor dem ordentlichen Gericht erforderlich ist, kann die Stellung eines Antrages gemäß Abs. 1 Z 4 durch Bundesgesetz für unzulässig erklärt werden. Durch Bundesgesetz ist zu bestimmen, welche Wirkung ein Antrag gemäß Abs. 1 Z 4 hat.

(1b) Der Verfassungsgerichtshof kann die Behandlung eines Antrages gemäß Abs. 1 Z 3 oder 4 bis zur Verhandlung durch Beschluss ablehnen, wenn er keine hinreichende Aussicht auf Erfolg hat.

(2) Wird in einer beim Verfassungsgerichtshof anhängigen Rechtssache, in der der Verfassungsgerichtshof eine Verordnung anzuwenden hat, die Partei klaglos gestellt, so ist ein bereits eingeleitetes Verfahren zur Prüfung der Gesetzmäßigkeit der Verordnung dennoch fortzusetzen.

(3) Der Verfassungsgerichtshof darf eine Verordnung nur insoweit als gesetzwidrig aufheben, als ihre Aufhebung ausdrücklich beantragt wurde oder als er sie in der bei ihm anhängigen Rechtssache anzuwenden hätte. Gelangt der Verfassungsgerichtshof jedoch zur Auffassung, dass die ganze Verordnung

1. der gesetzlichen Grundlage entbehrt,
2. von einer unzuständigen Behörde erlassen wurde oder
3. in gesetzwidriger Weise kundgemacht wurde,

so hat er die ganze Verordnung als gesetzwidrig aufzuheben. Dies gilt nicht, wenn die Aufhebung der ganzen Verordnung offensichtlich den rechtlichen Interessen der Partei zuwiderläuft, die einen Antrag gemäß Abs. 1 Z 3 oder 4 gestellt hat oder deren Rechtssache Anlass für die amtswegige Einleitung des Verordnungsprüfungsverfahrens gegeben hat.

(4) Ist die Verordnung im Zeitpunkt der Fällung des Erkenntnisses des Verfassungsgerichtshofes bereits außer Kraft getreten und wurde das Verfahren von Amts wegen eingeleitet oder der Antrag von einem Gericht oder von einer Person gestellt, die durch die Gesetzwidrigkeit der Verordnung in ihren Rechten verletzt zu sein behauptet, so hat der Verfassungsgerichtshof auszusprechen, ob die Verordnung gesetzwidrig war. Abs. 3 gilt sinngemäß.

(5) Das Erkenntnis des Verfassungsgerichtshofes, mit dem eine Verordnung als gesetzwidrig aufgehoben wird, verpflichtet die zuständige oberste Behörde des Bundes oder des Landes zur unverzüglichen Kundmachung der Aufhebung. Dies gilt sinngemäß für den Fall eines Ausspruches gemäß Abs. 4. Die Aufhebung tritt mit Ablauf des Tages der Kundmachung in Kraft, wenn nicht der Verfassungsgerichtshof für das Außerkrafttreten eine Frist bestimmt, die sechs Monate, wenn aber gesetzliche Vorkehrungen erforderlich sind, 18 Monate nicht überschreiten darf.

(6) Ist eine Verordnung wegen Gesetzwidrigkeit aufgehoben worden oder hat der Verfassungsgerichtshof gemäß Abs. 4 ausgesprochen, dass eine Verordnung gesetzwidrig war, so sind alle Gerichte und Verwaltungsbehörden an den Spruch des Verfassungsgerichtshofes gebunden. Auf die vor der Aufhebung verwirklichten Tatbestände mit Ausnahme des Anlassfalles ist jedoch die Verordnung weiterhin anzuwenden, sofern der Verfassungsgerichtshof nicht in seinem aufhebenden Erkenntnis anderes ausspricht. Hat der Verfassungsgerichtshof in seinem aufhebenden Erkenntnis eine Frist gemäß Abs. 5 gesetzt, so ist die Verordnung auf alle bis zum Ablauf dieser Frist verwirklichten Tatbestände mit Ausnahme des Anlassfalles anzuwenden.

(7) Für Rechtssachen, die zur Stellung eines Antrages gemäß Abs. 1 Z 4 Anlass gegeben haben, ist durch Bundesgesetz zu bestimmen, dass das Erkenntnis des Verfassungsgerichtshofes, mit dem die Verordnung als gesetzwidrig aufgehoben wird, eine neuerliche Entscheidung dieser Rechtssache ermöglicht. Dies gilt sinngemäß für den Fall eines Ausspruches gemäß Abs. 4.

ARTIKEL 139a.

Der Verfassungsgerichtshof erkennt über Gesetzwidrigkeit von Kundmachungen über die Wiederverlautbarung eines Gesetzes (Staatsvertrages). Art. 139 ist sinngemäß anzuwenden.

ARTIKEL 140.

(1) Der Verfassungsgerichtshof erkennt über Verfassungswidrigkeit

1. von Gesetzen

a) auf Antrag eines Gerichtes;
b) von Amts wegen, wenn er das Gesetz in einer bei ihm anhängigen Rechtssache anzuwenden hätte;
c) auf Antrag einer Person, die unmittelbar durch diese Verfassungswidrigkeit in ihren Rechten verletzt zu sein behauptet, wenn das Gesetz ohne Fällung einer gerichtlichen Entscheidung oder ohne Erlassung eines Bescheides für diese Person wirksam geworden ist;
d) auf Antrag einer Person, die als Partei einer von einem ordentlichen Gericht in erster Instanz entschiedenen Rechtssache wegen Anwendung eines verfassungswidrigen Gesetzes in ihren Rechten verletzt zu sein behauptet, aus Anlass eines gegen diese Entscheidung erhobenen Rechtsmittels;

2. **von Bundesgesetzen** auch auf Antrag einer Landesregierung, eines Drittels der Mitglieder des Nationalrates oder eines Drittels der Mitglieder des Bundesrates;
3. **von Landesgesetzen** auch auf Antrag der Bundesregierung oder, wenn dies landesverfassungsgesetzlich vorgesehen ist, auf Antrag eines Drittels der Mitglieder des Landtages.

Auf Anträge gemäß Z 1 lit. c und d ist Art. 89 Abs. 3 sinngemäß anzuwenden.

(1a) Wenn dies zur Sicherung des Zwecks des Verfahrens vor dem ordentlichen Gericht erforderlich ist, kann die Stellung eines Antrages gemäß Abs. 1 Z 1 lit. d durch Bundesgesetz für unzulässig erklärt werden. Durch Bundesgesetz ist zu bestimmen, welche Wirkung ein Antrag gemäß Abs. 1 Z 1 lit. d hat.

(1b) Der Verfassungsgerichtshof kann die Behandlung eines Antrages gemäß Abs. 1 Z 1 lit. c oder d bis zur Verhandlung durch Beschluss ablehnen, wenn er keine hinreichende Aussicht auf Erfolg hat.

(2) Wird in einer beim Verfassungsgerichtshof anhängigen Rechtssache, in der der Verfassungsgerichtshof ein Gesetz anzuwenden hat, die Partei klaglos gestellt, so ist ein bereits eingeleitetes Verfahren zur Prüfung der Verfassungsmäßigkeit des Gesetzes dennoch fortzusetzen.

(3) Der Verfassungsgerichtshof darf ein Gesetz nur insoweit als verfassungswidrig aufheben, als seine Aufhebung ausdrücklich beantragt wurde oder als der Verfassungsgerichtshof das Gesetz in der bei ihm anhängigen Rechtssache anzuwenden hätte. Gelangt der Verfassungsgerichtshof jedoch zu der Auffassung, dass das ganze Gesetz von einem nach der Kompetenzverteilung nicht berufenen Gesetzgebungsorgan erlassen oder in verfassungswidriger Weise kundgemacht wurde, so hat er das ganze Gesetz als verfassungswidrig aufzuheben. Dies gilt nicht, wenn die Aufhebung des ganzen Gesetzes offensichtlich den rechtlichen Interessen der Partei zuwiderläuft, die einen Antrag gemäß Abs. 1 Z 1 lit. c oder d gestellt hat oder deren Rechtssache Anlass für die amtswegige Einleitung des Gesetzesprüfungsverfahrens gegeben hat.

(4) Ist das Gesetz im Zeitpunkt der Fällung des Erkenntnisses des Verfassungsgerichtshofes bereits außer Kraft getreten und wurde das Verfahren von Amts wegen eingeleitet oder der Antrag von einem Gericht oder von einer Person gestellt, die durch die Verfassungswidrigkeit des Gesetzes in ihren Rechten verletzt zu sein behauptet, so hat der Verfassungsgerichtshof auszusprechen, ob das Gesetz verfassungswidrig war. Abs. 3 gilt sinngemäß.

(5) Das Erkenntnis des Verfassungsgerichtshofes, mit dem ein Gesetz als verfassungswidrig aufgehoben wird, verpflichtet den Bundeskanzler oder den zuständigen Landeshauptmann zur unverzüglichen Kundmachung der Aufhebung. Dies gilt sinngemäß für den Fall eines Ausspruches gemäß Abs. 4. Die Aufhebung tritt mit Ablauf des Tages der Kundmachung in Kraft, wenn nicht der Verfassungsgerichtshof für das Außerkrafttreten eine Frist bestimmt. Diese Frist darf 18 Monate nicht überschreiten.

(6) Wird durch ein Erkenntnis des Verfassungsgerichtshofes ein Gesetz als verfassungswidrig aufgehoben, so treten mit dem Tag des Inkrafttretens der Aufhebung, falls das Erkenntnis nicht anderes ausspricht, die gesetzlichen Bestimmungen wieder in Kraft, die durch das vom Verfassungsgerichtshof als verfassungswidrig erkannte Gesetz aufgehoben worden waren. In der Kundmachung über die Aufhebung des Gesetzes ist auch zu verlautbaren, ob und welche gesetzlichen Bestimmungen wieder in Kraft treten.

(7) Ist ein Gesetz wegen Verfassungswidrigkeit aufgehoben worden oder hat der Verfassungsgerichtshof gemäß Abs. 4 ausgesprochen, dass ein Gesetz verfassungswidrig war, so sind alle Gerichte und Verwaltungsbehörden an den Spruch des Verfassungsgerichtshofes gebunden. Auf die vor der Aufhebung verwirklichten Tatbestände mit Ausnahme des Anlassfalles ist jedoch das Gesetz weiterhin anzuwenden, sofern der Verfassungsgerichtshof nicht in seinem aufhebenden Erkenntnis anderes ausspricht. Hat der Verfassungsgerichtshof in seinem aufhebenden Erkenntnis eine Frist gemäß Abs. 5 gesetzt, so ist das Gesetz auf alle bis zum Ablauf dieser Frist verwirklichten Tatbestände mit Ausnahme des Anlassfalles anzuwenden.

(8) Für Rechtssachen, die zur Stellung eines Antrages gemäß Abs. 1 Z 1 lit. d Anlass gegeben haben, ist durch Bundesgesetz zu bestimmen, dass das Erkenntnis des Verfassungsgerichtshofes, mit dem das Gesetz als verfassungswidrig aufgehoben wird, eine neuerliche Entscheidung dieser Rechtssache ermöglicht. Dies gilt sinngemäß für den Fall eines Ausspruches gemäß Abs. 4.

ARTIKEL 140a.

Der Verfassungsgerichtshof erkennt über Rechtswidrigkeit von Staatsverträgen.

Auf die politischen, gesetzändernden und gesetzesergänzenden Staatsverträge und auf die Staatsverträge, durch die die vertraglichen Grundlagen der Europäischen Union geändert werden, ist Art. 140, auf alle anderen Staatsverträge Art. 139 sinngemäß mit folgenden Maßgaben anzuwenden:

1. Ein Staatsvertrag, dessen Verfassungs- oder Gesetzwidrigkeit der Verfassungsgerichtshof feststellt, ist mit Ablauf des Tages der Kundmachung des Erkenntnisses von den zu seiner Vollziehung berufenen Organen nicht mehr anzuwenden, wenn nicht der Verfassungsgerichtshof eine Frist bestimmt, innerhalb der der Staatsvertrag weiterhin anzuwenden ist; diese Frist darf bei den politischen, gesetzändernden und gesetzesergänzenden Staatsverträgen und bei den Staatsverträgen, durch die die vertraglichen Grundlagen der Europäischen Union geändert werden, zwei Jahre, bei allen anderen Staatsverträgen ein Jahr nicht überschreiten.
2. Ferner treten mit Ablauf des Tages der Kundmachung des Erkenntnisses eine Anordnung, dass der Staatsvertrag durch die Erlassung von Verordnungen zu erfüllen ist, oder ein Beschluss, dass der Staatsvertrag durch die Erlassung von Gesetzen zu erfüllen ist, außer Kraft.

ARTIKEL 141.

(1) Der Verfassungsgerichtshof erkennt a) über die Anfechtung der Wahl des Bundespräsidenten, von Wahlen zu den allgemeinen Vertretungskörpern,

zum Europäischen Parlament und zu den satzungsgebenden Organen (Vertretungskörpern) der gesetzlichen beruflichen Vertretungen;

b) **über Anfechtungen von Wahlen in die Landesregierung** und in die mit der Vollziehung betrauten Organe einer Gemeinde;
c) auf Antrag eines allgemeinen Vertretungskörpers auf **Mandatsverlust eines seiner Mitglieder** oder – sofern in den das Verfahren des jeweiligen Vertretungskörpers regelnden Rechtsvorschriften vorgesehen – auf Antrag des Vorsitzenden oder eines Drittels der Mitglieder des Vertretungskörpers; auf Antrag von mindestens der Hälfte der in Österreich gewählten Mitglieder des Europäischen Parlaments auf Mandatsverlust eines dieser Mitglieder des Europäischen Parlaments;
d) **auf Antrag der Bundesversammlung auf Amtsverlust des Bundespräsidenten;**
e) **auf Antrag des Nationalrates auf Amtsverlust eines Mitgliedes der Bundesregierung**, eines Staatssekretärs, des Präsidenten des Rechnungshofes oder eines Mitgliedes der Volksanwaltschaft;
f) **auf Antrag eines Landtages auf Amtsverlust eines Mitgliedes der Landesregierung;**
g) **auf Antrag eines Gemeinderates auf Mandatsverlust eines Mitgliedes** des mit der Vollziehung betrauten Organs der Gemeinde hinsichtlich dieser Funktion und auf Antrag eines satzungsgebenden Organs (Vertretungskörpers) einer gesetzlichen beruflichen Vertretung auf Mandatsverlust eines seiner Mitglieder;
h) **über die Anfechtung des Ergebnisses von Volksbegehren, Volksabstimmungen, Volksbefragungen und Europäischen Bürgerinitiativen;**
i) über die **Aufnahme von Personen in Wählerevidenzen und die Streichung von Personen aus Wählerevidenzen;**
j) über die **Anfechtung von selbstständig anfechtbaren Bescheiden** und Entscheidungen der Verwaltungsbehörden sowie – sofern bundes- oder landesgesetzlich vorgesehen – der Verwaltungsgerichte in den Fällen der lit. a bis c und g bis i.

Die Anfechtung gemäß lit. a, b, h, i und j kann auf die behauptete Rechtswidrigkeit des Verfahrens gegründet werden, der Antrag gemäß lit. c und g auf einen gesetzlich vorgesehenen Grund für den Verlust der Mitgliedschaft in einem allgemeinen Vertretungskörper, im Europäischen Parlament, in einem mit der Vollziehung betrauten Organ einer Gemeinde oder in einem satzungsgebenden Organ (Vertretungskörper) einer gesetzlichen beruflichen Vertretung, der Antrag gemäß lit. d, e und f auf einen gesetzlich vorgesehenen Grund für den Amtsverlust. Der Verfassungsgerichtshof hat einer Anfechtung stattzugeben, wenn die behauptete Rechtswidrigkeit des Verfahrens erwiesen wurde und auf das Verfahrensergebnis von Einfluss war. In einem Verfahren vor der Verwaltungsbehörde haben auch der allgemeine Vertretungskörper und das satzungsgebende Organ (Vertretungskörper) der gesetzlichen beruflichen Vertretung Parteistellung.

(2) Wird einer Anfechtung gemäß Abs. 1 lit. a stattgegeben und dadurch die teilweise oder gänzliche Wiederholung der Wahl zu einem allgemeinen Vertretungskörper, zum Europäischen Parlament oder zu einem satzungsgebenden Organ der gesetzlichen beruflichen Vertretungen erforderlich, so verlieren die betroffenen Mitglieder dieses Vertretungskörpers ihr Mandat im Zeitpunkt der Übernahme desselben durch jene Mitglieder, die bei der innerhalb von 100 Tagen nach der Zustellung des Erkenntnisses des Verfassungsgerichtshofes durchzuführenden Wiederholungswahl gewählt wurden.

ARTIKEL 142.

(1) Der Verfassungsgerichtshof erkennt über die Anklage, mit der die verfassungsmäßige Verantwortlichkeit der obersten Bundes- und Landesorgane für die durch ihre Amtstätigkeit erfolgten schuldhaften Rechtsverletzungen geltend gemacht wird.

(2) **Die Anklage kann erhoben werden:**

a) **gegen den Bundespräsidenten** wegen Verletzung der Bundesverfassung: durch Beschluss der Bundesversammlung;

b) **gegen die Mitglieder der Bundesregierung,** die ihnen hinsichtlich der Verantwortlichkeit gleichgestellten Organe und die Staatssekretäre wegen Gesetzesverletzung: durch Beschluss des Nationalrates;

c) **gegen einen österreichischen Vertreter im Rat** wegen Gesetzesverletzung in Angelegenheiten, in denen die Gesetzgebung Bundessache wäre: durch Beschluss des Nationalrates, wegen Gesetzesverletzung in Angelegenheiten, in denen die Gesetzgebung Landessache wäre: durch gleichlautende Beschlüsse aller Landtage;

d) **gegen die Mitglieder einer Landesregierung** und die ihnen hinsichtlich der Verantwortlichkeit durch dieses Gesetz oder durch die Landesverfassung gleichgestellten Organe wegen Gesetzesverletzung: durch Beschluss des zuständigen Landtages;

e) **gegen einen Landeshauptmann, dessen Stellvertreter** (Art. 105 Abs. 1) **oder ein Mitglied der Landesregierung** (Art. 103 Abs. 2 und 3) wegen Gesetzesverletzung sowie wegen Nichtbefolgung der Verordnungen oder sonstigen Anordnungen (Weisungen) des Bundes in Angelegenheiten der mittelbaren Bundesverwaltung, wenn es sich um ein Mitglied der Landesregierung handelt, auch der Weisungen des Landeshauptmannes in diesen Angelegenheiten: durch Beschluss der Bundesregierung;

f) **gegen Organe der Bundeshauptstadt Wien,** soweit sie Aufgaben aus dem Bereich der Bundesvollziehung im eigenen Wirkungsbereich besorgen, wegen Gesetzesverletzung: durch Beschluss der Bundesregierung;

g) **gegen einen Landeshauptmann** wegen Nichtbefolgung einer Weisung gemäß Art. 14 Abs. 8: durch Beschluss der Bundesregierung;

h) **gegen einen Präsidenten der Bildungsdirektion** oder das mit der Ausübung dieser Funktion betraute Mitglied der Landesregierung wegen Gesetzesverletzung sowie wegen Nichtbefolgung der Verordnungen oder sonstigen Anordnungen (Weisungen) des Bundes: durch Beschluss der Bundesregierung; wegen Nichtbefolgung sonstiger Anordnungen (Weisungen) des Landes: durch Beschluss des zuständigen Landtages;

i) **gegen die Mitglieder einer Landesregierung** wegen Gesetzesverletzung sowie wegen Behinderung der Befugnisse gemäß Art. 11 Abs. 7, soweit sie Angelegenheiten des Art. 11 Abs. 1 Z 8 betreffen: durch Beschluss des Nationalrates oder der Bundesregierung.

(3) Wird von der Bundesregierung gemäß Abs. 2 lit. e die Anklage nur gegen einen Landeshauptmann oder dessen Stellvertreter erhoben, und erweist es sich, dass einem nach Art. 103 Abs. 2 mit Angelegenheiten der mittelbaren Bundesverwaltung befassten anderen Mitglied der Landesregierung ein Verschulden im Sinne des Abs. 2 lit. e zur Last fällt, so kann die Bundesregierung jederzeit bis zur Fällung des Erkenntnisses ihre Anklage auch auf dieses Mitglied der Landesregierung ausdehnen.

(4) Das verurteilende Erkenntnis des Verfassungsgerichtshofes hat auf Verlust des Amtes, unter besonders erschwerenden Umständen auch auf zeitlichen Verlust der politischen Rechte, zu lauten; bei geringfügigen Rechtsverletzungen in den in Abs. 2 unter c, e, g und h erwähnten Fällen kann sich der Verfassungsgerichtshof auf die Feststellung beschränken, dass eine Rechtsverletzung vorliegt. Der Verlust des Amtes des Präsidenten der Bildungsdirektion hat auch den Verlust jenes Amtes zur Folge, mit dem das Amt des Präsidenten gemäß Art. 113 Abs. 8 verbunden ist.

(5) Der Bundespräsident kann von dem ihm nach Art. 65 Abs. 2 lit. c zustehenden Recht nur auf Antrag des Vertretungskörpers oder der Vertretungskörper, von dem oder von denen die Anklage beschlossen worden ist, wenn aber die Bundesregierung die Anklage beschlossen hat, nur auf deren Antrag Gebrauch machen, und zwar in allen Fällen nur mit Zustimmung des Angeklagten.

ARTIKEL 143.

Die Anklage gegen die in Art. 142 Genannten kann auch wegen strafgerichtlich zu verfolgender Handlungen erhoben werden, die mit der Amtstätigkeit des Anzuklagenden in Verbindung stehen. In diesem Falle wird der Verfassungsgerichtshof allein zuständig; die bei den ordentlichen Strafgerichten etwa bereits anhängige Untersuchung geht auf ihn über. Der Verfassungsgerichtshof kann in solchen Fällen neben dem Art. 142 Abs. 4 auch die strafgesetzlichen Bestimmungen anwenden.

ARTIKEL 144.

(1) Der Verfassungsgerichtshof erkennt über Beschwerden gegen das Erkenntnis eines Verwaltungsgerichtes, soweit der Beschwerdeführer durch das Erkenntnis in einem verfassungsgesetzlich gewährleisteten Recht oder wegen Anwendung einer gesetzwidrigen Verordnung, einer gesetzwidrigen Kundmachung über die Wiederverlautbarung eines Gesetzes (Staatsvertrages), eines verfassungswidrigen Gesetzes oder eines rechtswidrigen Staatsvertrages in seinen Rechten verletzt zu sein behauptet.

(2) Der Verfassungsgerichtshof kann die Behandlung einer Beschwerde bis zur Verhandlung durch Beschluss ablehnen, wenn sie keine hinreichende Aussicht auf Erfolg hat oder von der Entscheidung die Klärung einer verfassungsrechtlichen Frage nicht zu erwarten ist.

(3) Findet der Verfassungsgerichtshof, dass durch das angefochtene Erkenntnis des Verwaltungsgerichtes ein Recht im Sinne des Abs. 1 nicht verletzt wurde, hat er auf Antrag des Beschwerdeführers die Beschwerde zur Entscheidung darüber, ob der Beschwerdeführer durch das Erkenntnis in einem sonstigen Recht verletzt wurde, dem Verwaltungsgerichtshof abzutreten. Auf Beschlüsse gemäß Abs. 2 ist der erste Satz sinngemäß anzuwenden.

(4) Auf die Beschlüsse der Verwaltungsgerichte sind die für ihre Erkenntnisse geltenden Bestimmungen dieses Artikels sinngemäß anzuwenden. Inwieweit gegen Beschlüsse der Verwaltungsgerichte Beschwerde erhoben werden kann, bestimmt das das die Organisation und das Verfahren des Verfassungsgerichtshofes regelnde besondere Bundesgesetz.
(5) Soweit das Erkenntnis oder der Beschluss des Verwaltungsgerichtes die Zulässigkeit der Revision zum Inhalt hat, ist eine Beschwerde gemäß Abs. 1 unzulässig.

[ARTIKEL 144a.]

[Anm.: aufgehoben]

ARTIKEL 145.

Der Verfassungsgerichtshof erkennt über Verletzungen des Völkerrechtes nach den Bestimmungen eines besonderen Bundesgesetzes.

ARTIKEL 146.

(1) **Die Exekution der Erkenntnisse des Verfassungsgerichtshofes nach Art. 126a, Art. 127c Z 1 und Art. 137 wird von den ordentlichen Gerichten durchgeführt.**
(2) **Die Exekution der übrigen Erkenntnisse des Verfassungsgerichtshofes liegt dem Bundespräsidenten ob. Sie ist nach dessen Weisungen durch die nach seinem Ermessen hiezu beauftragten Organe des Bundes oder der Länder einschließlich des Bundesheeres durchzuführen.** Der Antrag auf Exekution solcher Erkenntnisse ist vom Verfassungsgerichtshof beim Bundespräsidenten zu stellen. Die erwähnten Weisungen des Bundespräsidenten bedürfen, wenn es sich um Exekutionen gegen den Bund oder gegen Bundesorgane handelt, keiner Gegenzeichnung nach Art. 67.

ARTIKEL 147.

(1) **Der Verfassungsgerichtshof besteht aus einem Präsidenten, einem Vizepräsidenten, zwölf weiteren Mitgliedern und sechs Ersatzmitgliedern.**
(2) Den Präsidenten, den Vizepräsidenten, sechs weitere Mitglieder und drei Ersatzmitglieder ernennt der Bundespräsident auf Vorschlag der Bundesregierung; diese Mitglieder und Ersatzmitglieder sind aus dem Kreis der Richter, Verwaltungsbeamten und Professoren eines rechtswissenschaftlichen Faches an einer Universität zu entnehmen. Die übrigen sechs Mitglieder und drei Ersatzmitglieder ernennt der Bundespräsident auf Grund von Vorschlägen, die für drei Mitglieder und zwei Ersatzmitglieder der Nationalrat und für drei Mitglieder und ein Ersatzmitglied der Bundesrat erstatten. Drei Mitglieder und zwei Ersatzmitglieder müssen ihren ständigen Wohnsitz außerhalb der Bundeshauptstadt Wien haben. Verwaltungsbeamte des Dienststandes, die zu Mitgliedern oder Ersatzmitgliedern ernannt werden, sind unter Entfall ihrer Bezüge außer Dienst zu stellen. Dies gilt nicht für zum Ersatzmitglied ernannte Verwaltungsbeamte, die von allen weisungsgebundenen Tätigkeiten befreit worden sind, für die Dauer dieser Befreiung.
(3) **Die Mitglieder und die Ersatzmitglieder des Verfassungsgerichtshofes müssen das Studium der Rechtswissenschaften oder die rechts- und staatswissenschaftlichen Studien abgeschlossen haben und über eine zehnjährige juristische Berufserfahrung verfügen.**
(4) Dem Verfassungsgerichtshof können Mitglieder der Bundesregierung, einer Landesregierung, eines allgemeinen Vertretungskörpers oder des Europäischen Parlaments nicht angehören; für Mitglieder eines allgemeinen Vertretungskörpers oder des Europäischen Parlaments, die auf eine bestimmte Gesetzgebungs- oder Funktionsperiode gewählt wurden, dauert die Unvereinbarkeit auch bei vorzeitigem Verzicht auf das Mandat bis zum Ablauf der Gesetzgebungs- oder Funktionsperiode fort. Endlich können dem Verfassungsgerichtshof Personen nicht angehören, die Angestellte oder sonstige Funktionäre einer politischen Partei sind.
(5) Zum Präsidenten oder Vizepräsidenten des Verfassungsgerichtshofes kann nicht ernannt werden, wer eine der im Abs. 4 bezeichneten Funktionen in den letzten fünf Jahren ausgeübt hat.
(6) Auf die Mitglieder und die Ersatzmitglieder des Verfassungsgerichtshofes finden Art. 87 Abs. 1 und 2 und Art. 88 Abs. 2 Anwendung; die näheren Bestimmungen werden in dem gemäß Art. 148 ergehenden Bundesgesetz geregelt. Als Altersgrenze, nach deren Erreichung ihr Amt endet, wird der 31. Dezember des Jahres bestimmt, in dem das Mitglied oder das Ersatzmitglied das siebzigste Lebensjahr vollendet hat.
(7) Wenn ein Mitglied oder Ersatzmitglied drei aufeinanderfolgenden Einladungen zu einer Verhandlung des Verfassungsgerichtshofes ohne genügende Entschuldigung keine Folge geleistet hat, so hat dies nach seiner Anhörung der Verfassungsgerichtshof festzustellen. Diese Feststellung hat den Verlust der Mitgliedschaft oder der Eigenschaft als Ersatzmitglied zur Folge.
(8) Die Diensthoheit gegenüber den beim Verfassungsgerichtshof Bediensteten wird vom Präsidenten ausgeübt.

ARTIKEL 148.

Die näheren Bestimmungen über die Organisation und das Verfahren des Verfassungsgerichtshofes werden durch ein besonderes Bundesgesetz und auf Grund dieses durch eine vom Verfassungsgerichtshof zu beschließende Geschäftsordnung geregelt.

Volksanwaltschaft

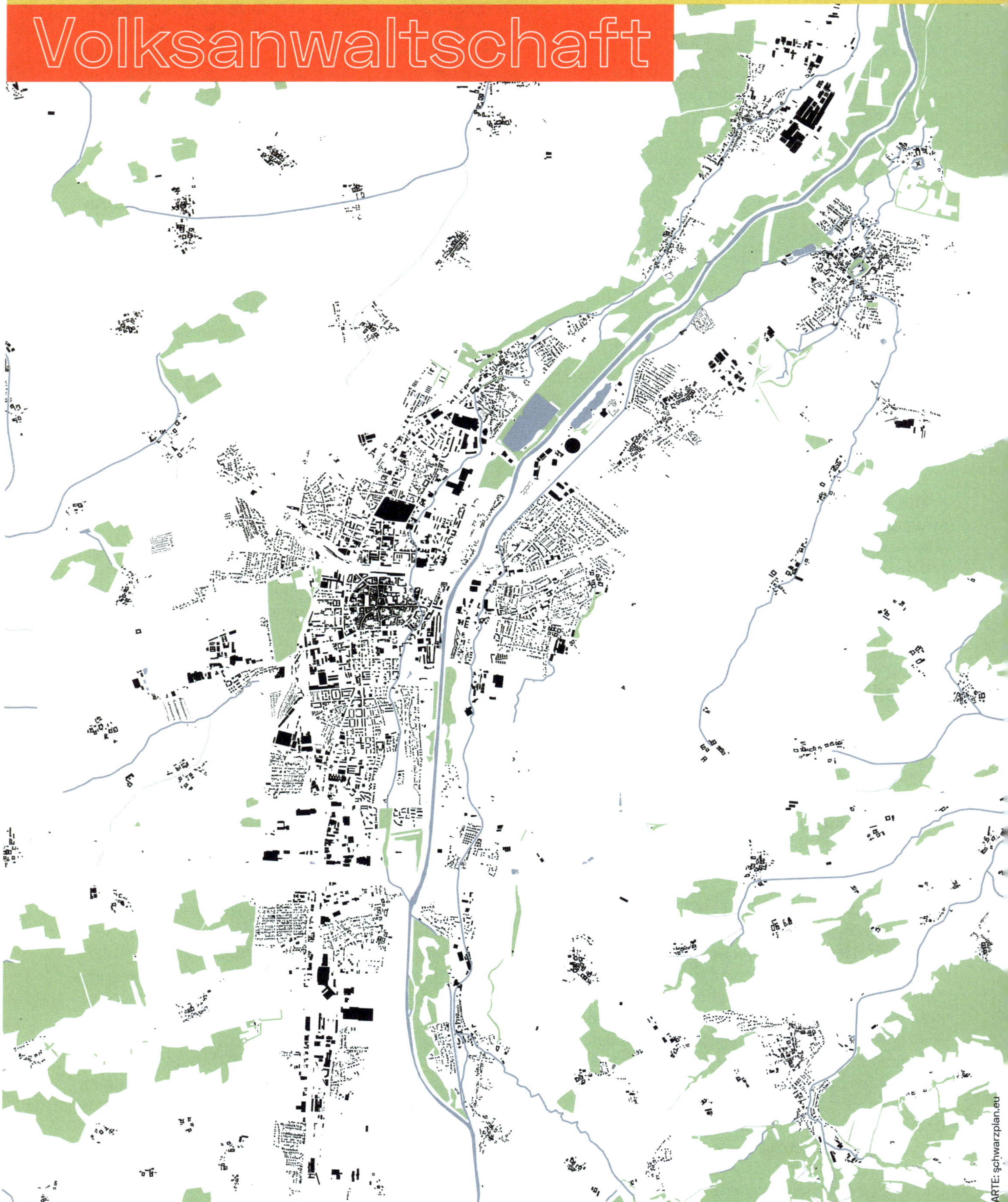

KARTE: schwarzplan.eu

ARTIKEL 148a.

[1] Jedermann kann sich bei der Volksanwaltschaft wegen behaupteter MISSSTÄNDE IN DER VERWALTUNG des Bundes einschließlich dessen Tätigkeit als Träger von Privatrechten, insbesondere wegen einer behaupteten Verletzung in MENSCHENRECHTEN, beschweren, sofern er von diesen Missständen betroffen ist und soweit ihm ein Rechtsmittel nicht oder nicht mehr zur Verfügung steht.

Jede solche Beschwerde ist von der Volksanwaltschaft zu prüfen. Dem Beschwerdeführer sind das Ergebnis der Prüfung sowie die allenfalls getroffenen Veranlassungen mitzuteilen.

(2) Die Volksanwaltschaft ist berechtigt, von ihr vermutete Missstände in der Verwaltung des Bundes einschließlich dessen Tätigkeit als Träger von Privatrechten, insbesondere von ihr vermutete Verletzungen in Menschenrechten, von Amts wegen zu prüfen.

(3) Zum Schutz und zur Förderung der Menschenrechte obliegt es der Volksanwaltschaft und den von ihr eingesetzten Kommissionen (Art. 148h Abs. 3), im Bereich der Verwaltung des Bundes einschließlich dessen Tätigkeit als Träger von Privatrechten

1. den Ort einer Freiheitsentziehung zu besuchen und zu überprüfen,
2. das Verhalten der zur Ausübung unmittelbarer verwaltungsbehördlicher Befehls- und Zwangsgewalt ermächtigten Organe zu beobachten und begleitend zu überprüfen sowie
3. für Menschen mit Behinderungen bestimmte Einrichtungen und Programme zu überprüfen beziehungsweise zu besuchen.

(4) Unbeschadet des Abs. 1 kann sich jedermann wegen behaupteter Säumnis eines Gerichtes mit der Vornahme einer Verfahrenshandlung bei der Volksanwaltschaft beschweren, sofern er davon betroffen ist. Abs. 2 gilt sinngemäß.
(5) Der Volksanwaltschaft obliegt ferner die Mitwirkung an der Erledigung der an den Nationalrat gerichteten Petitionen und Bürgerinitiativen. Näheres bestimmt das Bundesgesetz über die Geschäftsordnung des Nationalrates.

(6) Die Volksanwaltschaft ist in Ausübung ihres Amtes unabhängig.

ARTIKEL 148b.

(1) **Alle Organe des Bundes, der Länder, der Gemeinden und der Gemeindeverbände sowie der sonstigen Selbstverwaltungskörper haben die Volksanwaltschaft bei der Besorgung ihrer Aufgaben zu unterstützen, ihr Akteneinsicht zu gewähren und auf Verlangen die erforderlichen Auskünfte zu erteilen. Amtsverschwiegenheit besteht nicht gegenüber der Volksanwaltschaft.**
(2) Die Volksanwaltschaft unterliegt der Amtsverschwiegenheit im gleichen Umfang wie das Organ, an das die Volksanwaltschaft in Erfüllung ihrer Aufgaben herangetreten ist. Bei der Erstattung der Berichte an den Nationalrat ist die Volksanwaltschaft zur Wahrung der Amtsverschwiegenheit aber nur insoweit verpflichtet, als dies im Interesse der Parteien oder der nationalen Sicherheit geboten ist.
(3) Die Abs. 1 und 2 gelten sinngemäß auch für die Mitglieder der Kommissionen und die Mitglieder und Ersatzmitglieder des Menschenrechtsbeirats.

ARTIKEL 148c.

Die Volksanwaltschaft kann den mit den obersten Verwaltungsgeschäften des Bundes betrauten Organen Empfehlungen für die in einem bestimmten Fall oder aus Anlass eines bestimmten Falles zu treffenden Maßnahmen erteilen. In Angelegenheiten der Selbstverwaltung oder der Verwaltung durch weisungsfreie Behörden kann die Volksanwaltschaft dem zuständigen Organ der Selbstverwaltung oder der weisungsfreien Behörde Empfehlungen erteilen; derartige Empfehlungen sind auch dem obersten Verwaltungsorgan des Bundes zur Kenntnis zu bringen. Das betreffende Organ hat binnen einer bundesgesetzlich zu bestimmenden Frist entweder diesen Empfehlungen zu entsprechen und dies der Volksanwaltschaft mitzuteilen oder schriftlich zu begründen, warum der Empfehlung nicht entsprochen wurde. Die Volksanwaltschaft kann in einem bestimmten Fall oder aus Anlass eines bestimmten Falles einen auf die Beseitigung der Säumnis eines Gerichtes (Art. 148a Abs. 4) gerichteten Fristsetzungsantrag stellen sowie Maßnahmen der Dienstaufsicht anregen.

ARTIKEL 148d.

(1) **Die Volksanwaltschaft hat dem Nationalrat und dem Bundesrat jährlich über ihre Tätigkeit zu berichten.** Überdies kann die Volksanwaltschaft über einzelne Wahrnehmungen jederzeit an den Nationalrat und den Bundesrat berichten. **Die Berichte der Volksanwaltschaft sind nach Vorlage an den Nationalrat und den Bundesrat zu veröffentlichen.**
(2) Die Mitglieder der Volksanwaltschaft haben das Recht, an den Verhandlungen über die Berichte der Volksanwaltschaft im Nationalrat und im Bundesrat sowie in deren Ausschüssen (Unterausschüssen) teilzunehmen und auf ihr Verlangen jedes Mal gehört zu werden. Dieses Recht steht den Mitgliedern der Volksanwaltschaft auch hinsichtlich der Verhandlungen über die die Volksanwaltschaft betreffenden Untergliederungen des Entwurfes des Bundesfinanzgesetzes im Nationalrat und in seinen Ausschüssen (Unterausschüssen) zu. Näheres bestimmen das Bundesgesetz über die Geschäftsordnung des Nationalrates und die Geschäftsordnung des Bundesrates.

[ARTIKEL 148e.]

[Anm.: aufgehoben]

ARTIKEL 148f.

Entstehen zwischen der Volksanwaltschaft und der Bundesregierung oder einem Bundesminister Meinungsverschiedenheiten über die Auslegung der gesetzlichen Bestimmungen, die die Zuständigkeit der Volksanwaltschaft regeln, so entscheidet auf Antrag der Bundesregierung oder der Volksanwaltschaft der Verfassungsgerichtshof.

ARTIKEL 148g.

(1) **Die Volksanwaltschaft hat ihren Sitz in Wien. Sie besteht aus drei Mitgliedern, von denen jeweils eines den Vorsitz ausübt. Die Funktionsperiode beträgt sechs Jahre. Eine mehr als einmalige Wiederwahl der Mitglieder der Volksanwaltschaft ist unzulässig.**

(2) **Die Mitglieder der Volksanwaltschaft werden vom Nationalrat auf Grund eines Gesamtvorschlages des Hauptausschusses gewählt.** Der Hauptausschuss erstellt seinen Gesamtvorschlag bei Anwesenheit von mindestens der Hälfte seiner Mitglieder, wobei die drei mandatsstärksten Parteien des Nationalrates das Recht haben, je ein Mitglied für diesen Gesamtvorschlag namhaft zu machen. Bei Mandatsgleichheit gibt die Zahl der bei der letzten Nationalratswahl abgegebenen Stimmen den Ausschlag. **Die Mitglieder der Volksanwaltschaft leisten vor Antritt ihres Amtes dem Bundespräsidenten die Angelobung.**

(3) Der Vorsitz in der Volksanwaltschaft wechselt jährlich zwischen den Mitgliedern in der Reihenfolge der Mandatsstärke, bei Mandatsgleichheit der Stimmenstärke, der die Mitglieder namhaft machenden Parteien. Diese Reihenfolge wird während der Funktionsperiode der Volksanwaltschaft unverändert beibehalten.

(4) Im Falle des vorzeitigen Ausscheidens eines Mitgliedes der Volksanwaltschaft hat jene im Nationalrat vertretene Partei, die dieses Mitglied namhaft gemacht hat, ein neues Mitglied namhaft zu machen. Die Neuwahl für den Rest der Funktionsperiode ist gemäß Abs. 2 durchzuführen. Bis zur allfälligen Erlassung einer neuen Geschäftsverteilung ist die geltende Geschäftsverteilung auf das neue Mitglied sinngemäß anzuwenden.

(5) **Die Mitglieder der Volksanwaltschaft müssen zum Nationalrat wählbar sein und über Kenntnisse der Organisation und Funktionsweise der Verwaltung und Kenntnisse auf dem Gebiet der Menschenrechte verfügen.** Sie dürfen während ihrer Amtstätigkeit weder einem allgemeinen Vertretungskörper noch dem Europäischen Parlament angehören, nicht Mitglied der Bundesregierung oder einer Landesregierung sein und keinen anderen Beruf ausüben.

(6) Jedes Mitglied der Volksanwaltschaft ist hinsichtlich der Verantwortlichkeit gemäß Art. 142 den Mitgliedern der Bundesregierung gleichgestellt.

ARTIKEL 148h.

(1) Die Beamten der Volksanwaltschaft ernennt auf Vorschlag und unter Gegenzeichnung des Vorsitzenden der Volksanwaltschaft der Bundespräsident; das Gleiche gilt für die Verleihung von Amtstiteln. Der Bundespräsident kann jedoch den Vorsitzenden der Volksanwaltschaft ermächtigen, Beamte bestimmter Kategorien zu ernennen. Die Hilfskräfte ernennt der Vorsitzende der Volksanwaltschaft. Der Vorsitzende der Volksanwaltschaft ist insoweit oberstes Verwaltungsorgan und übt diese Befugnisse allein aus.

(2) Die Diensthoheit des Bundes gegenüber den bei der Volksanwaltschaft Bediensteten wird vom Vorsitzenden der Volksanwaltschaft ausgeübt.

(3) Zur Besorgung der Aufgaben nach Art. 148a Abs. 3 hat die Volksanwaltschaft Kommissionen einzusetzen und einen Menschenrechtsbeirat zu ihrer Beratung einzurichten. Der Menschenrechtsbeirat besteht aus einem Vorsitzenden, einem stellvertretenden Vorsitzenden und sonstigen Mitgliedern und Ersatzmitgliedern, die von der Volksanwaltschaft ernannt werden. Inwieweit die Volksanwaltschaft bei der Ernennung der Mitglieder und Ersatzmitglieder des Menschenrechtsbeirats an Vorschläge anderer Stellen gebunden ist, wird bundesgesetzlich bestimmt. Der Vorsitzende, der stellvertretende Vorsitzende und die sonstigen Mitglieder des Menschenrechtsbeirats sind in Ausübung ihrer Tätigkeit an keine Weisungen gebunden.

(4) Die Volksanwaltschaft beschließt eine Geschäftsordnung und eine Geschäftsverteilung, in der insbesondere zu bestimmen ist, welche Aufgaben von den Mitgliedern der Volksanwaltschaft selbständig wahrzunehmen sind. Die Beschlussfassung über die Geschäftsordnung und die Geschäftsverteilung erfordert Einstimmigkeit der Mitglieder der Volksanwaltschaft.

ARTIKEL 148i.

(1) Durch Landesverfassungsgesetz können die Länder die Volksanwaltschaft auch für den Bereich der Verwaltung des betreffenden Landes für zuständig erklären; diesfalls ist Art. 148f sinngemäß anzuwenden.

(2) Schaffen die Länder für den Bereich der Landesverwaltung Einrichtungen mit gleichartigen Aufgaben wie die Volksanwaltschaft, kann durch Landesverfassungsgesetz eine dem Art. 148f entsprechende Regelung getroffen werden.

(3) Ein Land, das hinsichtlich der Aufgaben nach Art. 148a Abs. 3 von der Ermächtigung des Abs. 1 nicht Gebrauch macht, hat durch Landesverfassungsgesetz eine Einrichtung mit den Aufgaben nach Art. 148a Abs. 3 gleichartigen Aufgaben für den Bereich der Landesverwaltung zu schaffen und zur Besorgung dieser Aufgaben den Art. 148c und Art. 148d entsprechende Regelungen zu treffen.

ARTIKEL 148j.

Nähere Bestimmungen zur Ausführung dieses Hauptstückes sind bundesgesetzlich zu treffen.

Schlussbestimmungen

KARTE: schwarzplan.eu

ARTIKEL 149.

(1) Neben diesem Gesetz haben im Sinne des Art. 44 Abs. 1 unter Berücksichtigung der durch dieses Gesetz bedingten Änderungen als Verfassungsgesetze zu gelten:
Staatsgrundgesetz vom 21. Dezember 1867, RGBl. Nr. 142, **über die allgemeinen Rechte der Staatsbürger für die im Reichsrate vertretenen Königreiche und Länder**
Gesetz vom 27. Oktober 1862, RGBl. Nr. 88, zum Schutze des Hausrechtes;
Beschluss der Provisorischen Nationalversammlung vom 30. Oktober 1918, StGBl. Nr. 3;
Gesetz vom 3. April 1919, StGBl. Nr. 209, betreffend die Landesverweisung und die Übernahme des Vermögens des Hauses Habsburg-Lothringen;
Gesetz vom 3. April 1919, StGBl. Nr. 211, über die Aufhebung des Adels, der weltlichen Ritter- und Damenorden und gewisser Titel und Würden;
Abschnitt V des III. Teiles des Staatsvertrages von Saint-Germain vom 10. September 1919, StGBl. Nr. 303 aus 1920.
(2) Art. 20 des Staatsgrundgesetzes vom 21. Dezember 1867, RGBl. Nr. 142, sowie das auf Grund dieses Artikels erlassene Gesetz vom 5. Mai 1869, RGBl. Nr. 66, treten außer Kraft.

ARTIKEL 150.

(1) Der Übergang zu der durch dieses Gesetz eingeführten bundesstaatlichen Verfassung wird durch ein eigenes, zugleich mit diesem Gesetz in Kraft tretendes Verfassungsgesetz geregelt.
(2) Gesetze, die erst einer neuen Fassung bundesverfassungsgesetzlicher Bestimmungen entsprechen, dürfen von der Kundmachung des die Änderung bewirkenden Bundesverfassungsgesetzes an erlassen werden. Sie dürfen jedoch nicht vor dem Inkrafttreten der neuen bundesverfassungsgesetzlichen Bestimmungen in Kraft treten, soweit sie nicht lediglich Maßnahmen vorsehen, die für ihre mit dem Inkrafttreten der neuen bundesverfassungsgesetzlichen Bestimmungen beginnende Vollziehung erforderlich sind.

ARTIKEL 151.

[Anm.: nicht abgedruckt]

ARTIKEL 152.

Mit der Vollziehung dieses Bundesverfassungsgesetzes ist die Bundesregierung betraut.

[Anm.: Die Anlage zum B-VG listet aufgelöste unabhängige Verwaltungsbehörden auf und wurde hier nicht abgedruckt.]

Bundeskanzler Leopold Figl präsentiert am 15. Mai 1955 den unterzeichneten Staatsvertrag vom Balkon des Belvedere in Wien.

Staatsvertrag von Wien 1955

Staatsvertrag betreffend die Wiederherstellung eines unabhängigen und demokratischen Österreich
[BGBl. Nr. 152/1955 idF BGBl. I Nr. 2/2008]
[Verfassungsbestimmung (gem. Art. II Z 3 BVG, BGBl. Nr. 59/1964): Art. 4, Art 7 Z 2–4, Art. 8–10]
[Gemäß der in der Wiener Zeitung vom 8. 11. 1990 abgedruckten Mitteilung der Bundesregierung sind die Bestimmungen des Art. 12 bis Art. 16 als obsolet anzusehen. Art. 12 und Art. 15 Abs. 2 wurden darüber hinaus als nicht mehr geltend festgestellt.] [Der Text des Staatsvertrages wurde hier gekürzt.]

Präambel

Die Union der Sozialistischen Sowjetrepubliken, das Vereinigte Königreich von Großbritannien und Nordirland, die Vereinigten Staaten von Amerika und Frankreich, in der Folge die Alliierten und Assoziierten Mächte genannt, einerseits und Österreich anderseits;
Im Hinblick darauf, daß Hitler-Deutschland am 13. März 1938 Österreich mit Gewalt annektierte und sein Gebiet dem Deutschen Reich einverleibte;
Im Hinblick darauf, daß in der Moskauer Erklärung, verlautbart am 1. November 1943, die Regierungen der Union der Sozialistischen Sowjetrepubliken, des Vereinigten Königreiches und der Vereinigten Staaten von Amerika erklärten, daß sie die Annexion Österreichs durch Deutschland am 13. März 1938 als null und nichtig betrachten, und ihrem Wunsche Ausdruck gaben, Österreich als einen freien und unabhängigen Staat wiederhergestellt zu sehen und daß das Französische Komitee der Nationalen Befreiung am 16. November 1943 eine ähnliche Erklärung abgab;
Im Hinblick darauf, daß als ein Ergebnis des alliierten Sieges Österreich von der Gewaltherrschaft Hitler-Deutschlands befreit wurde;
Im Hinblick darauf, daß die Alliierten und Assoziierten Mächte und Österreich unter Berücksichtigung der Bedeutung der Anstrengungen, die das österreichische Volk zur Wiederherstellung und zum demokratischen Wiederaufbau seines Landes selbst machte und weiter zu machen haben wird, den Wunsch hegen, einen Vertrag abzuschließen, der Österreich als einen freien, unabhängigen und demokratischen Staat wiederherstellt, wodurch sie zur Wiederaufrichtung des Friedens in Europa beitragen;
Im Hinblick darauf, daß die Alliierten und Assoziierten Mächte den Wunsch haben, durch den vorliegenden Vertrag in Übereinstimmung mit den Grundsätzen der Gerechtigkeit alle Fragen zu regeln, die im Zusammenhange mit den oberwähnten Ereignissen einschließlich der Annexion Österreichs durch Hitler-Deutschland und seiner Teilnahme am Kriege als integrierender Teil Deutschlands noch offenstehen; und Im Hinblick darauf, daß die Alliierten und Assoziierten Mächte und Österreich zu diesem Zwecke den Wunsch hegen, den vorliegenden Vertrag abzuschließen, um als Grundlage freundschaftlicher Beziehungen zwischen ihnen zu dienen und um damit die Alliierten und Assoziierten Mächte in die Lage zu versetzen, die Bewerbung Österreichs um Zulassung zur Organisation der Vereinten Nationen zu unterstützen;
Haben daher die unterfertigten Bevollmächtigten ernannt, welche nach Vorweisung ihrer Vollmachten, die in guter und gehöriger Form befunden wurden, über die nachstehenden Bestimmungen übereingekommen sind:

Teil I
Politische und territoriale Bestimmungen

ARTIKEL 1.
Wiederherstellung Österreichs als freier und unabhängiger Staat

Die Alliierten und Assoziierten Mächte anerkennen, daß Österreich als ein SOUVERÄNER, UNABHÄNGIGER und DEMOKRATISCHER Staat wieder-hergestellt ist.

ARTIKEL 2.
Wahrung der Unabhängigkeit Österreichs

Die Alliierten und Assoziierten Mächte erklären, daß sie die Unabhängigkeit und territoriale Unversehrtheit Österreichs, wie sie gemäß dem vorliegenden Vertrag festgelegt sind, achten werden.

ARTIKEL 3.
Anerkennung der Unabhängigkeit Österreichs durch Deutschland

Die Alliierten und Assoziierten Mächte werden in den deutschen Friedensvertrag Bestimmungen aufnehmen, welche die Anerkennung der Souveränität und Unabhängigkeit Österreichs durch Deutschland und den Verzicht Deutschlands auf alle territorialen und politischen Ansprüche in bezug auf Österreich und österreichisches Staatsgebiet sichern.

ARTIKEL 4.
Verbot des Anschlusses

1. Die Alliierten und Assoziierten Mächte erklären, daß eine politische oder wirtschaftliche Vereinigung zwischen Österreich und Deutschland verboten ist. Österreich anerkennt voll und ganz seine Verantwortlichkeiten auf diesem Gebiete und wird keine wie immer geartete politische oder wirtschaftliche Vereinigung mit Deutschland eingehen.
2. Um einer solchen Vereinigung vorzubeugen, wird Österreich keinerlei Vereinbarung mit Deutschland treffen oder irgendeine Handlung setzen oder irgendwelche Maßnahmen treffen, die geeignet wären, unmittelbar oder mittelbar eine politische oder wirtschaftliche Vereinigung mit Deutschland zu fördern oder seine territoriale Unversehrtheit oder politische oder wirtschaftliche Unabhängigkeit zu beeinträchtigen. Österreich verpflichtet sich ferner, innerhalb seines Gebietes jede Handlung zu verhindern, die geeignet wäre, eine solche Vereinigung mittelbar oder unmittelbar zu fördern, und wird den Bestand, das Wiederaufleben und die Tätigkeit jeglicher Organisationen, welche die politische oder wirtschaftliche Vereinigung mit Deutschland zum Ziele haben, sowie großdeutsche Propaganda zugunsten der Vereinigung mit Deutschland verhindern.

ARTIKEL 5.
Grenzen Österreichs

Die Grenzen Österreichs sind jene, die am 1. Jänner 1938 bestanden haben.

ARTIKEL 6.
Menschenrechte

1. Österreich wird alle erforderlichen Maßnahmen treffen, um allen unter österreichischer Staatshoheit lebenden Personen OHNE UNTERSCHIED von RASSE, GESCHLECHT, SPRACHE oder RELIGION den Genuß der Menschenrechte und der Grundfreiheiten einschließlich der FREIHEIT der MEINUNGSÄUSSERUNG, der PRESSE und Veröffentlichung, der RELIGIONSAUSÜBUNG, der politischen Meinung und der öffentlichen VERSAMMLUNG zu sichern.

2. Österreich verpflichtet sich weiters dazu, daß die in Österreich geltenden Gesetze weder in ihrem Inhalt noch in ihrer Anwendung zwischen Personen österreichischer Staatsangehörigkeit auf Grund ihrer Rasse, ihres Geschlechtes, ihrer Sprache oder ihrer Religion, sei es in bezug auf ihre Person, ihre Vermögenswerte, ihre geschäftlichen, beruflichen oder finanziellen Interessen, ihre Rechtsstellung, ihre politischen oder bürgerlichen Rechte, sei es auf irgendeinem anderen Gebiete, diskriminieren oder Diskriminierungen zur Folge haben werden.

ARTIKEL 7.
Rechte der slowenischen und kroatischen Minderheiten

1. Österreichische Staatsangehörige der slowenischen und kroatischen Minderheiten in Kärnten, Burgenland und Steiermark genießen dieselben Rechte auf Grund gleicher Bedingungen wie alle anderen österreichischen Staatsangehörigen einschließlich des Rechtes auf ihre eigenen Organisationen, Versammlungen und Presse in ihrer eigenen Sprache.

2. Sie haben Anspruch auf Elementarunterricht in slowenischer oder kroatischer Sprache und auf eine verhältnismäßige Anzahl eigener Mittelschulen; in diesem Zusammenhang werden Schullehrpläne überprüft und eine Abteilung der Schulaufsichtsbehörde wird für slowenische und kroatische Schulen errichtet werden.

3. In den Verwaltungs- und Gerichtsbezirken Kärntens, des Burgenlandes und der Steiermark mit slowenischer, kroatischer oder gemischter Bevölkerung wird die slowenische oder kroatische Sprache zusätzlich zum Deutschen als Amtssprache zugelassen. In solchen Bezirken werden die Bezeichnungen und Aufschriften topographischer Natur sowohl in slowenischer oder kroatischer Sprache wie in Deutsch verfaßt.

4. Österreichische Staatsangehörige der slowenischen und kroatischen Minderheiten in Kärnten, Burgenland und Steiermark nehmen an den kulturellen, Verwaltungs- und Gerichtseinrichtungen in diesen Gebieten auf Grund gleicher Bedingungen wie andere österreichische Staatsangehörige teil.

5. Die Tätigkeit von Organisationen, die darauf abzielen, der kroatischen oder slowenischen Bevölkerung ihre Eigenschaft und ihre Rechte als Minderheit zu nehmen, ist zu verbieten.

ARTIKEL 8.
Demokratische Einrichtungen

Österreich wird eine demokratische, auf geheime Wahlen gegründete Regierung haben und verbürgt allen Staatsbürgern ein freies, gleiches und allgemeines Wahlrecht sowie das Recht, ohne Unterschied von Rasse, Geschlecht, Sprache, Religion oder politische Meinung zu einem öffentlichen Amte gewählt zu werden.

ARTIKEL 9.
Auflösung nazistischer Organisationen

1. Österreich wird die bereits durch die Erlassung entsprechender und von der Alliierten Kommission für Österreich genehmigter Gesetze begonnenen Maßnahmen zur Auflösung der nationalsozialistischen Partei und der ihr angegliederten und von ihr kontrollierten Organisationen einschließlich der politischen, militärischen und paramilitärischen auf österreichischem Gebiet vollenden. Österreich wird auch die Bemühungen fortsetzen, aus dem österreichischen politischen, wirtschaftlichen und kulturellen Leben alle Spuren des Nazismus zu entfernen, um zu gewährleisten, daß die obgenannten Organisationen nicht in irgendeiner Form wieder ins Leben gerufen werden, und um alle nazistische oder militaristische Tätigkeit und Propaganda in Österreich zu verhindern.
2. Österreich verpflichtet sich, alle Organisationen faschistischen Charakters aufzulösen, die auf seinem Gebiete bestehen, und zwar sowohl politische, militärische und paramilitärische, als auch alle anderen Organisationen, welche eine irgendeiner der Vereinten Nationen feindliche Tätigkeit entfalten oder welche die Bevölkerung ihrer demokratischen Rechte zu berauben bestrebt sind.
3. Österreich verpflichtet sich, unter der Androhung von Strafsanktionen, die umgehend in Übereinstimmung mit den österreichischen Rechtsvorschriften festzulegen sind, das Bestehen und die Tätigkeit der obgenannten Organisationen auf österreichischem Gebiete zu untersagen.

ARTIKEL 10.
Besondere Bestimmungen über die Gesetzgebung

1. Österreich verpflichtet sich, die Grundsätze, die in den von der österreichischen Regierung und vom österreichischen Parlament seit dem 1. Mai 1945 angenommenen und von der Alliierten Kommission für Österreich genehmigten, auf die Liquidierung der Überreste des Naziregimes und auf die Wiederherstellung des demokratischen Systems abzielenden Gesetze und Verordnungen enthalten sind, aufrechtzuerhalten und ihre Durchführung fortzusetzen, die seit dem 1. Mai 1945 bereits getroffenen oder eingeleiteten gesetzgeberischen und administrativen Maßnahmen zu vollenden und die in den Artikeln 6, 8 und 9 des vorliegenden Vertrages festgelegten Grundsätze zu kodifizieren und in Kraft zu setzen und, soweit dies nicht schon geschehen ist, alle gesetzgeberischen und administrativen Maßnahmen, die zwischen dem 5. März 1933 und dem 30. April 1945 getroffen wurden und die in Widerspruch mit den in den Artikeln 6, 8 und 9 festgelegten Grundsätzen stehen, aufzuheben oder abzuändern.
2. Österreich verpflichtet sich ferner, das Gesetz vom 3. April 1919, betreffend das Haus Habsburg-Lothringen, aufrechtzuerhalten.

ARTIKEL 11.
Anerkennung der Friedensverträge

Österreich verpflichtet sich, die volle Geltung der Friedensverträge mit Italien, Rumänien, Bulgarien, Ungarn und Finnland und anderer Abkommen oder Regelungen anzuerkennen, die von den Alliierten und Assoziierten Mächten bezüglich Deutschlands und Japans zur Wiederherstellung des Friedens herbeigeführt worden sind oder künftig herbeigeführt werden.

Teil II
Militärische und Luftfahrtbestimmungen

[...]

ARTIKEL 17.
Dauer der Beschränkungen

Jede der militärischen und Luftfahrtsbestimmungen des vorliegenden Vertrages bleibt in Kraft, bis sie zur Gänze oder zum Teil durch ein Abkommen zwischen den Alliierten und Assoziierten Mächten und Österreich oder, nachdem Österreich Mitglied der Vereinten Nationen geworden ist, durch ein Abkommen zwischen dem Sicherheitsrat und Österreich abgeändert wird.

ARTIKEL 18.
Kriegsgefangene

1. Österreicher, die derzeit Kriegsgefangene sind, sollen sobald als möglich gemäß Regelungen, die zwischen den einzelnen Mächten, die solche Kriegsgefangene festhalten, und Österreich zu vereinbaren sind, heimbefördert werden.

2. Alle Kosten einschließlich der Unterhaltskosten, die sich aus dem Transport von Österreichern, die derzeit Kriegsgefangene sind, aus den in Betracht kommenden Sammelstellen, wie sie von der Regierung der betreffenden Alliierten oder Assoziierten Macht ausgewählt worden sind, bis zum Punkte ihres Eintrittes auf österreichisches Gebiet ergeben, werden von der österreichischen Regierung getragen werden.

ARTIKEL 19.
Kriegsgräber und Denkmäler

1. Österreich verpflichtet sich, die auf österreichischem Gebiet befindlichen Gräber von Soldaten, Kriegsgefangenen und zwangsweise nach Österreich gebrachten Staatsangehörigen der Alliierten Mächte und jener der anderen Vereinten Nationen, die sich mit Deutschland im Kriegszustand befanden, zu achten, zu schützen und zu erhalten; desgleichen die Gedenksteine und Embleme dieser Gräber sowie Denkmäler, die dem militärischen Ruhm der Armeen gewidmet sind, die auf österreichischem Staatsgebiet gegen Hitler-Deutschland gekämpft haben.

2. Die österreichische Regierung wird jede Kommission, Delegation oder andere Organisation anerkennen, die von dem betreffenden Land ermächtigt ist, die in Paragraph 1 angeführten Gräber und Bauten zu identifizieren, zu registrieren, zu erhalten und zu regulieren; sie wird die Arbeit solcher Organisationen erleichtern, sie wird hinsichtlich der obenerwähnten Gräber und Bauten die für nötig befundenen Abkommen mit dem betreffenden Land oder mit jeder von ihm bevollmächtigten Kommission oder Delegation oder mit irgendeiner anderen Organisation abschließen. Sie erklärt desgleichen ihr Einverständnis, in Übereinstimmung mit angemessenen sanitären Vorsichtsmaßnahmen jede Erleichterung für die Exhumierung und Überführung der in den erwähnten Gräbern bestatteten Überreste in deren Heimatland zu gewähren, sei es auf Ansuchen der offiziellen Organisationen des betreffenden Staates oder auf Ansuchen der Angehörigen der beerdigten Personen.

Teil III

ARTIKEL 20.
Zurückziehung der Alliierten Streitkräfte

1. Das Übereinkommen über den Kontrollapparat in Österreich vom 28. Juni 1946 verliert mit dem Inkrafttreten des vorliegenden Vertrages seine Wirksamkeit.

2. Mit dem Inkrafttreten des vorliegenden Vertrages hört die gemäß Paragraph 4 des Abkommens über Besatzungszonen in Österreich und die Verwaltung der Stadt Wien vom 9. Juli 1945 errichtete interalliierte Kommandantur auf, irgendwelche Funktionen hinsichtlich der Verwaltung der Stadt Wien auszuüben. Das Übereinkommen über die Besatzungszonen in Österreich tritt mit der Beendigung der Räumung Österreichs durch die Streitkräfte der Alliierten und Assoziierten Mächte gemäß Paragraph 3 dieses Artikels außer Kraft.

3. Die Streitkräfte der Alliierten und Assoziierten Mächte und die Mitglieder der Alliierten Kommission für Österreich werden innerhalb von neunzig Tagen, angefangen vom Inkrafttreten des vorliegenden Vertrages, soweit irgend möglich, spätestens bis zum 31. Dezember 1955, aus Österreich zurückgezogen.

4. Die österreichische Regierung wird den Streitkräften der Alliierten und Assoziierten Mächte und den Mitgliedern der Alliierten Kommission für Österreich bis zu ihrer Zurückziehung aus Österreich alle Rechte, Immunitäten und Begünstigungen gewähren, die ihnen unmittelbar vor dem Inkrafttreten dieses Vertrages zustanden.

5. Die Alliierten und Assoziierten Mächte verpflichten sich, der österreichischen Regierung nach Inkrafttreten dieses Vertrages und innerhalb der in Paragraph 3 dieses Artikels vorgesehenen Frist zurückzustellen:

a) alles Geld, das den Alliierten und Assoziierten Mächten für Okkupationszwecke kostenlos zur Verfügung gestellt worden und im Zeitpunkt der Beendigung der Zurückziehung der alliierten Streitkräfte unverausgabt geblieben ist;

b) alles österreichische Eigentum, das von alliierten Streitkräften oder von der Alliierten Kommission requiriert wurde und sich noch in deren Besitz befindet. Die sich aus diesem Absatz ergebenden Verpflichtungen sind vorbehaltlich der Bestimmungen des Artikels 22 dieses Vertrages zu erfüllen.

Teil IV
Aus dem Krieg herrührende Ansprüche

[...]

Teil V
Eigentum, Rechte und Interessen

[...]

Teil VI
Allgemeine Wirtschaftsbeziehungen

[...]

Teil VII
Regelung von Streitfällen

[...]

Teil VIII
Verschiedene wirtschaftliche Bestimmungen

[...]

Teil IX
Schlußbestimmungen

[...]

ARTIKEL 38.
Ratifikation des Vertrages

1. Der vorliegende Vertrag, dessen russischer, englischer, französischer und deutscher Text authentisch ist, soll ratifiziert werden. Er tritt unmittelbar nach Hinterlegung der Ratifikationsurkunden durch die Union der Sozialistischen Sowjetrepubliken, durch das Vereinigte Königreich von Großbritannien und Nordirland, durch die Vereinigten Staaten von Amerika und durch Frankreich einerseits und durch Österreich andererseits in Kraft. Die Ratifikationsurkunden sollen in möglichst kurzer Zeit bei der Regierung der Union der Sozialistischen Sowjetrepubliken hinterlegt werden.
2. Der Vertrag soll bezüglich jeder Alliierten oder Assoziierten Macht, deren Ratifikationsurkunde hienach hinterlegt wird, am Tag der Hinterlegung in Kraft treten. Der vorliegende Vertrag soll in den Archiven der Regierung der Union der Sozialistischen Sowjetrepubliken hinterlegt werden, die jedem der Signatarstaaten und beitretenden Staaten beglaubigte Abschriften übermitteln wird.

Zu Urkund dessen haben die unterzeichneten Bevollmächtigten den vorliegenden Vertrag unterzeichnet und mit ihren Siegeln versehen.

Geschehen in der Stadt Wien in russischer, englischer, französischer und deutscher Sprache am 15. Mai 1955.

[...]

Staatsgrundgesetz über die allgemeinen Rechte der Staatsbürger 1867

Dr. Eduard Sturm (1830–1909), als Referent für die Grundrechte im Verfassungsausschuss des Abgeordnetenhauses des Reichsrats Verfasser des Entwurfs zum Staatsgrundgesetz über die allgemeinen Rechte der Staatsbürger 1867.

Mit Zustimmung beider Häuser des Reichsrathes finde Ich das nachstehende Staatsgrundgesetz über die allgemeinen Rechte der Staatsbürger zu erlassen, und anzuordnen, wie folgt:

[ARTIKEL 1.]

[Anm.: aufgehoben]

ARTIKEL 2.

Vor dem Gesetze sind alle Staats-bürger gleich.

Staatsgrundgesetz vom 21. December 1867, über die allgemeinen Rechte der Staatsbürger für die im Reichsrathe vertretenen Königreiche und Länder [RGBl. Nr. 142/1867 idF BGBl. Nr. 684/1988] [Verfassungsrang gem. Art. 149 Abs. 1 B-VG]

ARTIKEL 3.

Die öffentlichen Aemter sind für alle Staatsbürger gleich zugänglich.

Für Ausländer wird der Eintritt in dieselben von der Erwerbung des österreichischen Staatsbürgerrechtes abhängig gemacht.

ARTIKEL 4.

Die FREIZÜGIGKEIT der Person und des Vermögens innerhalb des Staatsgebietes unterliegt keiner Beschränkung.

Die Freiheit der Auswanderung ist von Staatswegen nur durch die Wehrpflicht beschränkt. Abfahrtsgelder dürfen nur in Anwendung der Reciprocität erhoben werden.

ARTIKEL 5.

Das EIGENTHUM ist unverletzlich.

Eine Enteignung gegen den Willen des Eigenthümers kann nur in den Fällen und in der Art eintreten, welche das Gesetz bestimmt.

ARTIKEL 6.

Jeder Staatsbürger kann an JEDEM ORTE DES STAATSGEBIETES seinen Aufenthalt und Wohnsitz nehmen, Liegenschaften jeder Art erwerben und über dieselben FREI verfügen, sowie unter den gesetzlichen Bedingungen jeden ERWERBSZWEIG ausüben.

Für die todte Hand sind Beschränkungen des Rechtes, Liegenschaften zu erwerben und über sie zu verfügen, im Wege des Gesetzes aus Gründen des öffentlichen Wohles zulässig.

ARTIKEL 7.

Jeder Unterthänigkeits- und Hörigkeitsverband ist für immer aufgehoben. Jede aus dem Titel des getheilten Eigenthumes auf Liegenschaften haftende Schuldigkeit oder Leistung ist ablösbar, und es darf in Zukunft keine Liegenschaft mit einer derartigen unablösbaren Leistung belastet werden.

[ARTIKEL 8.]

[Anm.: aufgehoben]

ARTIKEL 9.

Das Hausrecht ist unverletzlich.

Das bestehende Gesetz vom 27. October 1862 (Reichs-Gesetz-Blatt Nr. 88) zum Schutze des Hausrechtes wird hiemit als Bestandtheil dieses Staatsgrundgesetzes erklärt.

ARTIKEL 10.

Das Briefgeheimniß darf nicht verletzt und die Beschlagnahme von Briefen, außer dem Falle einer gesetzlichen Verhaftung oder Haussuchung, nur in Kriegsfällen oder auf Grund eines richterlichen Befehles in Gemäßheit bestehender Gesetze vorgenommen werden.

ARTIKEL 10a.

Das Fernmeldegeheimnis darf nicht verletzt werden.

Ausnahmen von der Bestimmung des vorstehenden Absatzes sind nur auf Grund eines richterlichen Befehles in Gemäßheit bestehender Gesetze zulässig.

ARTIKEL 11.

Das Petitionsrecht steht Jedermann zu.

Petitionen unter einem Gesammtnamen dürfen nur von gesetzlich anerkannten Körperschaften oder Vereinen ausgehen.

ARTIKEL 12.

Die österreichischen Staatsbürger haben **das Recht, sich zu versammeln und Vereine zu bilden.** Die Ausübung dieser Rechte wird durch besondere Gesetze geregelt.

ARTIKEL 13.

Jedermann hat das Recht, durch Wort, Schrift, Druck oder durch bildliche Darstellung seine Meinung innerhalb der gesetzlichen Schranken frei zu äußern.

Die Presse darf weder unter Censur gestellt,

noch durch das Concessions-System beschränkt werden. Administrative Postverbote finden auf inländische Druckschriften keine Anwendung.

ARTIKEL 14.

Die volle Glaubens- und Gewissensfreiheit ist Jedermann gewährleistet.

Der Genuß der bürgerlichen und politischen Rechte ist von dem Religionsbekenntnisse unabhängig; doch darf den staatsbürgerlichen Pflichten durch das Religionsbekenntniß kein Abbruch geschehen. Niemand kann zu einer kirchlichen Handlung oder zur Theilnahme an einer kirchlichen Feierlichkeit gezwungen werden, in sofern er nicht der nach dem Gesetze hiezu berechtigten Gewalt eines Anderen untersteht.

ARTIKEL 15.

Jede gesetzlich anerkannte Kirche und Religionsgesellschaft hat das Recht der gemeinsamen öffentlichen Religionsübung, ordnet und verwaltet ihre inneren Angelegenheiten selbständig,

bleibt im Besitze und Genusse ihrer für Cultus-, Unterrichts- und Wohlthätigkeitszwecke bestimmten Anstalten, Stiftungen und Fonde, ist aber, wie jede Gesellschaft, den allgemeinen Staatsgesetzen unterworfen.

ARTIKEL 16.

Den Anhängern eines gesetzlich nicht anerkannten Religionsbekenntnisses ist die häusliche Religionsübung gestattet, in soferne dieselbe weder rechtswidrig, noch sittenverletzend ist.

ARTIKEL 17.

Die Wissenschaft und ihre Lehre ist frei.

Unterrichts- und Erziehungsanstalten zu gründen und an solchen Unterricht zu ertheilen, ist jeder Staatsbürger berechtigt, der seine Befähigung hiezu in gesetzlicher Weise nachgewiesen hat. Der häusliche Unterricht unterliegt keiner solchen Beschränkung. Für den Religionsunterricht in den Schulen ist von der betreffenden Kirche oder Religionsgesellschaft Sorge zu tragen. Dem Staate steht rücksichtlich des gesammten Unterrichts- und Erziehungswesens das Recht de obersten Leitung und Aufsicht zu.

ARTIKEL 17a.

Das künstlerische Schaffen, die Vermittlung von Kunst sowie deren Lehre sind frei.

ARTIKEL 18.

Es steht Jedermann frei, seinen Beruf zu wählen und sich für denselben auszubilden, wie und wo er will.

ARTIKEL 19.

Alle Volksstämme des Staates sind gleichberechtigt, und jeder Volksstamm hat ein unverletzliches Recht auf Wahrung und Pflege seiner Nationalität und Sprache.
Die Gleichberechtigung aller landesüblichen Sprachen in Schule, Amt und öffentlichem Leben wird vom Staate anerkannt.
In den Ländern, in welchen mehrere Volksstämme wohnen, sollen die öffentlichen Unterrichtsanstalten derart eingerichtet sein, daß ohne Anwendung eines Zwanges zur Erlernung einer zweiten Landessprache jeder dieser Volksstämme die erforderlichen Mittel zur Ausbildung in seiner Sprache erhält.
[Anm.: Geltung des Art. 19 ist fraglich.]

[ARTIKEL 20.]

[Anm.: aufgehoben]

Das Staatsgrundgesetz stammt aus dem Jahre 1867 und fogt der zeitgenössischen Rechtschreibung.

Das Gebäude des Europäischen Gerichtshofes für Menschenrechte in Straßburg (Architekt: Richard Rogers).

Europäische Menschenrechtskonvention (EMRK)

KONVENTION ZUM SCHUTZE DER MENSCHENRECHTE UND GRUNDFREIHEITEN
[BGBl. Nr. 210/1958 idF BGBl III Nr. 47/2010]
[Verfassungsbestimmung: Die Europäische Menschenrechtskonvention ist gemäß BVG BGBl. Nr. 59/1964 mit Verfassungsrang ausgestattet.]

In Erwägung der Allgemeinen Erklärung der Menschenrechte, die von der Generalversammlung der Vereinten Nationen am 10. Dezember 1948 verkündet wurde;
in der Erwägung, daß diese Erklärung bezweckt, die allgemeine und wirksame Anerkennung und Einhaltung der darin erklärten Rechte zu gewährleisten;
in der Erwägung, daß das Ziel des Europarates die Herbeiführung einer größeren Einigkeit unter seinen Mitgliedern ist und daß eines der Mittel zur Erreichung dieses Zieles in der Wahrung und in der Entwicklung der Menschenrechte und Grundfreiheiten besteht;
unter erneuter Bekräftigung ihres tiefen Glaubens an diese Grundfreiheiten, welche die Grundlage der Gerechtigkeit und des Friedens in der Welt bilden, und deren Aufrechterhaltung wesentlich auf einem wahrhaft demokratischen politischen Regime einerseits und auf einer gemeinsamen Auffassung und Achtung der Menschenrechte andererseits beruht, von denen sie sich herleiten;
entschlossen, als Regierungen europäischer Staaten, die vom gleichen Geiste beseelt sind und ein gemeinsames Erbe an geistigen Gütern, politischen Überlieferungen, Achtung der Freiheit und Vorherrschaft des Gesetzes besitzen, die ersten Schritte auf dem Wege zu einer kollektiven Garantie gewisser in der Allgemeinen Erklärung verkündeter Rechte zu unternehmen;
vereinbaren die unterzeichneten Regierungen, die Mitglieder des Europarates sind, folgendes:

ARTIKEL 1 – Verpflichtung zur Achtung der Menschenrechte

Die Hohen Vertragschließenden Teile sichern allen ihrer Jurisdiktion unterstehenden Personen die in Abschnitt I dieser Konvention niedergelegten Rechte und Freiheiten zu.

ABSCHNITT I – Rechte und Freiheiten

ARTIKEL 2 – Recht auf Leben

(1) **Das Recht jedes Menschen auf das Leben wird gesetzlich geschützt.** Abgesehen von der Vollstreckung eines Todesurteils, das von einem Gericht im Falle eines durch Gesetz mit der Todesstrafe bedrohten Verbrechens ausgesprochen worden ist, darf eine absichtliche Tötung nicht vorgenommen werden.

(2) Die Tötung wird nicht als Verletzung dieses Artikels betrachtet, wenn sie sich aus einer unbedingt erforderlichen Gewaltanwendung ergibt:

a) um die Verteidigung eines Menschen gegenüber rechtswidriger Gewaltanwendung sicherzustellen;
b) um eine ordnungsgemäße Festnahme durchzuführen oder das Entkommen einer ordnungsgemäß festgehaltenen Person zu verhindern;
c) um im Rahmen der Gesetze einen Aufruhr oder einen Aufstand zu unterdrücken.

ARTIKEL 3 – Verbot der Folter

Niemand darf der Folter oder unmenschlicher oder erniedrigender Strafe oder Behandlung unterworfen werden.

ARTIKEL 4 – Verbot der Sklaverei und der Zwangsarbeit

(1) Niemand darf in Sklaverei oder Leibeigenschaft gehalten werden.

(2) Niemand darf gezwungen werden, Zwangs- oder Pflichtarbeit zu verrichten.

(3) Als „Zwangs- oder Pflichtarbeit" im Sinne dieses Artikels gilt nicht:

a) jede Arbeit, die normalerweise von einer Person verlangt wird, die unter den von Artikel 5 der vorliegenden Konvention vorgesehenen Bedingungen in Haft gehalten oder bedingt freigelassen worden ist;

b) jede Dienstleistung militärischen Charakters, oder im Falle der Verweigerung aus Gewissensgründen in Ländern, wo diese als berechtigt anerkannt ist, eine sonstige an Stelle der militärischen Dienstpflicht tretende Dienstleistung;

c) jede Dienstleistung im Falle von Notständen und Katastrophen, die das Leben oder das Wohl der Gemeinschaft bedrohen;

d) jede Arbeit oder Dienstleistung, die zu den normalen Bürgerpflichten gehört.

ARTIKEL 5 – Recht auf Freiheit und Sicherheit

(1) Jedermann hat ein Recht auf Freiheit und Sicherheit.

Die Freiheit darf einem Menschen nur in den folgenden Fällen und nur auf die gesetzlich vorgeschriebene Weise entzogen werden:

a) wenn er rechtmäßig nach Verurteilung durch ein zuständiges Gericht in Haft gehalten wird;
b) wenn er rechtmäßig festgenommen worden ist oder in Haft gehalten wird wegen Nichtbefolgung eines rechtmäßigen Gerichtsbeschlusses oder zur Erzwingung der Erfüllung einer durch das Gesetz vorgeschriebenen Verpflichtung;
c) wenn er rechtmäßig festgenommen worden ist oder in Haft gehalten wird zum Zwecke seiner Vorführung vor die zuständige Gerichtsbehörde, sofern hinreichender Verdacht dafür besteht, daß der Betreffende eine strafbare Handlung begangen hat, oder begründeter Anlaß zu der Annahme besteht, daß es notwendig ist, den Betreffenden an der Begehung einer strafbaren Handlung oder an der Flucht nach Begehung einer solchen zu hindern;
d) wenn es sich um die rechtmäßige Haft eines Minderjährigen handelt, die zum Zwecke überwachter Erziehung angeordnet ist, oder um die rechtmäßige Haft eines solchen, die zum Zwecke seiner Vorführung vor die zuständige Behörde verhängt ist;
e) wenn er sich in rechtmäßiger Haft befindet, weil er

eine Gefahrenquelle für die Ausbreitung ansteckender Krankheiten bildet, oder weil er geisteskrank, Alkoholiker, rauschgiftsüchtig oder Landstreicher ist;

f) wenn er rechtmäßig festgenommen worden ist oder in Haft gehalten wird, um ihn daran zu hindern, unberechtigt in das Staatsgebiet einzudringen oder weil er von einem gegen ihn schwebenden Ausweisungs- oder Auslieferungsverfahren betroffen ist.

(2) Jeder Festgenommene muß in möglichst kurzer Frist und in einer ihm verständlichen Sprache über die Gründe seiner Festnahme und über die gegen ihn erhobenen Beschuldigungen unterrichtet werden.

(3) Jede nach der Vorschrift des Abs. 1c dieses Artikels festgenommene oder in Haft gehaltene Person muß unverzüglich einem Richter oder einem anderen, gesetzlich zur Ausübung richterlicher Funktionen ermächtigten Beamten vorgeführt werden. Er hat Anspruch auf Aburteilung innerhalb einer angemessenen Frist oder auf Haftentlassung während des Verfahrens. Die Freilassung kann von der Leistung einer Sicherheit für das Erscheinen vor Gericht abhängig gemacht werden.

(4) Jedermann, dem seine Freiheit durch Festnahme oder Haft entzogen wird, hat das Recht, ein Verfahren zu beantragen, in dem von einem Gericht ehetunlich über die Rechtmäßigkeit der Haft entschieden wird und im Falle der Widerrechtlichkeit seine Entlassung angeordnet wird.

(5) Jeder, der entgegen den Bestimmungen dieses Artikels von Festnahme oder Haft betroffen worden ist, hat Anspruch auf Schadenersatz.

ARTIKEL 6 – Recht auf ein faires Verfahren

(1) Jedermann hat Anspruch darauf, daß seine Sache in billiger Weise öffentlich und innerhalb einer angemessenen Frist gehört wird, und zwar von einem unabhängigen und unparteiischen, auf Gesetz beruhenden Gericht, das über zivilrechtliche Ansprüche und Verpflichtungen oder über die Stichhaltigkeit der gegen ihn erhobenen strafrechtlichen Anklage zu entscheiden hat. Das Urteil muß öffentlich verkündet werden, jedoch kann die Presse und die Öffentlichkeit während der gesamten Verhandlung oder eines Teiles derselben im Interesse der Sittlichkeit, der öffentlichen Ordnung oder der nationalen Sicherheit in einem demokratischen Staat ausgeschlossen werden, oder wenn die Interessen von Jugendlichen oder der Schutz des Privatlebens der Prozeßparteien es verlangen, oder, und zwar unter besonderen Umständen, wenn die öffentliche Verhandlung die Interessen der Rechtspflege beeinträchtigen würde, in diesem Fall jedoch nur in dem nach Auffassung des Gerichts erforderlichen Umfang.

(2) Bis zum gesetzlichen Nachweis seiner Schuld wird vermutet, daß der wegen einer strafbaren Handlung Angeklagte unschuldig ist.

(3) Jeder Angeklagte hat mindestens (englischer Text) insbesondere (französischer Text) die folgenden Rechte:

a) in möglichst kurzer Frist in einer für ihn verständlichen Sprache in allen Einzelheiten über die Art und den Grund der gegen ihn erhobenen Beschuldigung in Kenntnis gesetzt zu werden;

b) über ausreichende Zeit und Gelegenheit zur Vorbereitung seiner Verteidigung zu verfügen;

c) sich selbst zu verteidigen oder den Beistand eines Verteidigers seiner Wahl zu erhalten und, falls er nicht über die Mittel zur Bezahlung eines Verteidigers verfügt, unentgeltlich den Beistand eines Pflichtverteidigers zu erhalten, wenn dies im Interesse der Rechtspflege erforderlich ist;

d) Fragen an die Belastungszeugen zu stellen oder stellen zu lassen und die Ladung und Vernehmung der Entlastungszeugen unter denselben Bedingungen wie die der Belastungszeugen zu erwirken;

e) die unentgeltliche Beiziehung eines Dolmetschers zu verlangen, wenn der Angeklagte die Verhandlungssprache des Gerichts nicht versteht oder sich nicht darin ausdrücken kann.

ARTIKEL 7 – Keine Strafe ohne Gesetz

(1) **Niemand kann wegen einer Handlung oder Unterlassung verurteilt werden, die zur Zeit ihrer Begehung nach inländischem oder internationalem Recht nicht strafbar war.** Ebenso darf keine höhere Strafe als die im Zeitpunkt der Begehung der strafbaren Handlung angedrohte Strafe verhängt werden.

(2) Durch diesen Artikel darf die Verurteilung oder Bestrafung einer Person nicht ausgeschlossen werden, die sich einer Handlung oder Unterlassung schuldig gemacht hat, welche im Zeitpunkt ihrer Begehung nach den von den zivilisierten Völkern allgemein anerkannten Rechtsgrundsätzen strafbar war.

ARTIKEL 8 – Recht auf Achtung des Privat- und Familienlebens

(1) Jedermann hat Anspruch auf Achtung seines Privat- und Familienlebens, seiner Wohnung und seines Briefverkehrs.

(2) Der Eingriff einer öffentlichen Behörde in die Ausübung dieses Rechts ist nur statthaft, insoweit dieser Eingriff gesetzlich vorgesehen ist und eine Maßnahme darstellt, die in einer demokratischen Gesellschaft für die nationale Sicherheit, die öffentliche Ruhe und Ordnung, das wirtschaftliche Wohl des Landes, die Verteidigung der Ordnung und zur Verhinderung von strafbaren Handlungen, zum Schutz der Gesundheit und der Moral oder zum Schutz der Rechte und Freiheiten anderer notwendig ist.

ARTIKEL 9 – Gedanken-, Gewissens- und Religionsfreiheit

(1) **Jedermann hat Anspruch auf Gedanken-, Gewissens- und Religionsfreiheit;** dieses Recht umfaßt die Freiheit des einzelnen zum Wechsel der Religion oder der Weltanschauung sowie die Freiheit, seine Religion oder Weltanschauung einzeln oder in Gemeinschaft mit anderen öffentlich oder privat, durch Gottesdienst, Unterricht, Andachten und Beachtung religiöser Gebräuche auszuüben.

(2) Die Religions- und Bekenntnisfreiheit darf nicht Gegenstand anderer als vom Gesetz vorgesehener Beschränkungen sein, die in einer demokratischen Gesellschaft notwendige Maßnahmen im Interesse der öffentlichen Sicherheit, der öffentlichen Ordnung, Gesundheit und Moral oder für den Schutz der Rechte und Freiheiten anderer sind.

ARTIKEL 10 – Freiheit der Meinungsäußerung

(1) **Jedermann hat Anspruch auf freie Meinungsäußerung.** Dieses Recht schließt die Freiheit der Meinung und die Freiheit zum Empfang und zur Mitteilung von Nachrichten oder Ideen ohne Eingriffe öffentlicher Behörden und ohne Rücksicht auf Landesgrenzen ein. Dieser Artikel schließt nicht aus, daß die Staaten Rundfunk-, Lichtspiel- oder Fernsehunternehmen einem Genehmigungsverfahren unterwerfen.

(2) Da die Ausübung dieser Freiheiten Pflichten und Verantwortung mit sich bringt, kann sie bestimmten, vom Gesetz vorgesehenen Formvorschriften, Bedingungen, Einschränkungen oder Strafdrohungen unterworfen werden, wie sie in einer demokratischen Gesellschaft im Interesse der nationalen Sicherheit, der territorialen Unversehrtheit oder der öffentlichen Sicherheit, der Aufrechterhaltung der Ordnung und der Verbrechensverhütung, des Schutzes der Gesundheit und der Moral, des Schutzes des guten Rufes oder der Rechte anderer unentbehrlich sind, um die Verbreitung von vertraulichen Nachrichten zu verhindern oder das Ansehen und die Unparteilichkeit der Rechtsprechung zu gewährleisten.

ARTIKEL 11 – Versammlungs- und Vereinigungsfreiheit

(1) Alle Menschen haben das Recht, sich friedlich zu versammeln und sich frei mit anderen zusammenzuschließen, einschließlich des Rechts, zum Schutze ihrer Interessen Gewerkschaften zu bilden und diesen beizutreten.

(2) Die Ausübung dieser Rechte darf keinen anderen Einschränkungen unterworfen werden als den vom Gesetz vorgesehenen, die in einer demokratischen Gesellschaft im Interesse der nationalen und öffentlichen Sicherheit, der Aufrechterhaltung der Ordnung und der Verbrechensverhütung, des Schutzes der Gesundheit und der Moral oder des Schutzes der Rechte und Freiheiten anderer notwendig sind. Dieser Artikel verbietet nicht, daß die Ausübung dieser Rechte durch Mitglieder der Streitkräfte, der Polizei oder der Staatsverwaltung gesetzlichen Einschränkungen unterworfen wird.

ARTIKEL 12 – Recht auf Eheschließung

Mit Erreichung des heiratsfähigen Alters haben Männer und Frauen gemäß den einschlägigen nationalen Gesetzen das Recht, eine Ehe einzugehen und eine Familie zu gründen.

ARTIKEL 13 – Recht auf wirksame Beschwerde

Sind die in der vorliegenden Konvention festgelegten Rechte und Freiheiten verletzt worden, so hat der Verletzte das Recht, eine wirksame Beschwerde bei einer nationalen Instanz einzulegen, selbst wenn die Verletzung von Personen begangen worden ist, die in amtlicher Eigenschaft gehandelt haben.

ARTIKEL 14 – Verbot der Benachteiligung

Der Genuß der in der vorliegenden Konvention festgelegten Rechte und Freiheiten ist ohne Benachteiligung zu gewährleisten, die insbesondere im Geschlecht, in der Rasse, Hautfarbe, Sprache, Religion, in den politischen oder sonstigen Anschauungen, in nationaler oder sozialer Herkunft, in der Zugehörigkeit zu einer nationalen Minderheit, im Vermögen, in der Geburt oder im sonstigen Status begründet ist.

ARTIKEL 15 – Außerkraftsetzen im Notstandsfall

(1) Im Falle eines Krieges oder eines anderen öffentlichen Notstandes, der das Leben der Nation bedroht, kann jeder der Hohen Vertragschließenden Teile Maßnahmen ergreifen, welche die in dieser Konvention vorgesehenen Verpflichtungen in dem Umfang, den die Lage unbedingt erfordert, und unter der Bedingung außer Kraft setzen, daß diese Maßnahmen nicht in Widerspruch zu den sonstigen völkerrechtlichen Verpflichtungen stehen.

(2) Die vorstehende Bestimmung gestattet kein Außerkraftsetzen des Artikels 2 außer bei Todesfällen, die auf rechtmäßige Kriegshandlungen zurückzuführen sind, oder der Artikel 3, 4, Abs. 1, und 7.

(3) Jeder Hohe Vertragschließende Teil, der dieses Recht der Außerkraftsetzung ausübt, hat den Generalsekretär des Europarats eingehend über die getroffenen Maßnahmen und deren Gründe zu unterrichten. Er muß den Generalsekretär des Europarats auch über den Zeitpunkt in Kenntnis setzen, in dem diese Maßnahmen außer Kraft getreten sind und die Vorschriften der Konvention wieder volle Anwendung finden.

ARTIKEL 16 – Beschränkungen der politischen Tätigkeit von Ausländern

Keine der Bestimmungen der Artikel 10, 11 und 14 darf so ausgelegt werden, daß sie den Hohen Vertragschließenden Parteien verbietet, die politische Tätigkeit von Ausländern Beschränkungen zu unterwerfen.

ARTIKEL 17 – Verbot des Mißbrauchs der Rechte

Keine Bestimmung dieser Konvention darf dahin ausgelegt werden, daß sie für einen Staat, eine Gruppe oder eine Person das Recht begründet, eine Tätigkeit auszuüben oder eine Handlung zu begehen, die auf die Abschaffung der in der vorliegenden Konvention festgelegten Rechte und Freiheiten oder auf weitergehende Beschränkungen dieser Rechte und Freiheiten, als in der Konvention vorgesehen, hinzielt.

ARTIKEL 18 – Begrenzung der Rechtseinschränkungen

Die nach der vorliegenden Konvention gestatteten Einschränkungen dieser Rechte und Freiheiten dürfen nicht für andere Zwecke als die vorgesehenen angewendet werden.

[...]

[Anm.: Art 19 bis 59 enthalten vor allem Bestimmungen für den Europäischen Gerichtshof für Menschenrechte und wurden deshalb hier nicht abgedruckt.]

Bundes-verfassungs-gesetz über die Rechte von Kindern

ARTIKEL 1

Jedes Kind hat Anspruch auf den **Schutz und die Fürsorge,** die für **sein Wohlergehen** notwendig sind, auf bestmögliche **Entwicklung und Entfaltung** sowie auf die Wahrung seiner Interessen auch unter dem Gesichtspunkt der Generationengerechtigkeit. Bei allen Kinder betreffenden Maßnahmen öffentlicher und privater Einrichtungen muss das Wohl des Kindes eine vorrangige Erwägung sein.

[BGBl. I Nr. 4/2011]

ARTIKEL 2

(1) Jedes Kind hat Anspruch auf regelmäßige persönliche Beziehungen und direkte Kontakte zu beiden Elternteilen, es sei denn, dies steht seinem Wohl entgegen.

(2) Jedes Kind, das dauernd oder vorübergehend aus seinem familiären Umfeld, welches die natürliche Umgebung für das Wachsen und Gedeihen aller ihrer Mitglieder, insbesondere der Kinder ist, herausgelöst ist, hat Anspruch auf besonderen Schutz und Beistand des Staates.

ARTIKEL 3

Kinderarbeit ist verboten.

Abgesehen von gesetzlich vorgesehenen begrenzten Ausnahmen darf das Mindestalter für den Eintritt in das Arbeitsleben das Alter, in dem die Schulpflicht endet, nicht unterschreiten.

ARTIKEL 4

Jedes Kind hat das Recht auf angemessene Beteiligung und Berücksichtigung seiner Meinung in allen das Kind betreffenden Angelegenheiten, in einer seinem Alter und seiner Entwicklung entsprechenden Weise.

ARTIKEL 5

(1) Jedes Kind hat das Recht auf gewaltfreie Erziehung. Körperliche Bestrafungen, die Zufügung seelischen Leides, sexueller Missbrauch und andere Misshandlungen sind verboten. Jedes Kind hat das Recht auf Schutz vor wirtschaftlicher und sexueller Ausbeutung.
(2) Jedes Kind als Opfer von Gewalt oder Ausbeutung hat ein Recht auf angemessene Entschädigung und Rehabilitation. Das Nähere bestimmen die Gesetze.

ARTIKEL 6

Jedes Kind mit Behinderung hat Anspruch auf den Schutz und die Fürsorge, die seinen besonderen Bedürfnissen Rechnung tragen.

Im Sinne des Artikel 7 Abs. 1 B-VG ist die Gleichbehandlung von behinderten und nicht behinderten Kindern in allen Bereichen des täglichen Lebens zu gewährleisten.

ARTIKEL 7

Eine Beschränkung der in den Artikeln 1, 2, 4 und 6 dieses Bundesverfassungsgesetzes gewährleisteten Rechte und Ansprüche ist nur zulässig, insoweit sie gesetzlich vorgesehen ist und eine Maßnahme darstellt, die in einer demokratischen Gesellschaft für die nationale Sicherheit, die öffentliche Ruhe und Ordnung, das wirtschaftliche Wohl des Landes, die Verteidigung der Ordnung und zur Verhinderung von strafbaren Handlungen, zum Schutz der Gesundheit oder zum Schutz der Rechte und Freiheiten anderer notwendig ist.

ARTIKEL 8

Mit der Vollziehung dieses Bundesverfassungsgesetzes ist die Bundesregierung betraut.

IMPRESSUM

REDAKTION
Prof. Dr. Christian Ankowitsch
Dr. Josef Pauser

DESIGN
Michaela Pernegger
Andreas Volleritsch

IDEE
Oliver Wurm

INFOGRAFIKEN: Pia Sakowski
ARTWORKS: Gottfried Moritz COMPOSING: Georg Zumbulev/edgeproject.at
SALES: Mag. Claudia Zeller, Andrea Lindner-Varasteh
KORREKTORAT: Kristin Schmidt-Sumera
LITHO: Martina Drignat
LANDKARTEN: schwarzplan.eu
DRUCK: Samson Druck GmbH, 5581 St. Margarethen
VERTRIEB: PGV Austria, 5412 Puch

HERAUSGEBER
Neubau Editorial Design
Andreas Volleritsch & Michaela Pernegger GesbR
Auweg 1, 4643 Pettenbach
neubaudesign.at
verfassung-magazin.at

FLAGGE ZEIGEN

FLAGGE DER REPUBLIK ÖSTERREICH UND FLAGGE DER REPUBLIK ÖSTERREICH ZUR SEE

Im österreichischen Bundes-Verfassungsgesetz heißt es in Artikel 8a Absatz 1 zur österreichischen Flagge: „Die Farben der Republik Österreich sind rot-weiß-rot. Die Flagge besteht aus drei gleichbreiten waagrechten Streifen, von denen der mittlere weiß, der obere und der untere rot sind.“

DIENSTFLAGGE DES BUNDES UND ÖSTERREICHISCHE MILITÄRFLAGGE
(die Verwendung der Dienstflagge unterliegt besonderen Bestimmungen, eine private Nutzung ist verboten)

Zur Farbgebung heißt es in den „Grundsätzlichen Bestimmungen über Verwendung des Hoheitszeichens sowie über die Fahnenordnung des Österreichischen Bundesheeres“ (Erlass vom 14. Mai 2018, GZ S93592/3-MFW/2018): „Das Rot in den österreichischen Staatsfarben hat die Charakteristik ‚Pantone 186 C‘ aufzuweisen.“

Die österreichische Bundeshymne

Weil die alte österreichische Hymne von Joseph Haydn als politisch kontaminiert galt, wurde 1946 vom Ministerrat ein neues „Bundeslied" beschlossen: Die Melodie stammt angeblich von Mozart, der Text zweifelsfrei von Paula Preradović, die ein entsprechendes Preisausschreiben gewonnen hat. Neben der offiziellen existieren einige inoffizielle Hymnen so zum Beispiel der „Donauwalzer" von Johann Strauss (Sohn) und „I am from Austria" von Rainhard Fendrich

BUNDESGESETZ ÜBER DIE BUNDESHYMNE DER REPUBLIK ÖSTERREICH (BGBl. I Nr. 127/2011)

§ 1. Die Bundeshymne der Republik Österreich besteht aus drei Strophen des Gedichts „Land der Berge" und der Melodie des sogenannten Bundesliedes, beides in der Form der einen Bestandteil dieses Gesetzes bildenden Anlage.

§ 2. Mit der Vollziehung dieses Bundesgesetzes ist die Bundesregierung betraut.

§ 3. Dieses Bundesgesetz tritt mit 1. Jänner 2012 in Kraft.

Österreich ist ein Bundesstaat

Gebildet wird die Republik Österreich aus neun selbständigen Ländern. Jedes einzelne davon – mit Ausnahme von Wien – ist in Bezirke unterteilt, diese wiederum in Gemeinden. Die Verfassung regelt das Verhältnis zwischen dem Bund und den Ländern und deren jeweiligen Kompetenzen. Bundessache ist unter anderem die Gesetzgebung und Vollziehung in den Angelegenheiten der Bundesverfassung, der Wahlen zum Nationalrat und die Verfassungsgerichtsbarkeit

DAS IST EINE „STATUTARSTADT“
Dazu schreibt das Bundes-Verfassungsgesetz in Artikel 115 Absatz 3: „Einer Gemeinde mit mindestens 20.000 Einwohnern ist, wenn Landesinteressen hiedurch nicht gefährdet werden, auf ihren Antrag durch Landesgesetz ein eigenes Statut (Stadtrecht) zu verleihen. Eine Stadt mit eigenem Statut hat neben den Aufgaben der Gemeindeverwaltung auch die der Bezirksverwaltung zu besorgen.“

OBERÖSTERREICH
BEZIRKE
Braunau am Inn, Eferding, Freistadt, Gmunden, Grieskirchen, Kirchdorf an der Krems, Linz-Land, Perg, Ried im Innkreis, Rohrbach, Schärding, Steyr-Land, Urfahr-Umgebung, Vöcklabruck, Wels-Land

NIEDERÖSTERREICH
BEZIRKE
Amstetten, Baden, Bruck an der Leitha, Gänserndorf, Gmünd, Hollabrunn, Horn, Korneuburg, Krems, Lilienfeld, Melk, Mistelbach, Mödling, Neunkirchen, Scheibbs, St. Pölten, Tulln, Waidhofen an der Thaya, Wiener Neustadt, Zwettl

WIEN

SALZBURG
BEZIRKE
Hallein, Salzburg-Umgebung, Sankt Johann im Pongau, Tamsweg, Zell am See

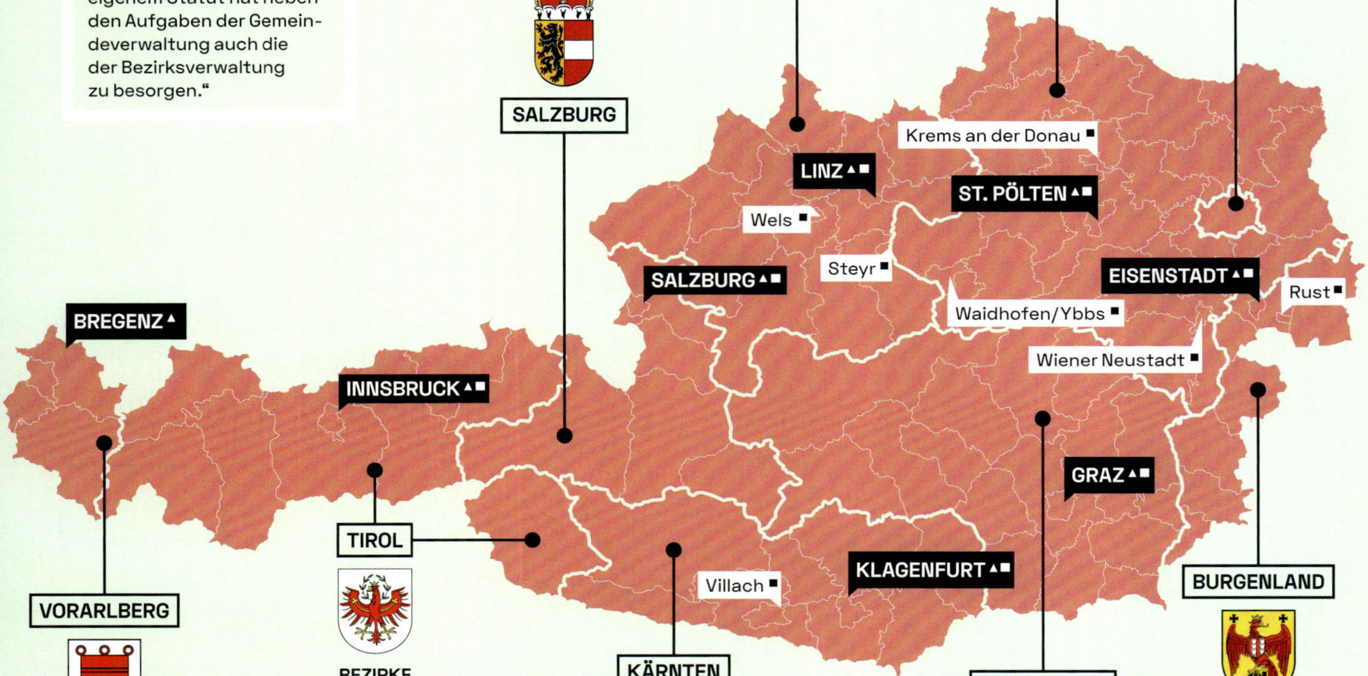

VORARLBERG
BEZIRKE
Bludenz, Bregenz, Dornbirn, Feldkirch

TIROL
BEZIRKE
Imst, Innsbruck-Land, Kitzbühel, Kufstein, Landeck, Lienz, Reutte, Schwaz

KÄRNTEN
BEZIRKE
Feldkirchen, Hermagor, Klagenfurt-Land, Sankt Veit an der Glan, Spittal an der Drau, Villach-Land, Völkermarkt, Wolfsberg

STEIERMARK
BEZIRKE
Bruck-Mürzzuschlag, Deutschlandsberg, Graz-Umgebung, Hartberg-Fürstenfeld, Leibnitz, Leoben, Liezen, Murau, Murtal, Südoststeiermark, Voitsberg, Weiz

BURGENLAND
BEZIRKE
Eisenstadt-Umgebung, Güssing, Jennersdorf, Mattersburg, Neusiedl am See, Oberpullendorf, Oberwart

▲ LANDESHAUPTSTADT
■ STATUTARSTADT

Die österreichischen Bundespräsidenten und -kanzler/innen

Während es seit 1920 eine überschaubare Anzahl von Bundespräsidenten gab, sieht die Sache bei den Bundeskanzlerinnen und -kanzlern deutlich anders aus

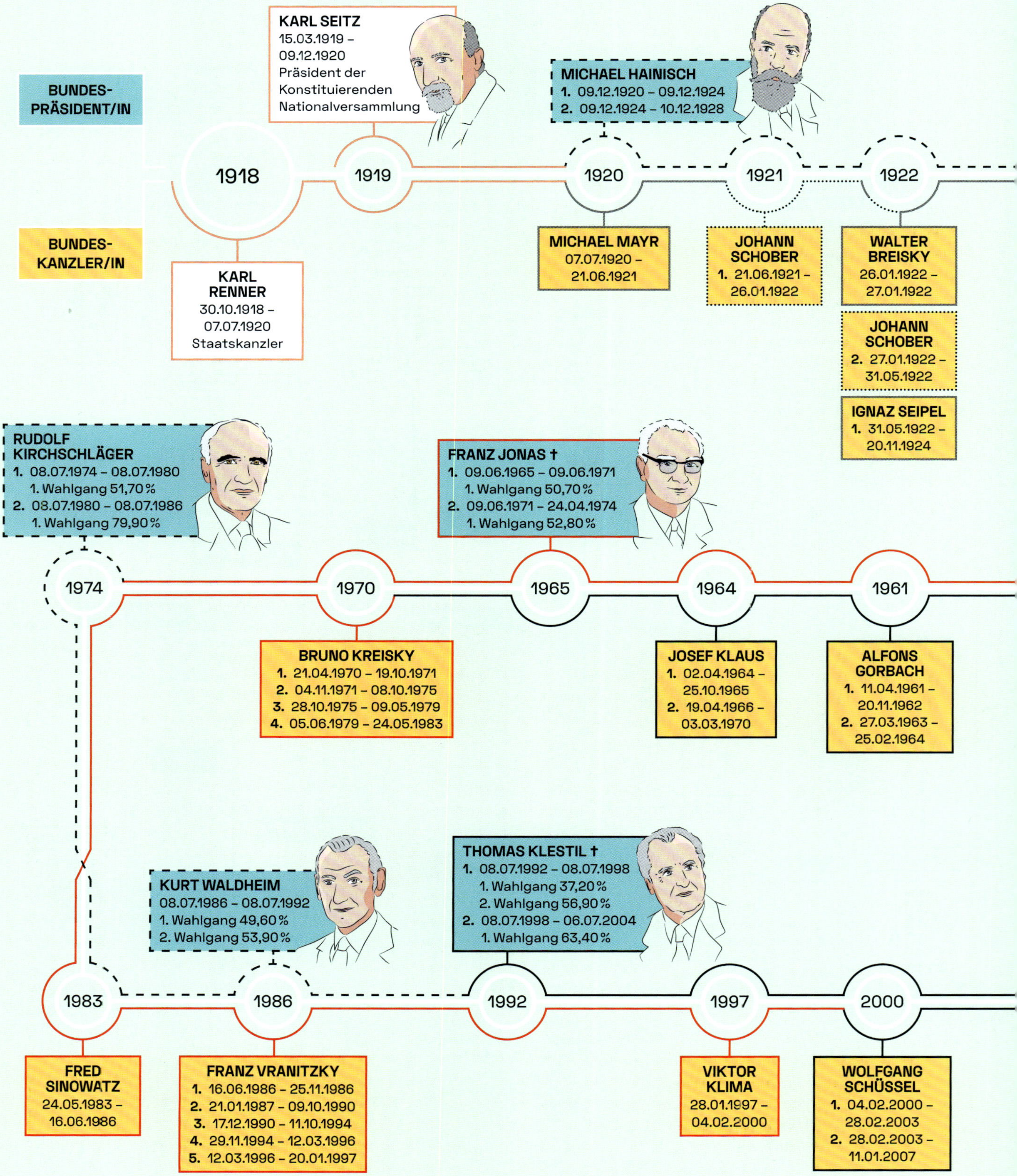

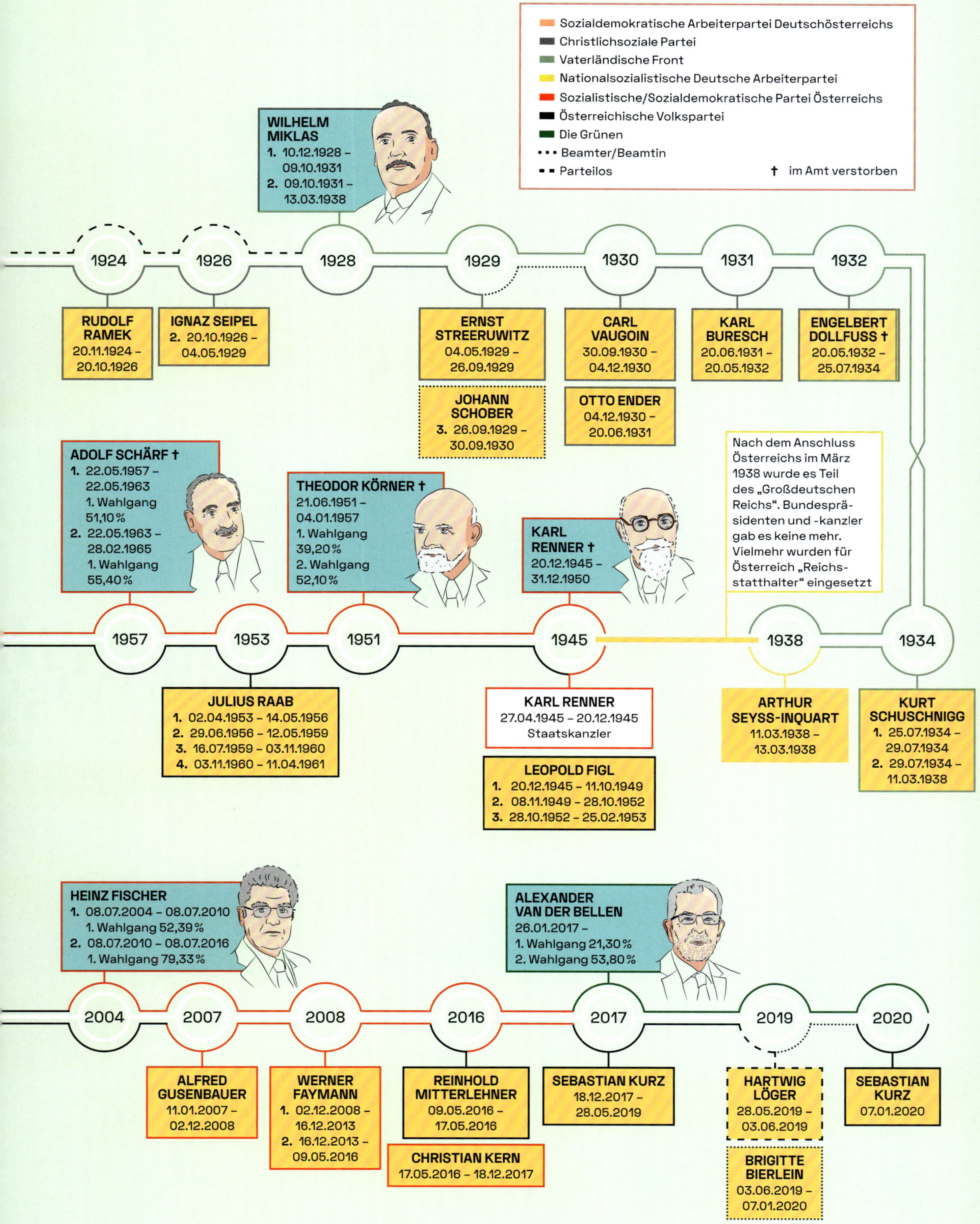
Sozialdemokratische Arbeiterpartei Deutschösterreichs
Christlichsoziale Partei
Vaterländische Front
Nationalsozialistische Deutsche Arbeiterpartei
Sozialistische/Sozialdemokratische Partei Österreichs
Österreichische Volkspartei
Die Grünen
Beamter/Beamtin
Parteilos
† im Amt verstorben
WILHELM MIKLAS
1. 10.12.1928 – 09.10.1931
2. 09.10.1931 – 13.03.1938
1924
1926
1928
1929
1930
1931
1932
RUDOLF RAMEK
20.11.1924 – 20.10.1926
IGNAZ SEIPEL
2. 20.10.1926 – 04.05.1929
ERNST STREERUWITZ
04.05.1929 – 26.09.1929
JOHANN SCHOBER
3. 26.09.1929 – 30.09.1930
CARL VAUGOIN
30.09.1930 – 04.12.1930
OTTO ENDER
04.12.1930 – 20.06.1931
KARL BURESCH
20.06.1931 – 20.05.1932
ENGELBERT DOLLFUSS †
20.05.1932 – 25.07.1934
ADOLF SCHÄRF †
1. 22.05.1957 – 22.05.1963
1. Wahlgang 51,10 %
2. 22.05.1963 – 28.02.1965
1. Wahlgang 55,40 %
THEODOR KÖRNER †
21.06.1951 – 04.01.1957
1. Wahlgang 39,20 %
2. Wahlgang 52,10 %
KARL RENNER †
20.12.1945 – 31.12.1950
Nach dem Anschluss Österreichs im März 1938 wurde es Teil des „Großdeutschen Reichs". Bundespräsidenten und -kanzler gab es keine mehr. Vielmehr wurden für Österreich „Reichsstatthalter" eingesetzt
1957
1953
1951
1945
1938
1934
JULIUS RAAB
1. 02.04.1953 – 14.05.1956
2. 29.06.1956 – 12.05.1959
3. 16.07.1959 – 03.11.1960
4. 03.11.1960 – 11.04.1961
KARL RENNER
27.04.1945 – 20.12.1945
Staatskanzler
LEOPOLD FIGL
1. 20.12.1945 – 11.10.1949
2. 08.11.1949 – 28.10.1952
3. 28.10.1952 – 25.02.1953
ARTHUR SEYSS-INQUART
11.03.1938 – 13.03.1938
KURT SCHUSCHNIGG
1. 25.07.1934 – 29.07.1934
2. 29.07.1934 – 11.03.1938
HEINZ FISCHER
1. 08.07.2004 – 08.07.2010
1. Wahlgang 52,39 %
2. 08.07.2010 – 08.07.2016
1. Wahlgang 79,33 %
ALEXANDER VAN DER BELLEN
26.01.2017 –
1. Wahlgang 21,30 %
2. Wahlgang 53,80 %
2004
2007
2008
2016
2017
2019
2020
ALFRED GUSENBAUER
11.01.2007 – 02.12.2008
WERNER FAYMANN
1. 02.12.2008 – 16.12.2013
2. 16.12.2013 – 09.05.2016
REINHOLD MITTERLEHNER
09.05.2016 – 17.05.2016
CHRISTIAN KERN
17.05.2016 – 18.12.2017
SEBASTIAN KURZ
18.12.2017 – 28.05.2019
HARTWIG LÖGER
28.05.2019 – 03.06.2019
BRIGITTE BIERLEIN
03.06.2019 – 07.01.2020
SEBASTIAN KURZ
07.01.2020

Gewaltenteilung

An sich sind die Gewalten der Republik Österreich in allen Instanzen voneinander getrennt, um eine größtmögliche Unabhängigkeit bei gegenseitiger Beschränkung und Kontrolle zu garantieren. Das System der Gewaltenteilung weist jedoch vielfältige Formen von Verschränkungen auf, die in einem solchen Überblick schwer darstellbar sind

DAS BUNDESVOLK

Im Artikel 1 des Bundes-Verfassungsgesetzes heißt es: „Österreich ist eine demokratische Republik. Ihr Recht geht vom Volk aus." Umgesetzt wird das, indem die wahlberechtigten Österreicher/innen jene Personen wählen, die sie im Nationalrat vertreten sollen. Die Nationalratsabgeordneten werden dann im Auftrag des Volkes tätig. Mindestens alle fünf Jahre wird der Nationalrat neu gewählt.

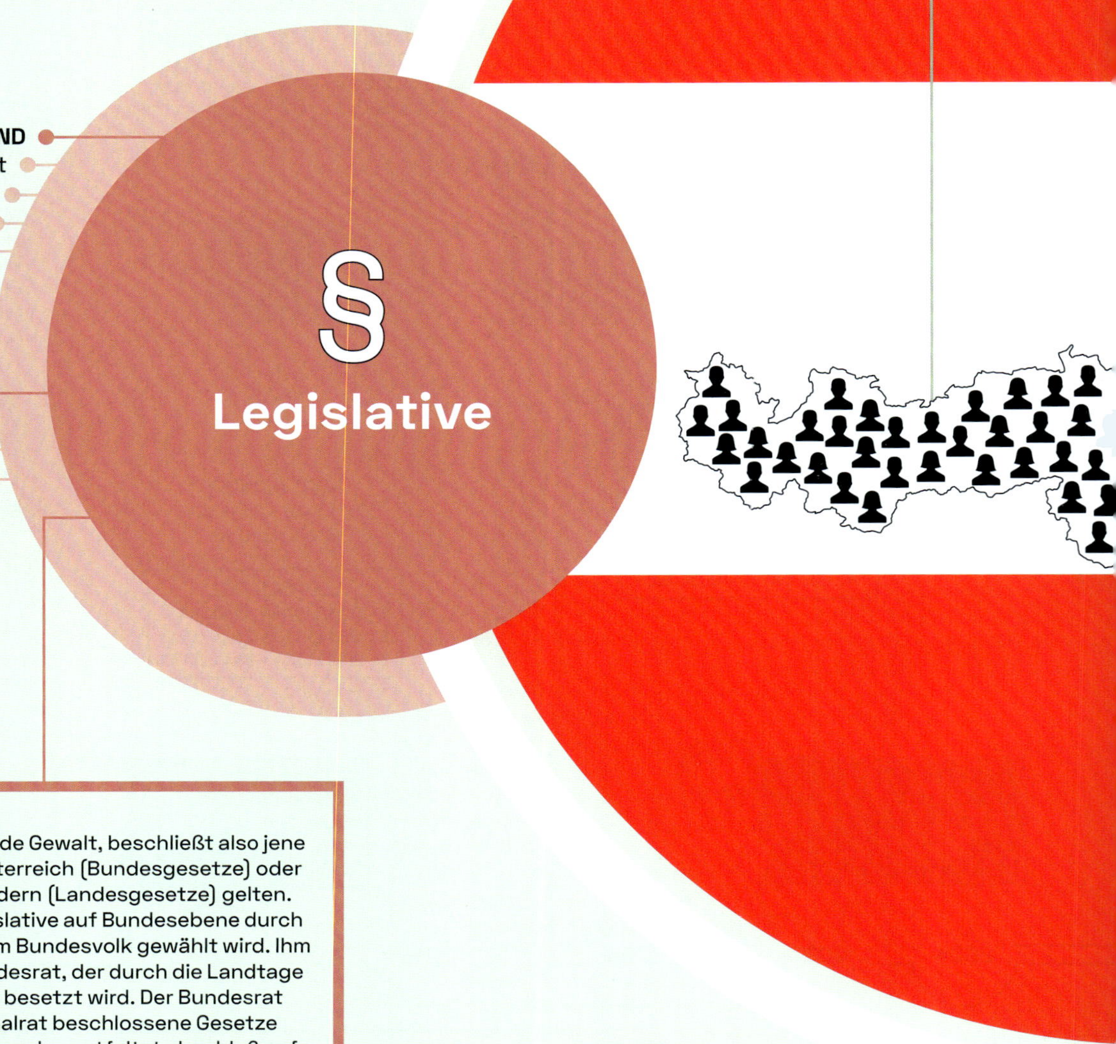

BUND
- Nationalrat
- Bundesrat
- Rechnungshof*
- Volksanwaltschaft*

* Hilfsorgan des Nationalrates

LAND
- Landtag
- Landesrechnungshof*
- Landesvolksanwaltschaft*

* Hilfsorgan des Landtags

DIE LEGISLATIVE

Sie ist die gesetzgebende Gewalt, beschließt also jene Gesetze, die in ganz Österreich (Bundesgesetze) oder in einzelnen Bundesländern (Landesgesetze) gelten. Ausgeübt wird die Legislative auf Bundesebene durch den Nationalrat, der vom Bundesvolk gewählt wird. Ihm zur Seite steht der Bundesrat, der durch die Landtage der neun Bundesländer besetzt wird. Der Bundesrat kann gegen vom Nationalrat beschlossene Gesetze oftmals ein Veto einlegen; das entfaltet aber bloß aufschiebende Wirkung. Gemeinsam bilden Nationalrat und Bundesrat die „Bundesversammlung". Diese muss einberufen werden, wenn der Bundespräsident abgesetzt werden soll oder Österreich einem anderen Land den Krieg erklären will. Auf Landesebene wird die Legislative durch die gewählten Landtage ausgeübt.

Exekutive

BUND
- Bundespräsident/in
- Bundesregierung | Bundeskanzler/in | Bundesminister/innen
- Verwaltungsbehörden (z. B. Finanzämter)

LAND
- Landesregierung | Landeshauptmann/frau | Landesrätin/rat
- Verwaltungsbehörden (z. B. Bezirksverwaltungsbehörden)

GEMEINDEN
- Gemeinderat | Gemeindevorstand | Bürgermeister/in

DIE EXEKUTIVE

Sie ist die vollziehende Gewalt, also jener Teil der drei Gewalten, die Gesetze umsetzt, die die Legislative beschlossen hat. Alle Handelnden sind dazu verpflichtet, sich dabei an die Gesetze zu halten. Zur Exekutive gehören etwa der Bundespräsident, die Bundesregierung (als Kollegialorgan), die Bundesminister/innen (als monokratisches Organ), aber auch alle jene Bundes-, Landes- und Gemeindeorgane, soweit sie nicht Organe der Gesetzgebung oder der Gerichtsbarkeit sind. Zur Exekutive zählt somit der Verwaltungsapparat des Staats; darunter fällt auch die Polizei, die allgemein als „Exekutive" bezeichnet wird; der amtliche Titel von Polizist/innen ist daher auch „Exekutivbedienstete/r". Auch das Bundesheer ist Teil der vollziehenden Gewalt.

DIE JUDIKATIVE

Sie ist die rechtsprechende Gewalt. Gerichte beurteilen konkrete Fälle. Dabei sind Richter/innen nur an das Gesetz gebunden, im Übrigen aber unabhängig. In Österreich ist die ordentliche Gerichtsbarkeit ausschließlich Bundessache. Die Zivil- und Strafgerichtsbarkeit ist hierarchisch in Bezirks-, Landes- und Oberlandesgerichten organisiert. Die oberste Instanz bildet der Oberste Gerichtshof. Die zweistufige Verwaltungsgerichtsbarkeit weist in der ersten Ebene neun Landesverwaltungsgerichte, ein Bundesverwaltungs- und ein Bundesfinanzgericht, darüber als Höchstgericht den Verwaltungsgerichtshof auf. Der Verfassungsgerichtshof ist der „Hüter der Verfassung". Er hat die Aufgabe, darüber zu wachen, ob beschlossene Gesetze verfassungsgemäß sind. Auch einzelne Personen können sich an den VfGH wenden, wenn sie sich in ihren Rechten beschnitten sehen, die durch die Verfassung garantiert werden, etwa in ihren Grundrechten.

Judikative

ORDENTLICHE GERICHTSBARKEIT
- OGH (Oberster Gerichtshof)
- Oberlandesgericht | Landesgericht | Bezirksgericht

VERWALTUNGSGERICHTSBARKEIT
- VwGH (Verwaltungsgerichtshof)
- BFG (Bundesfinanzgericht) | BVwG (Bundesverwaltungsgericht) | Landesverwaltungsgerichte

VERFASSUNGSGERICHTSBARKEIT
- VfGH (Verfassungsgerichtshof)

Die österreichische Verfassung

Sie legt die grundsätzlichen Spielregeln fest, nach denen die Republik Österreich funktioniert. So schreibt sie beispielsweise fest, wofür der Bund und die Länder zuständig sind, wie der Nationalrat gewählt wird, was er alles tun darf und welche grundsätzlichen Rechte jeder Mensch in Österreich hat

Die Verfassung legt fest, wie Wahlen abzulaufen haben, auf welche Weise Gesetze beschlossen werden können, was es braucht, um den Nationalrat aufzulösen, und welche Grundwerte die Schule Kindern vermitteln soll.

Die Verfassung legt zum Beispiel fest, dass Richter/innen in Ausübung ihres Amtes unabhängig sind. Weiters regelt sie, auf welche Weise der Nationalrat die Regierung kontrolliert. So sind auch der Rechnungshof und die Mitglieder der Volksanwaltschaft, die Kontrollfunktionen ausüben und Hilfsorgane des Nationalrates sind, unabhängig.

DER VERFASSUNGSGERICHTSHOF

Der Verfassungsgerichtshof ist der „Hüter der Verfassung". Er kontrolliert die Einhaltung der Verfassung und der Grundrechte und wacht über den Rechtsstaat. Viele verschiedene Kompetenzen stehen ihm dabei zu, wie etwa die Prüfung von Gesetzen und Verordnungen, die Prüfung von Erkenntnissen der Verwaltungsgerichte, die Entscheidung über Kompetenzkonflikte und die Überprüfung von Wahlen, um nur einige zu nennen.

BUNDESREGIERUNG

schlägt vor

Bundespräsident/in

Dem VfGH gehören auch sechs Ersatzmitglieder an

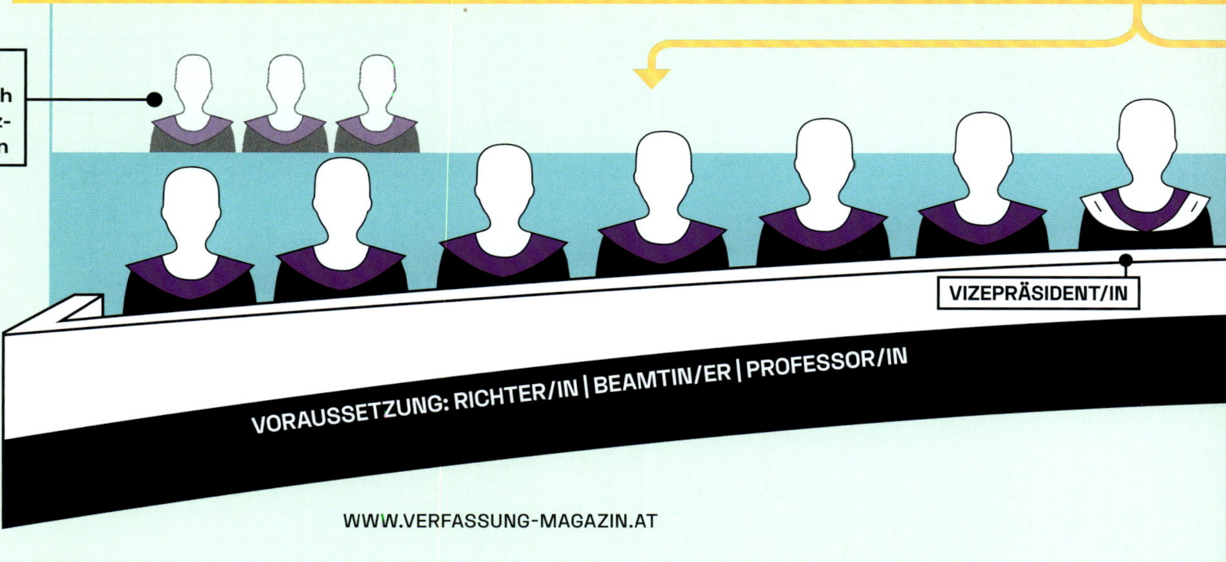

3

Verteilt die Kompetenzen zwischen den drei Gewalten, aber auch zwischen Bund, Ländern und Gemeinden

Die Verfassung legt fest, dass zum Beispiel der Tierschutz, die Straßenpolizei und die Binnenschifffahrt in der Gesetzgebung Bundessache sind, die Vollziehung hingegen den Bundesländern obliegt.

4

Sichert die Grundrechte

Die Verfassung legt zum Beispiel fest, dass vor dem Gesetz alle gleich sind, es keine wie immer gearteten Vorrechte aufgrund von Geburt etc. geben und dass niemand wegen seiner Behinderung benachteiligt werden darf.

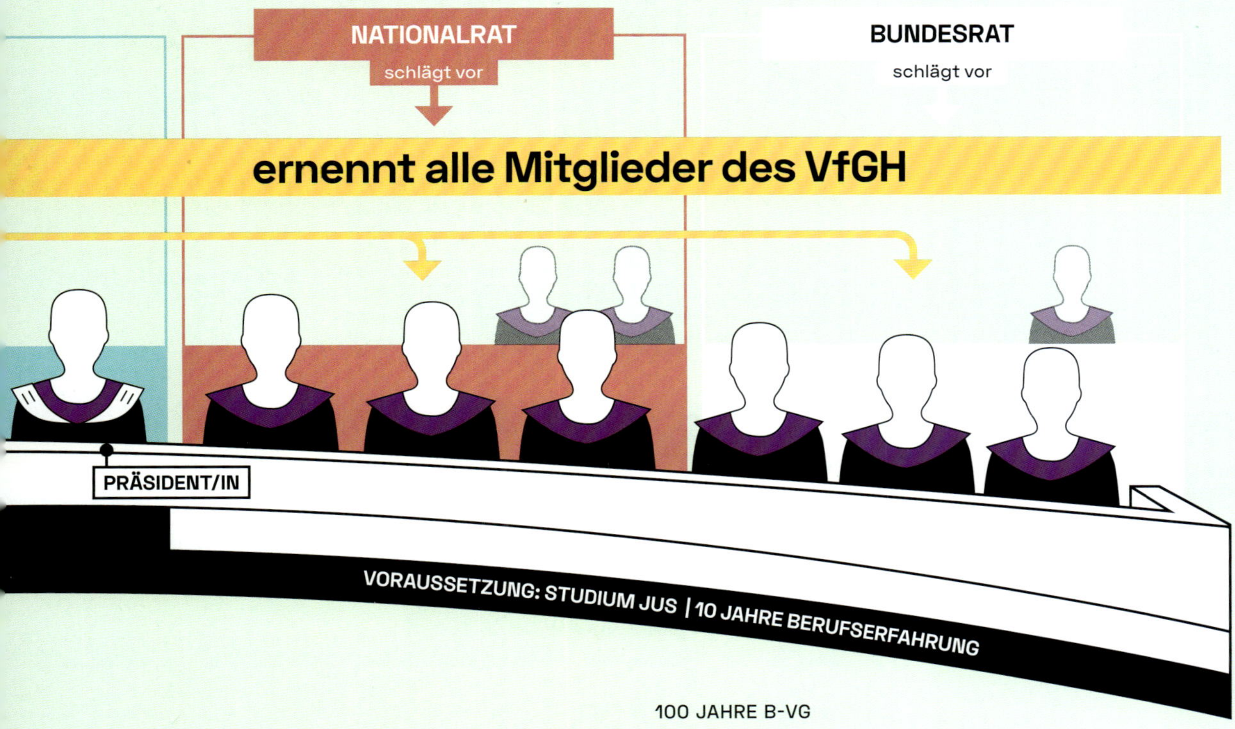

So wird gewählt

Alle fünf Jahre sind die Wahlberechtigten aufgerufen, einen neuen Nationalrat zu wählen – außer es kommt zu vorgezogenen Neuwahlen. Hier ist zu sehen, wie das funktioniert und was dann geschieht

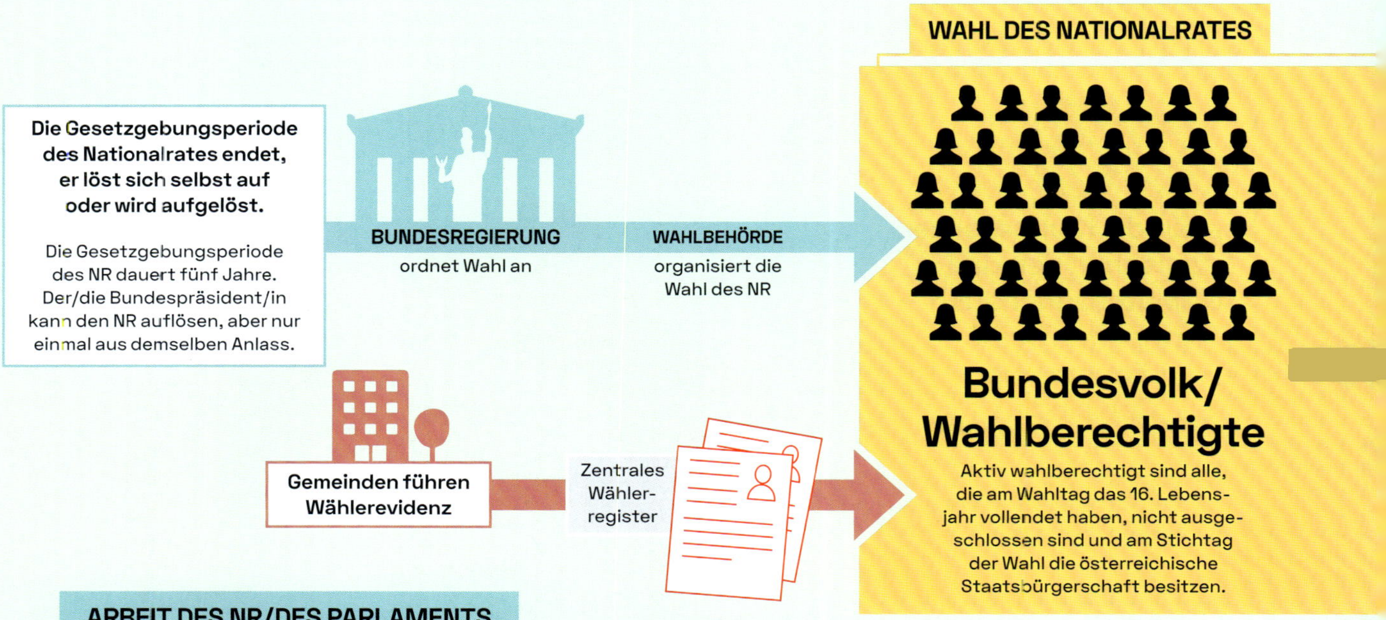

ARBEIT DES NR/DES PARLAMENTS

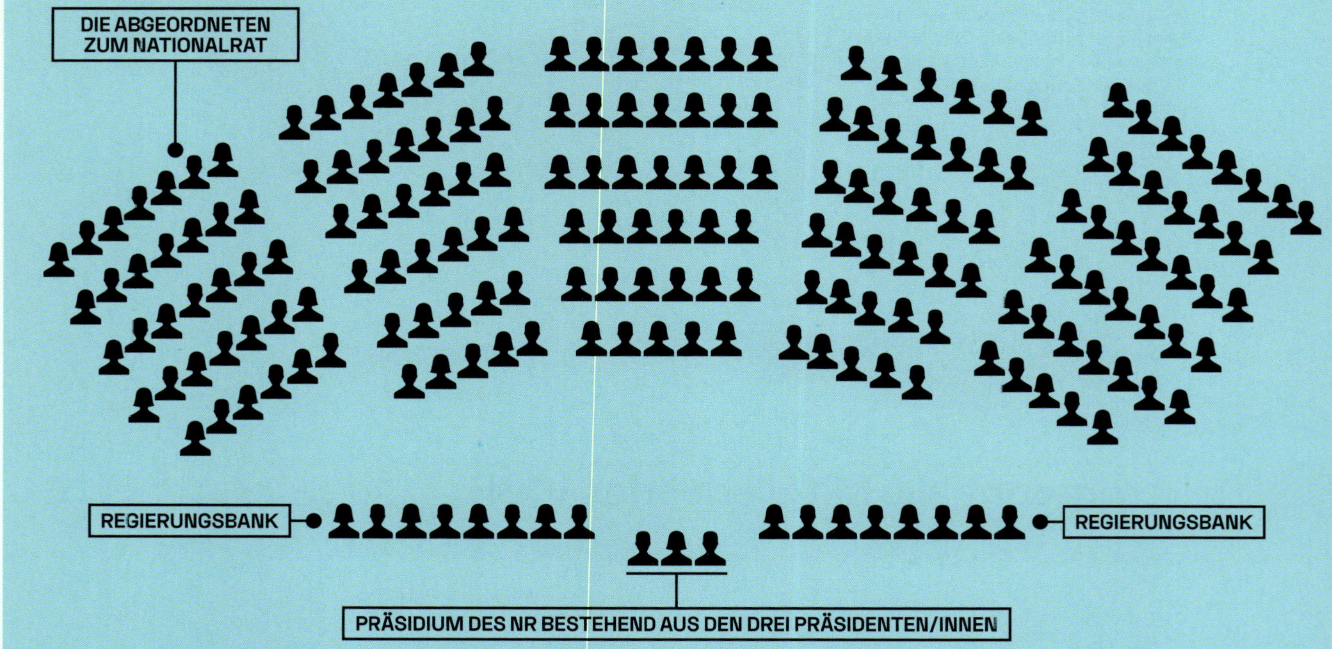

ORDENTLICHE TAGUNG DES NR

Die ordentliche Tagung ist die Sitzungsperiode, während der der NR Plenar- und Ausschusssitzungen abhält.

Eine Gesetzgebungsperiode gliedert sich in mehrere Tagungen und die einzelnen Tagungen wiederum in Sitzungen.

Die ordentliche Tagung soll nicht vor dem 15. September beginnen und nicht länger als bis zum 15. Juli des folgenden Jahres währen.

Plenum

Ausschüsse

Ausschüsse setzt der NR zur Vorbereitung von Verhandlungen und Gesetzesinitiativen ein; ein Großteil der inhaltlichen Arbeit des NR findet in diesen Ausschüssen statt.

Sitzung 1 – **Sitzung 2**

Der/die Präsident/in des NR beruft Sitzung ein

Die Sitzungen des NR sind öffentlich

Wahlergebnis NR-Wahl

INNENMINISTER/IN

Verlautbart Wahlergebnis der NR-Wahl in ihrer/seiner Funktion als Vorsitzende/r der Bundeswahlbehörde

Kandidaten für den NR

Passiv wählbar sind prinzipiell die zum Nationalrat Wahlberechtigten, die am Stichtag die österreichische Staatsbürgerschaft besitzen und am Wahltag das 18. Lebensjahr vollendet haben. Zusätzlich müssen sie auf einen Wahlvorschlag einer wahlwerbenden Partei aufgenommen worden sein.

Bundespräsident/in

Beruft auf Vorschlag der Bundesregierung den NR binnen maximal 30 Tagen ein; beruft jedes Jahr den NR zu ordentlicher Tagung ein

Kann auch außerordentliche Tagung einberufen

Nationalrat

Sitz des Nationalrates:
WIEN

NR wählt aus seiner Mitte die/den Präsidentin/en, 2. und 3. Präsidentin/en.

Die Parlamentsdirektion unterstützt die parlamentarischen Aufgaben und untersteht der/dem Präsidentin/en des NR.

Außerordentliche Tagung

wenn es die **BUNDESREGIERUNG ODER MINDESTENS EIN DRITTEL DER MITGLIEDER** des Nationalrates oder der Bundesrat verlangen; Anlass ist z. B. die besondere Dringlichkeit eines Themas.

Sitzung 3 — Sitzung ...

Gesetzesbeschluss*

Für einen Beschluss des NR ist die Anwesenheit von mindestens 1/3 der Mitglieder und die unbedingte Mehrheit der abgegebenen Stimmen erforderlich.

* Details siehe nächste Seite

BUNDESRAT

Landtage der neun Bundesländer

entsenden Mitglieder

Bundesrat

Im Vorsitz des BR wechseln die Länder halbjährlich – in alphabetischer Reihenfolge der Bundesländer.

Einberufung des BR durch seine/n Präsidentin/en am Sitz des Nationalrates

Im BR sind die Bundesländer im Verhältnis zur Bürgerzahl im Land vertreten; das Land mit der größten Bürgerzahl entsendet zwölf, jedes andere Land so viele Mitglieder, wie dem Verhältnis seiner Bürgerzahl zur erstangeführten Bürgerzahl entspricht, mindestens aber drei. Für jedes Mitglied wird ein Ersatzmitglied bestellt.

Bundesräte bleiben für die Dauer der jeweiligen Gesetzgebungsperiode der Landtage im Amt.

Aktuelle Zahl der Bundesräte (2020):

NÖ (12), Wien (11), OÖ (10), Stmk (9), T (5), K (4), S (4), B (3), V (3)

So entstehen Bundesgesetze

Soll ein neues Gesetz verabschiedet werden oder ein bestehendes geändert, hat vor allem eine Instanz etwas zu sagen: der Nationalrat. Wie genau der Weg der Bundesgesetzgebung verläuft, zeigt diese Grafik

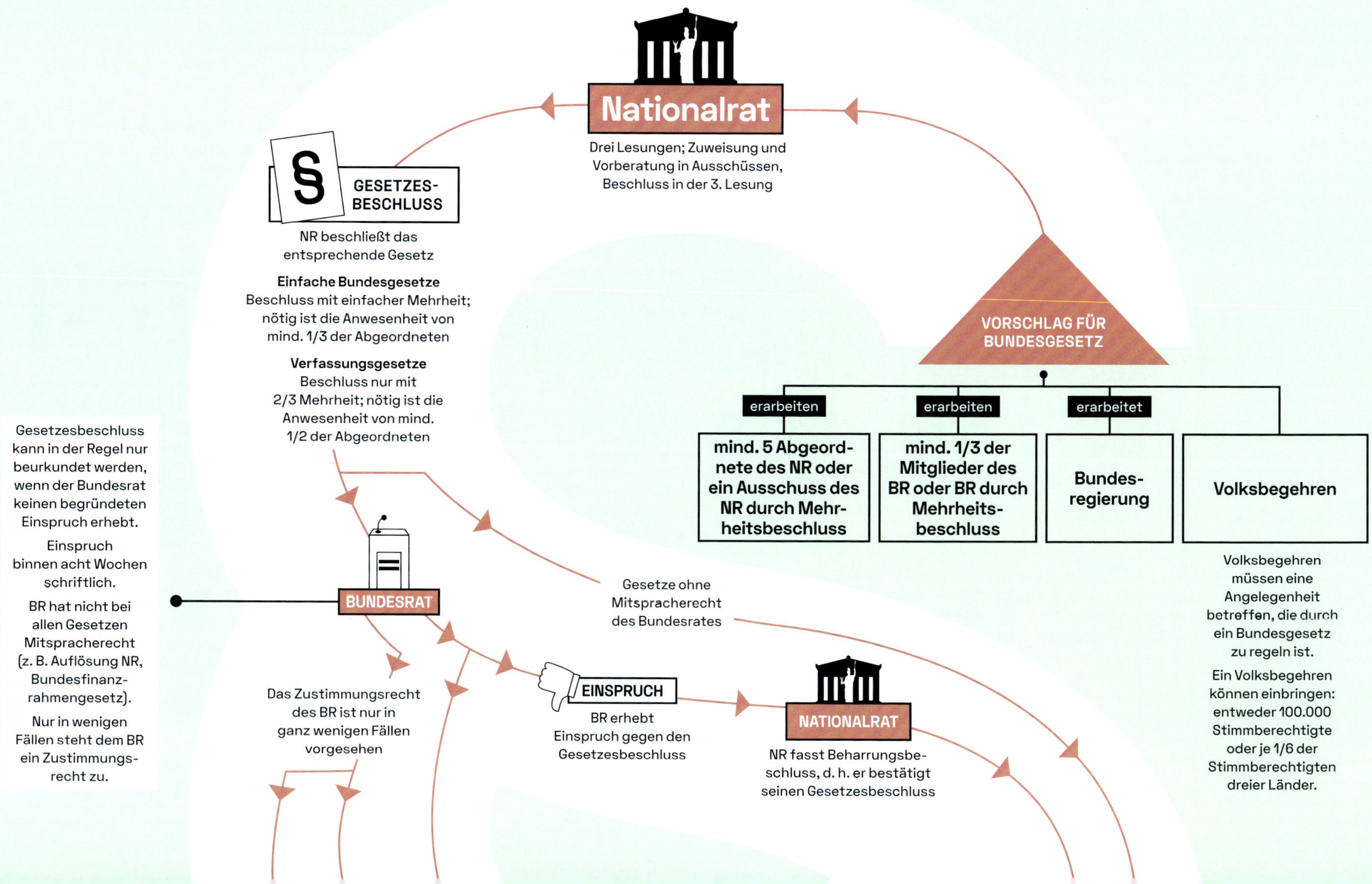

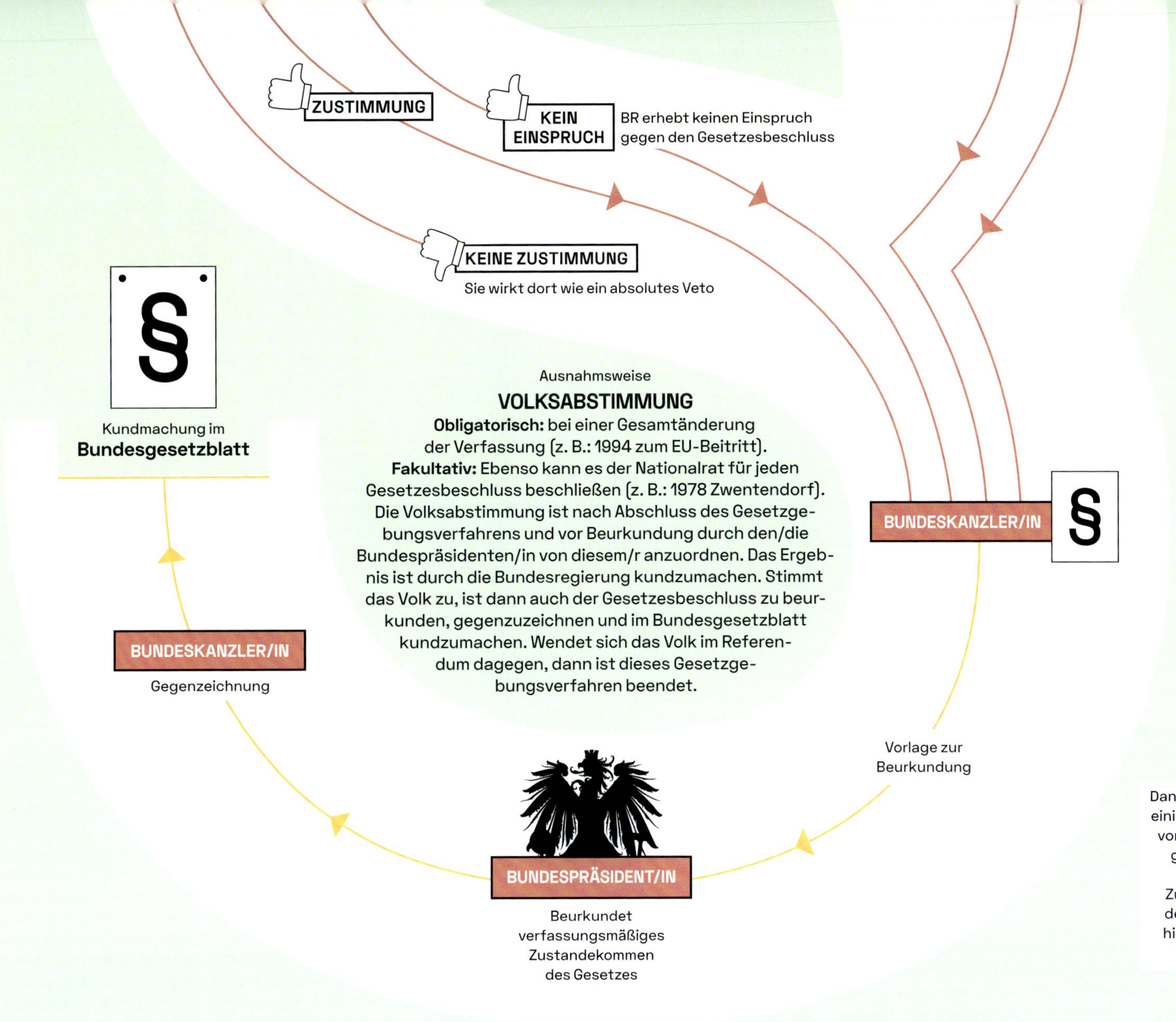

Ausnahmsweise

VOLKSABSTIMMUNG

Obligatorisch: bei einer Gesamtänderung der Verfassung (z. B.: 1994 zum EU-Beitritt).
Fakultativ: Ebenso kann es der Nationalrat für jeden Gesetzesbeschluss beschließen (z. B.: 1978 Zwentendorf). Die Volksabstimmung ist nach Abschluss des Gesetzgebungsverfahrens und vor Beurkundung durch den/die Bundespräsidenten/in von diesem/r anzuordnen. Das Ergebnis ist durch die Bundesregierung kundzumachen. Stimmt das Volk zu, ist dann auch der Gesetzesbeschluss zu beurkunden, gegenzuzeichnen und im Bundesgesetzblatt kundzumachen. Wendet sich das Volk im Referendum dagegen, dann ist dieses Gesetzgebungsverfahren beendet.

Daneben existieren noch einige besondere, selten vorkommende Gesetzgebungsverfahren (etwa besondere Zustimmungsrechte der Länder usw.), die hier nicht dargestellt werden.

Seit 2004 erscheint die authentische Fassung des Bundgesetzblattes online im Rechtsinformationssystem des Bundes **www.ris.bka.gv.at**

— Parlamentarisches Gesetzgebungsverfahren
— Beurkundung/Kundmachung

Bemerkenswertes aus der Verfassung

Unterhaltsames erwartet man von einem Gesetzestext wie der Verfassung nicht unbedingt. Sollten Sie aber, wie ein näherer Blick auf diese kleine Sammlung von Zitaten zeigt

So muss ein ADLER sein!

„Das Wappen der Republik Österreich (Bundeswappen) besteht aus einem freischwebenden, einköpfigen, schwarzen, golden gewaffneten und rot bezungten Adler, dessen Brust mit einem roten, von einem silbernen Querbalken durchzogenen Schild belegt ist. Der Adler trägt auf seinem Haupt eine goldene Mauerkrone mit drei sichtbaren Zinnen. Die beiden Fänge umschließt eine gesprengte Eisenkette. Er trägt im rechten Fang eine goldene Sichel mit einwärts gekehrter Schneide, im linken Fang einen goldenen Hammer.“ (Art. 8a Abs. 2 B-VG) **Siehe Seite 21**

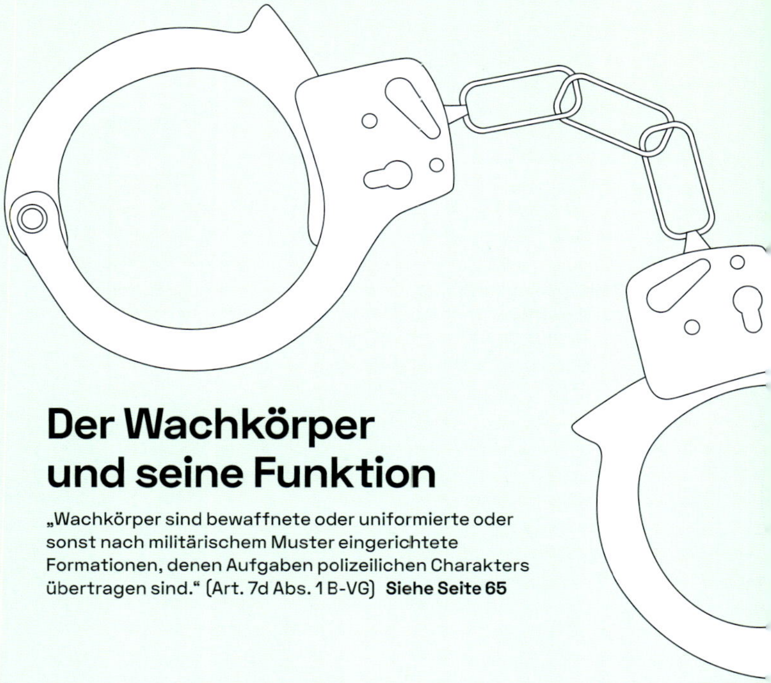

Der Wachkörper und seine Funktion

„Wachkörper sind bewaffnete oder uniformierte oder sonst nach militärischem Muster eingerichtete Formationen, denen Aufgaben polizeilichen Charakters übertragen sind.“ (Art. 7d Abs. 1 B-VG) **Siehe Seite 65**

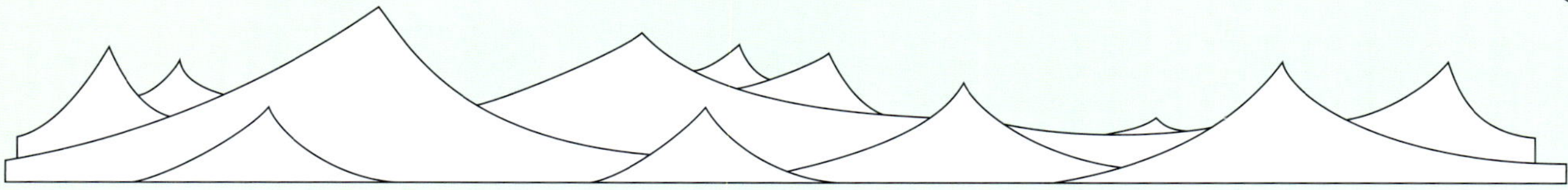

Hochfluten sind Bundes-Angelegenheiten!

„Bundessache ist die Gesetzgebung und die Vollziehung in folgenden Angelegenheiten: [...] Regulierung und Instandhaltung der Gewässer zum Zweck der unschädlichen Ableitung der Hochfluten oder zum Zweck der Schifffahrt und Flößerei.“ (Art. 10 Abs. 1 B-VG) **Siehe Seite 24**

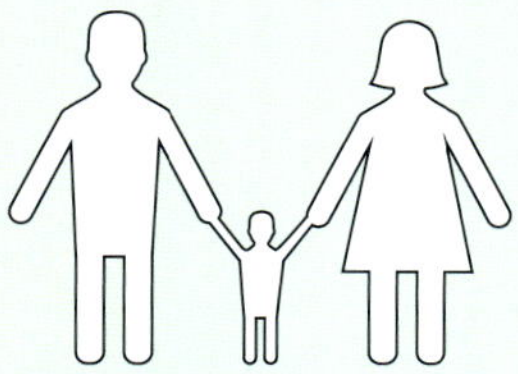

Die Verfassung als Erziehungsratgeber

„Im partnerschaftlichen Zusammenwirken von Schülern, Eltern und Lehrern ist Kindern und Jugendlichen die bestmögliche geistige, seelische und körperliche Entwicklung zu ermöglichen, damit sie zu gesunden, selbstbewussten, glücklichen, leistungsorientierten, pflichttreuen, musischen und kreativen Menschen werden.“ (Art. 14 Abs. 5a B-VG) **Siehe Seite 27**

Endlich frei!

„Jeder Unterthänigkeits- und Hörigkeitsverband ist für immer aufgehoben.“ (Art. 7 StGG 1867) **Siehe Seite 133**

Aber nur ausnahmsweise!

„Der Bundeskanzler und die übrigen Bundesminister können ausnahmsweise auch mit der Leitung eines zweiten Bundesministeriums betraut werden.“ (Art. 77 Abs. 4 B-VG) **Siehe Seite 64**

Ehre, wem Ehre gebührt!

„Der Titel ‚Bundespräsident‘ darf – auch mit einem Zusatz oder im Zusammenhange mit anderen Bezeichnungen – von niemandem anderen geführt werden (als dem Bundespräsidenten, Anm.). Er ist gesetzlich geschützt.“ (Art. 61 Abs. 2 B-VG)

„Der Vorsitzende (des Bundesrates, Anm.) führt den Titel ‚Präsident des Bundesrates‘, seine Stellvertreter führen den Titel ‚Vizepräsident des Bundesrates‘.“ (Art. 36 Abs. 2 B-VG)

„Der Landespolizeidirektor der Landespolizeidirektion Wien trägt die Funktionsbezeichnung ‚Landespolizeipräsident‘.“ (Art. 78b Abs. 1 B-VG)

„Amtsbezeichnungen können in der Form verwendet werden, die das Geschlecht des Amtsinhabers oder der Amtsinhaberin zum Ausdruck bringt. Gleiches gilt für Titel, akademische Grade und Berufsbezeichnungen.“ (Art. 7 Abs. 3 B-VG)

Seid Geistes-menschen!

„Zur umfassenden Landesverteidigung gehören die militärische, die geistige, die zivile und die wirtschaftliche Landesverteidigung." (Artikel 9a Abs. 2 B-VG) **Siehe Seite 23**

Unverständliches

„In Bundesgesetzen über das bäuerliche Anerbenrecht sowie in den nach Abs. 1 Z 10 ergehenden Bundesgesetzen kann die Landesgesetzgebung ermächtigt werden, zu genau zu bezeichnenden einzelnen Bestimmungen Ausführungsbestimmungen zu erlassen. Für diese Landesgesetze sind die Bestimmungen des Art. 15 Abs. 6 sinngemäß anzuwenden. Die Vollziehung der in solchen Fällen ergehenden Ausführungsgesetze steht dem Bund zu, doch bedürfen die Durchführungsverordnungen, soweit sie sich auf die Ausführungsbestimmungen des Landesgesetzes beziehen, des vorherigen Einvernehmens mit der betreffenden Landesregierung." (Art. 10 Abs. 2 B-VG) **Siehe Seite 25**

Wörter, die
0-mal
im B-VG vorkommen

„Alpen", „Brot", „Wiener Schnitzel", „Witz"

Wörter, die nur
1-mal
im B-VG vorkommen

„Zinnne" (Art. 8a)
„Dringlichkeit" (Art. 50b)
„Normalisierung" (Art. 10)
„Hochfluten" (Art. 10)
„Anerbenrecht" (Art. 10)

Wörter, die nur
2-mal
im B-VG vorkommen

„außergewöhnlich", „Adler"

Wien, Wien, nicht nur du allein!

„Bundeshauptstadt und Sitz der obersten Organe des Bundes ist Wien. Für die Dauer außergewöhnlicher Verhältnisse kann der Bundespräsident auf Antrag der Bundesregierung den Sitz oberster Organe des Bundes in einen anderen Ort des Bundesgebietes verlegen." (Art. 5 Abs. 1 und 2 B-VG)
Siehe Seite 15

VIELEN DANK

Dieses Magazin ist das Resultat einer privaten Initiative unabhängiger Journalist/innen und Designer/innen.

Ihr Ziel: der österreichischen Verfassung jene Aufmerksamkeit zu verschaffen, die ihrer großen Wichtigkeit entspricht.

Ohne die Hilfe engagierter Einzelpersonen und Unternehmen wäre es bei der Idee geblieben. Dass Sie heute dieses Magazin in Händen halten, ist der Großzügigkeit der hier Genannten geschuldet. Danke!

Und Dank auch an Sie, dass Sie uns mit dem Kauf eines Exemplars dabei unterstützen, die Verfassung breiter bekannt zu machen.

EVN

Fliesen Marmor Natursteine Grabsteine
Schnellnberger.at
Planung / Verlegung / Verkauf

baku MANAGEMENT

kelag

AUTOHAUS
ALMTAL
Freude am Auto

SPES
ZUKUNFTSAKADEMIE

DR. HERBERT HUBINGER
RECHTSANWALT